PARTI RÉPUBLICAIN RADICAL
ET RADICAL-SOCIALISTE

DOUZIÈME CONGRÈS

DU

PARTI RÉPUBLICAIN

Radical et Radical-Socialiste

Tenu à TOURS

Les 10, 11, 12 et 13 octobre 1912

Prix : 25 Centimes

A PARIS, AU SIÈGE DU COMITÉ EXÉCUTIF
9, rue de Valois, 9

12me CONGRÈS

DU

PARTI RÉPUBLICAIN

Radical et Radical-Socialiste

TENU A TOURS

Les 10, 11, 12 et 13 Octobre 1912

SÉANCE PRÉPARATOIRE

Jeudi matin, 10 octobre 1912.

La séance est ouverte à 10 heures par M. Lévy-Ullmann, vice-président du Comité Exécutif, assisté des membres du Bureau.

Il est procédé au tirage au sort des commissions de vérification des pouvoirs et des finances.

Le président invite ces commissions à se réunir immédiatement.

La séance est levée à midi.

SÉANCE D'OUVERTURE
Jeudi 10 octobre, après-midi.

A deux heures, le Bureau du Comité Exécutif prend place au Bureau.

M. Émile Combes, président, est assisté de MM. Beauvisage, Debierre, Doumergue, Herriot, Maurice Faure, Henri Michel, sénateurs ; Bourély, Dalimier, Ch. Dumont, députés ; J.-L. Bonnet, Chabanne, Albert Chevalier, Émile Desvaux, Estier, Fabiani, Lévy-Ullmann, vice-présidents ; Dumesnil, Dusevel, Gasparin, Haudos, Javal, Émile Laurent, Pelisse, Schmidt, députés ; Richard de Burgues, Chatenet, Dauthy, Alfred Dominique, Jules Durand, Lafon, Louis Müller, Maurice Vollaeys, secrétaires ; Henri Cosnier, député, trésorier.

M. EMILE COMBES, *président*, déclare le Congrès ouvert et donne la parole à M. le docteur Delaunay, président de la Fédération radicale et radicale-socialiste de la première circonscription de Tours.

DISCOURS DE M. DELAUNAY

M. DELAUNAY, *président de la Fédération radicale et radicale-socialiste de la première circonscription de Tours.*

Citoyens,

La présidence de la Fédération radicale et radicale-socialiste de la première circonscription de Tours me vaut le plaisir et l'honneur de vous souhaiter la bienvenue, mais, en l'absence d'une organisation départementale, j'ai cru devoir sortir des limites de cette circonscription et apporter aux membres de ce Congrès le salut cordial de tous les républicains radicaux et radicaux-socialistes du département d'Indre-et-Loire, unis dans un même sentiment pour accueillir avec joie et enthousiasme les représentants de la démocratie française. (*Vifs applaudissements.*)

Lorsque l'an dernier, à Nîmes, l'assemblée fut appelée à se prononcer sur le choix de la ville où se réunirait le prochain Congrès, Tours réunit la majorité des suffrages en raison de sa situation au centre d'une région qui, jusqu'à ce jour, avait été privée de l'appui et du réconfort que donne aux militants l'imposante manifestation annuelle des forces de notre parti, et aussi en raison de sa réputation, très méritée, d'être un foyer de républicanisme laïque.

Nous avons été, nous, militants de Touraine, profondément heureux et fiers de cette décision et nous espérons que les délégués venus de tous les points de la France emporteront de leur séjour au pays de Rabelais le souvenir d'une hospitalité chaleureuse et l'impression que si les républicains tourangeaux n'ont rien perdu de l'humeur gauloise de leur illustre ancêtre, ils ont conservé également un esprit d'indépendance et une hardiesse de vues qui portent leurs aspirations vers le progrès démocratique et social.

De toutes les questions politiques qui, à certains moments, ont retenu l'attention de nos groupements, aucune n'a été l'objet de plus constantes et plus légitimes préoccupations de leur part que l'œuvre de laïcité à laquelle l'éminent président du Comité Exécutif, M. Combes, que nous avons le grand honneur et la joie bien vive de voir aujourd'hui au milieu de nous, s'est voué si ardemment et a attaché son nom avec tant d'éclat. *(Vifs applaudissements.)*

Tous nos comités sont unanimes à reconnaître l'importance et la nécessité d'une action laïque efficace et soutenue : ils estiment que les résultats obtenus jusqu'ici sont insuffisants et qu'il est indispensable, pour affermir et étendre nos conquêtes laïques, de lutter avec d'autant plus de vigueur et d'opiniâtreté que le parti réactionnaire redouble d'activité et d'audace dès que notre ardeur diminue et que notre action se ralentit. *(Applaudissements répétés.)*.

Ils proclament que le devoir d'un gouvernement républicain est d'encourager, de seconder et de diriger leurs efforts, et qu'il y aurait imprévoyance et danger de pratiquer une politique d'apaisement à l'égard d'adversaires qui ne désarment jamais. *(Longs et unanimes applaudissements.)*

D'ailleurs l'attitude toujours intransigeante et agressive du clergé et, à l'heure actuelle, une recrudescence d'actes d'hostilité, imposent non seu-

lement des mesures de défense, mais une vigou-
reuse offensive. (*Applaudissements.*)

Il n'est pas possible qu'on laisse se produire im-
punément les attaques les plus insidieuses tendant
à affaiblir et à désorganiser notre enseignement
qui est la base de la République.

L'école ne doit pas être en butte à des assauts
constamment renouvelés, ni souffrir des persécu-
tions et des passions haineuses ; elle doit, sous la
tutelle d'une loi protectrice, être à l'abri des prétentions inadmissibles du parti romain. (*Applaudissements.*) Nous voulons croire que les résolutions que prendra ce Congrès contribueront à hâter
le dénouement d'une situation qui ne saurait se
prolonger sans compromettre la sécurité des institutions républicaines. (*Applaudissements.*)

Mais si nos comités sont fermement désireux de
persévérer dans l'action laïque, ils ont aussi l'intention bien arrêtée de ne pas la séparer de l'action
sociale, l'une et l'autre étant intimement liées et se
supposant réciproquement. Ils considèrent qu'il
ne suffit pas, dans une démocratie, d'accroître les
connaissances et d'exercer les intelligences, mais
qu'il faut encore, en même temps qu'on développe
les facultés intellectuelles et morales de l'ensemble
des citoyens, assurer leur bien-être et doter la
société des transformations que comportent les
conditions d'une vie plus équitable et meilleure.

C'est là, du reste, l'essence même de notre programme et le parti radical et radical-socialiste a
l'impérieuse obligation de prêter son concours le
plus actif à la solution des problèmes économiques
et sociaux. Il faillirait à sa tâche s'il ne travaillait
pas à donner à la masse des humbles et des déshé-
rités qui lui ont fait confiance les satisfactions ma-
térielles et morales qu'ils sont en droit d'attendre
de lui. Il lui appartient d'user de son influence et
de tous ses moyens pour faire aboutir le plus rapidement possible la réforme fiscale qui est son œuvre et pour obtenir que de nouvelles lois d'hygiène,
de prévoyance et de solidarité viennent compléter
celles que le Parlement a déjà votées et apporter
leur action bienfaisante aux travailleurs des villes
et des campagnes.

Sur toutes ces questions, notre Parti donne
l'exemple d'une union étroite et absolue, mais il
en est différemment en ce qui concerne la réforme

électorale au sujet de laquelle se sont élevées de profondes divergences.

On prétend, et cela sans en fournir nettement la preuve, que le pays désire cette réforme.

En admettant même que la nécessité s'en fasse sentir, il ne semble pas douteux que l'opinion publique, en général, accorde sa préférence au principe majoritaire. *(Vifs applaudissements sur un très grand nombre de bancs ; dénégations sur d'autres.)*

Les récentes délibérations d'un grand nombre de conseils généraux, de conseils d'arrondissement et de conseils municipaux sont à cet égard très significatives *(Applaudissements, protestations sur quelques bancs.)* et il serait téméraire de ne pas en tenir compte. *(Parfaitement. Très bien. Bruit.)*

Nos militants, pour la plupart, sont d'avis que le cadre du scrutin a besoin d'être élargi mais qu'on peut trouver une nouvelle organisation du scrutin pour permettre à toutes les opinions de se manifester. *(Vifs applaudissements sur un très grand nombre de bancs.)*

D'autre part, est-il bien certain que tous les maux dont on accuse le scrutin d'arrondissement viennent exclusivement de ce mode de scrutin ?

UNE VOIX. — Cela vient des préfets.

M. LE Dr DELAUNAY. — En réalité, la modalité n'est pas seule en cause et il convient d'attribuer une part de responsabilités aux mœurs électorales elles-mêmes. *(Applaudissements, très bien, très bien.)*

S'il en est ainsi, pourquoi, au lieu de s'exposer aux dangereuses incertitudes de la représentation proportionnelle *(Très bien.)*, ne pas s'en tenir au scrutin majoritaire établi sur une base plus large et entourée de toutes les garanties nécessaires ? *(Applaudissements.)* pourquoi ne pas assurer la liberté et la sincérité du vote *(Très bien.)*, réprimer les manœuvres scandaleuses de pression et de corruption *(Applaudissements, très bien, très bien.)*, mettre un frein aux candidatures d'argent ? *(Oui, oui.)* N'est-ce pas là une série de mesures utiles et sages et ne vaudrait-il pas mieux s'y rallier que courir le risque d'une périlleuse aventure ? *(Longs applaudissements sur un très grand nombre de bancs.)*

La loi adoptée par la Chambre est actuellement soumise au Sénat qui trouvera, nous en avons l'espoir, la formule conciliatrice appelée à dénouer un conflit qui dure depuis trop longtemps déjà et paralyse le travail parlementaire. *(Très bien, très bien, applaudissements.)*

Citoyens, comme on l'a dit bien souvent, notre parti est avant tout un parti d'action ; il ne peut piétiner sur place ni s'immobiliser indéfiniment sans perdre son véritable caractère ; pour être lui-même, il doit conserver son ardeur agissante qui fait sa force et constitue son originalité. Mais cette action serait stérile si elle n'était qu'une vaine agitation ; il faut qu'elle ait un but précis et conduise à des résultats positifs. C'est dire que le Parti radical et radical-socialiste se doit d'aborder résolument son programme de réformes et que ses représentants au Parlement ont le devoir d'en poursuivre sans relâche la réalisation. *(Vifs applaudissements.)*

Le peuple ne comprendrait pas l'ajournement illimité des promesses qui lui ont été faites. Il veut des actes, et il entend continuer sans arrêt sa marche vers cet idéal de justice et de progrès dont nous souhaitons tous le triomphe définitif. *(Vifs applaudissements.)* Je vous demande de maintenir au bureau de cette séance le bureau du Comité éxécutif. *(Approbations.)*

M. Emile Combes se lève et, aussitôt, l'assemblée fait une longue ovation au président du Comité Exécutif.

M. Emile Combes prononce le discours suivant :

DISCOURS DE M. EMILE COMBES

M. Emile Combes, *président du Comité Exécutif.*

Messieurs,

J'ai battu des mains comme vous tous aux paroles si sages, si élevées, si politiques de M. le président de la Fédération radicale de Tours.

Je le remercie en votre nom de l'accueil si aimable qu'il nous a réservé, puisque nous allons tenir nos assises dans une salle des plus confortables à cet effet.

Je m'associe à l'accueil tout à fait cordial de bienvenue qu'il a fait aux délégués de nos fédérations et nos comités. J'en avais d'ailleurs le devoir comme président de cette séance d'inauguration, et je me félicite intérieurement avec une émotion sincère d'accomplir la tâche qui m'incombe dans une ville à laquelle me rattache un des souvenirs les plus agréables de ma vie publique. Bien que ce souvenir remonte à seize ans, il est resté profondément gravé dans mon esprit, parce qu'il se lie à une imposante manifestation de foi républicaine.

C'était au lendemain de la démission du cabinet Bourgeois. Tours voulut protester comme plusieurs autres villes, contre la nouvelle orientation donnée à la politique de ce pays, et, à cet effet, les républicains organisèrent un banquet que je fus appelé à présider. J'ai encore dans l'oreille les applaudissements chaleureux qui entrecoupaient mes paroles, tandis que j'exposais le programme et que je mettais en lumière les actes du cabinet dont j'avais fait partie.

Aussi, messieurs, lors même que je n'aurais pas eu d'autre motif que celui de ressentir une deuxième fois sur place les impressions de jadis, ce qui est toujours bien agréable à mon âge, je n'aurais pas hésité à être des vôtres. Mais un devoir supérieur m'appelait au milieu de vous. Le président du Comité Exécutif du Parti républicain radical et radical-socialiste ne pouvait se soustraire à l'obligation d'ouvrir ce Congrès et de vous faire entendre, avec ses vifs remerciements pour l'honneur que vous lui avez fait et le témoignage de confiance et de sympathies que vous lui avez donné à deux reprises, quelques conseils qui lui sont inspirés par son attachement profond pour son parti et un long passé de dévouement à la République. *(Applaudissements.)*

Au surplus, messieurs, ces conseils dans ma bouche ne sont pas nouveaux, et, à vrai dire, ils peuvent se résumer en un seul : le conseil à chacun de vous de ne jamais perdre de vue que vous appartenez au Parti radical et radical-socialiste et que vous êtes tenus, en cette qualité, de la manière la plus étroite à subordonner en toutes circonstances vos préférences personnelles, je dirai plus, messieurs, vos intérêts personnels, à l'intérêt essentiel de votre parti. *(Vifs applaudissements.)*

Par là, et par là seulement, vous éviterez de faire le jeu de nos adversaires de droite et de gauche, qui ne négligent aucune occasion de nous diviser pour nous affaiblir.

Il est inutile, ie pense, d'insister sur l'opportunité d'un pareil conseil. D'une part, les débats engagés dans le Parlement témoignent, depuis deux ans, d'un manque de cohésion, d'un désarroi véritable dans les rangs des groupes radicaux de la Chambre qui, bien que constituant la force parlementaire prépondérante, n'ont su jusqu'à ce jour ni faire prévaloir leurs vues dans la direction de la politique intérieure, ni affirmer suffisamment par le vote cette majorité numérique dans la solution donnée à diverses questions discutées. (Applaudissements.)

D'autre part, il suffit de jeter le plus simple coup d'œil sur les organes radicaux et radicaux-socialistes pour se rendre compte qu'un désarroi de même nature sera manifeste dans la presse de notre parti.

Ah! messieurs, je n'entends pas dire que l'accord, et si vous le voulez un accord unanime, n'existe théoriquement entre nous tous sur les articles essentiels de la politique radicale, ou même si vous voulez qu'il ne soit pas prêt à se traduire en actes sur des questions capitales inscrites à notre programme, comme la défense de l'école laïque, le statut des fonctionnaires et d'autres. Mais, disons-le, ces questions sont demeurées jusqu'ici reléguées à l'arrière-plan de l'action politique, des délibérations parlementaires, et aucun effort n'a été fait, j'entends par là un effort coordonné et effectif, pour les ramener coûte que coûte au premier plan. Nous n'avons pas l'air de nous douter que la tactique mûrement réfléchie et persévérante de la réaction est d'ajourner par tous les moyens possibles l'examen public de ces questions afin d'ajourner en même temps l'heure critique pour elle où les dissidences de vue qui se sont accusées si malencontreusement sur d'autres sujets entre les représentants de notre parti, cesseraient tout à coup, et l'union se reconstituerait, à moins de forfaiture de leur part, comme au temps, hélas! déjà si lointain du bloc. (Mouvements. Très vifs applaudissements.)

C'est à vous, délégués de nos fédérations et de nos comités, qu'il appartient dans vos assises annuelles de rappeler au sentiment de la réalité les membres de notre parti qui la méconnaissent ou qui

paraissent l'oublier. *(Très bien. Applaudissements.)*

Comme on vous le disait tout à l'heure, chaque
jour qui s'écoule accentue l'audace, et je suis forcé
de l'avouer aussi, les progrès de la réaction *(Applaudissements.)* qui se flatte, à la faveur de diversions parlementaires auxquelles nous nous prêtons
beaucoup trop complaisamment ! *(Vifs applaudissements.)* Oui, la réaction se flatte à la faveur de
diversions de regagner, et de fait vous avez pu le
constater, elle regagne peu à peu une grande partie
du terrain perdu pour elle dans les luttes déci-
sives que lui ont livrées autrefois les ministères
ardemment réformateurs. *(Longs applaudissements.)*

Messieurs, laissez-moi vous le dire puisque nous
sommes entre amis, la réforme électorale a été
une de ces diversions *(Vifs applaudissements sur
de nombreux bancs.)* et la diversion a été aussi
prenante que savamment préparée par nos adversaires. *(Nouveaux applaudissements.)*

Je ne voudrais pas encourir le reproche de paraître préjuger la conclusion du débat qui ne peut
manquer de s'engager ici sur ce grave sujet *(Vifs
applaudissements.)*, mais, mes amis, n'est-il pas déjà
pénible de constater que depuis deux ans toute la
vie politique de notre pays a été suspendue, à quoi ?
A la Représentation proportionnelle et à son quotient électoral *(Applaudissements répétés sur de
nombreux bancs.)*, et n'est-il pas étrange qu'on ait
osé écrire, car on est allé jusque-là, on va jusque-là
chaque jour, que cette Représentation proportionnelle avec son quotient électoral contient dans ses
flancs, suivant qu'on l'accepte et qu'on la repousse,
tout un avenir de grandeur ou tout un avenir de
décadence pour la République *(Rires.)* comme si la
République n'avait pas vécu et prospéré sans elle
depuis cinquante ans *(Applaudissements prolongés
sur un très grand nombre de bancs.)* ou, ce qui est
plus significatif, comme si la République n'avait
pas réalisé sans elle en matière politique, économique et sociale, les réformes les plus hardies, les
plus fécondes, les plus conformes à l'idéal d'un
régime fondé sur ces trois grands principes :
Liberté, Égalité, Fraternité. *(Applaudissements.)*

On peut soutenir, il est vrai car il faut tout dire,
que la Représentation proportionnelle, par les coa-

litions immorales qu'elle a provoquées **et** en même temps favorisées (*Très bien, très bien.*), a discrédité dans une partie de l'opinion publique, mettons dans l'opinion publique en général, notre système actuel d'élection : le scrutin uninominal.

On peut encore ajouter, et le fait est malheureusement indéniable, que certains de nos amis ont cru de très bonne foi pouvoir s'autoriser de ce discrédit pour se rallier au nouveau système.

Mais, messieurs, comment expliquer alors, si tant est que la Représentation proportionnelle avec son quotient électoral soit d'un intérêt capital pour la République, comment expliquer pourquoi tous les partis de réaction (*Mouvements d'approbation.*), tous les adversaires du régime républicain, tous nos bonapartistes, tous nos royalistes, tous nos nationalistes des départements (*Longs et vifs applaudissements.*), comment expliquer, dis-je, et c'est là le point sur lequel je n'ai cessé et je ne cesserai d'attirer l'attention de nos amis (*Très bien, très bien.*), comment expliquer que tous les organes de ces partis défendent et propagent avec tant d'acharnement le système de l'erpéisme ?

Vous figurez-vous par hasard que ces gens-là, qui tous les jours nous accusent en termes qu'ils veulent rendre méprisants et que nous dédaignons, de n'être mus, nous radicaux, que par des vues aussi égoïstes que mesquines, vous figurez-vous par hasard qu'ils agissent, eux, par pur civisme, par pur patriotisme, par amour de la justice et du droit ? (*Bravo, bravo.*) En ce cas, laissez-moi vous le dire, vous leur faites beaucoup trop d'honneur et un honneur d'autant plus immérité, d'autant plus répréhensible de votre part, s'il se produit, que, de leur propre aveu, et cet aveu vous pouvez le lire tous les jours dans leurs journaux, c'est notre parti, c'est le parti radical et radical-socialiste, qu'ils espèrent atteindre et désorganiser par la Représentation proportionnelle. (*Vifs applaudissements.*)

Or, mes amis, notre parti a la prétention, et la prétention justement fondée, de servir la République mieux que n'importe quel autre parti. (*Applaudissements.*) Non, non, l'avenir de la République n'est nullement en cause dans la circonstance et s'il pouvait être compromis, c'est le système de l'erpéisme qui aurait cet effet. (*Très bien.*)

En tout cas, s'il est admis que le scrutin uninо'

minal a fait son temps, personne ne niera qu'il est d'autres modes de scrutin bien plus en harmonie avec nos mœurs, bien mieux appropriés à la nature de notre gouvernement, tout à fait adéquats aux droits souverains du suffrage universel et mille fois moins troublants, moins inquiétants pour la République que la Représentation proportionnelle et son quotient. On vous en citait un tout à l'heure, c'est le scrutin de liste pur et simple ; on peut en citer d'autres. On peut citer le scrutin de liste plus ou moins réduit, ou si voulez un scrutin d'arrondissement élargi, l'association de quelques arrondissements ayant des intérêts connexes et des intérêts particuliers. C'est là ce qui, en une foule d'endroits, sans la représentation proportionnelle, donnera encore lieu tout naturellement, comme jusqu'ici, en vertu du principe que nous voulons maintenir absolument, le principe majoritaire, la représentation des minorités. (*Applaudissements.*)

Que nos amis proportionnalistes me le pardonnent, ne fût-ce que par compassion pour la timidité de mon esprit et de mon caractère, mais, sans mettre aucunement en cause, j'en suis incapable, vous le savez bien, ni leurs intentions ni leur bonne foi, plus j'y pense et moins je comprends qu'ils ne se soient refusés systématiquement à contribuer par leur vote au triomphe d'un système qui fait tout l'espoir de la réaction, sans compter que ce système avait contre lui indiscutablement la majorité des gauches de la Chambre, de même qu'il avait contre lui, sans aucune contestation possible après les témoignages qu'on a pu recueillir des Conseils généraux, des Conseils d'arrondissement et des Comités, l'immense majorité du pays républicain. (*Vifs applaudissements.*)

Mais, messieurs, je veux laisser là de côté le passé avec les réflexions plus ou moins attristantes qu'il comporte et revenir à mon rôle naturel et je peux le dire obligatoire de Président du Comité Exécutif du Parti radical et radical-socialiste. Après tout, la Représentation proportionnelle a été votée grâce à la coalition la plus choquante et la plus disparate qui ait jamais été, mais son triomphe n'est pas définitif. A deux reprises dans des discours publics j'ai, en tant que Président du Comité Exécutif, exprimé le regret, un regret bien naturel, que nos amis se soient divisés sur cette question, et le désir émis à cette occasion avait dans ma pensée une portée générale. Il impliquait un désir ardent d'union, désir qui vous est certainement commun avec moi, entre tous les membres du Parti radical socialiste en vue d'une organisation plus forte du Parti et d'une application plus continue de son programme. On s'est plaint, non sans raison, que depuis quelque temps un vent, comment dirais-je ? un vent de débandade souffle sur nous et que nous nous éparpillons à toute occasion. On est même allé jusqu'à prétendre que le Parti radical et radical-socialiste traversait une crise intérieure fatale pour son unité. J'ai protesté pour ma part contre cette exagération de langage, de même que je proteste, je tiens à le dire aujourd'hui, contre les tentatives de division qui commencent à se faire jour entre les deux fractions du Parti radical et radical-socialiste. (Applaudissements.) Mais je dois à la vérité de convenir que depuis quelque temps le sentiment de la discipline semble s'être quelque peu émoussé, car on pourrait citer un certain nombre de cas où les vues personnelles se sont données libre carrière au détriment de la cohésion d'aspirations et d'efforts qui est une des conditions essentielles de la puissance et de la vitalité d'un parti. (Applaudissements.)

Assurément, mes amis, ce n'est là, je le crois du moins, qu'un phénomène passager qui a sa cause dans un manque d'impulsion, de direction venues d'en haut, mais semblable état de chose favorise singulièrement les attaques ou violentes ou perfides dont nous sommes quotidiennement l'objet. Voilà pourquoi ces attaques se dessinent avec une résolution et une vigueur chaque jour plus marquées. Nous les subissions autrefois avec un stoïcisme inébranlable, ce n'est pas assez dire, mes amis, avec un orgueil légitime, parce qu'elles nous venaient de notre ennemie traditionnelle, la réaction. (Vifs applaudissements.) Aujourd'hui, hélas ! la réaction a pour alliés contre nous ceux que nous avions jadis pour alliés contre elle (Très bien ! très bien !) les deux partis qui, à notre droite et à notre gauche, formaient jadis avec nous le bloc des forces républicaines. Depuis deux ans il n'est pas d'élection politique où ces deux partis n'entrent simultanément en ligne pour nous combattre, et comme ils ont abjuré tout sentiment de réserve, d'autres, plus sévères que moi, diraient tout sentiment de délicatesse et même d'honneur, en abjurant la fraternelle entente de jadis, ils escomptent pour nous abattre le concours, tantôt ouvertement réclamé, tantôt sournoisement attendu, de la réaction. (*Vifs applaudissements.*)

Heureusement, mes amis, il est arrivé quelquefois que les dirigeants des deux partis dont je parle ont mal auguré des dispositions morales de leurs troupes et que leurs calculs machiavéliques avortaient parce qu'ils se heurtaient dans le cœur de ces troupes aux souvenirs bienfaisants de l'ancien bloc. C'est même cet avortement plusieurs fois répété dans les élections, qui justifie la confiance de beaucoup d'entre nous, la mienne entre autres, je veux le dire hautement, dans la reconstitution du bloc (*Bravos répétés*), et cette reconstitution serait facile si le gouvernement le voulait (*Nouveaux applaudissements.*), et le gouvernement le voudrait à coup sûr s'il se rendait compte des sentiments communs à tous les groupes de gauche. Oui, le jour où le gouvernement le voudra, nombreux, très nombreux seront les membres des deux partis dont il s'agit qui échapperont à l'influence néfaste de leurs dirigeants, auteurs responsables de la dissolution de l'ancien bloc, et qui se joindront à nous pour la constitution d'un nouveau bloc animé des mêmes aspirations démocratiques que l'ancien et résolu comme lui à les réaliser par les voies légales, au sein de l'ordre et de la liberté, en ayant le sentiment de la fraternité pour guide, dans toute l'étendue du domaine économique et social. (*Très vifs applaudissements.*)

Au reste, mes amis, quoi qu'il en soit de ces prévisions, nous avons un devoir immédiat et pressant à remplir : celui de nous unir et de nous discipliner pour une action commune et ce désir d'union et de discipline, il est de toute nécessité que votre Congrès l'impose à tous les membres du Parti. (*Applaudissements.*)

Quoi qu'en disent nos adversaires de droite et de gauche, beaucoup trop intéressés à nous rabaisser pour que leurs affirmations trouvent créance dans nos esprits, le Parti radical conserve encore la prépondérance du nombre et il ne lui faut, pour en faire la preuve en toute occasion, qu'une organisation plus méthodique et plus complète.

Vous tous, délégués, et vous aussi, parlemen taires, vous êtes les artisans désignés de cette organisation. C'est à vous de la développer et de la fortifier là où elle ne fonctionne pas dans sa plénitude, et à plus forte raison c'est à vous de l'instituer là où elle a fait défaut jusqu'ici. Ce n'est pas à Paris, ce n'est pas au Bureau du Comité Exécutif que cette organisation peut s'effectuer, c'est sur place, c'est en quelque sorte à pied-d'œuvre, dans chaque canton, dans chaque commune, à l'aide des éléments fournis par le canton, par la commune, et sagement appropriés à cette fin, par votre entente avec les personnalités républicaines du lieu : conseillers généraux, conseillers d'arrondissement, maires et autres notables.

Après tout, ces personnalités-là trouveront leur compte plus que qui que ce soit dans les résultats de cette œuvre. Il est donc de toute justice, sans parler de l'intérêt supérieur, de l'intérêt républicain, qu'ils s'y adonnent de tout cœur.

Quant à moi, du haut de cette estrade, je les y convie encore une fois de toute la force de ma conviction. (*Salves répétées d'applaudissements.*)

LE PRÉSIDENT fait connaître qu'il a reçu des excuses de MM. Vallé, sénateur ; Delpech, ancien sénateur, présidents d'honneur du Comité Exécutif ; Steeg, député ; Klotz, député ; René Besnard, député ; Panis, sénateur ; Rajou, ancien député ; Paul Bluysen, député ; Desplats, député ; Maurice Faure, sénateur ; Malavialle, député ; Brunet, député ; Pasquet (Bouches-du-Rhône) ; Clémentel, député ; Blanc du Collet (Alpes-Maritimes) ; Émile Laurent, député ; Loth, député ; André Durand, député ; Fernand David, député ; Gaston Doumergue, sénateur, etc.

Le président donne lecture de la lettre suivante que lui a adressée M. Camille Pelletan :

Mon cher Président,

Une trop longue convalescence, qui m'a empêché de me rendre au Sénat depuis quelques mois, et qui n'est pas encore terminée, m'interdit de me rendre au Congrès de Tours.

Je le déplore d'autant plus que jamais les circonstances n'ont plus impérieusement commandé à notre parti des résolutions nettes et énergiques, et que j'aurais été heureux d'y prendre part.

Je vous prie d'exprimer à nos amis tous mes respects, en même temps que mon invariable dévouement à notre cause commune.

Je vous serre cordialement la main,

CAMILLE PELLETAN.

M. FABIUS DE CHAMPVILLE. — Plusieurs de mes collègues se joignent à moi pour prier le bureau de cette séance de vouloir bien envoyer à Camille Pelletan une dépêche de sympathie manifestant nos regrets unanimes de ne pas l'avoir parmi nous et lui envoyant nos vœux de prompt rétablissement. (*Applaudissements unanimes.*)

LE PRÉSIDENT. — Jamais proposition n'a été plus opportune, ni mieux motivée. Camille Pelletan est un de ces vieux lutteurs qu'on ne remplacera jamais. (*Vifs applaudissements.*)

J'ai reçu la motion suivante :

Le Congrès se félicite que le gouvernement, fidèle aux traditions de la France, ait provoqué l'intervention des puissances dans le conflit qui met aux prises les Etats balkaniques et la Turquie, et l'invite à faire un nouvel et énergique effort en vue d'aboutir à une solution pacifique du conflit actuel.

(*Cris : Le renvoi à la Commission !*)

LE PRÉSIDENT. — J'allais mettre cette motion aux voix ; mais on me fait observer que le règlement est formel et que je dois la renvoyer à la commission des vœux. (*Très bien.*)

Je donne la parole à M. Fabius de Champville, rapporteur de la Commission de vérification des pouvoirs.

VÉRIFICATION DES POUVOIRS

M. G. FABIUS DE CHAMPVILLE, *rapporteur.* — Messieurs, pour la première fois, depuis de longues années, la Commission de vérification des pouvoirs a le très grand plaisir de vous faire connaître qu'aucune protestation ne lui a été adressée et qu'en conséquence elle vous propose de valider en bloc les pouvoirs de tous les délégués. (*Vifs applaudissements.*)

LE PRÉSIDENT. — Je mets aux voix les conclusions de la Commission de vérification des pouvoirs.

(*Les conclusions sont adoptées à l'unanimité.*)

La parole est à M. Ch. Fabiani, qui a été chargé de vous présenter le rapport du Bureau du Comité Exécutif sur l'exercice écoulé.

RAPPORT SUR LES TRAVAUX DU BUREAU ET DU COMITÉ EXÉCUTIF PENDANT L'EXERCICE 1911-1912

M. CH. FABIANI, *vice-président du Comité Exécutif, rapporteur.*

Citoyens,

Ma première pensée sera, au début de ce rapport, d'adresser, au nom de mes collègues du bureau et du Comité exécutif tout entier, l'expression de notre profonde reconnaissance à notre éminent président, le citoyen Emile Combes, pour les services signalés qu'il a su nous rendre, pendant ces deux dernières années, tant par ses qualités d'administrateur aussi avisé que réfléchi, que par sa profonde expérience de la tactique politique de notre parti. (*Très bien.*)

Le bureau s'est efforcé, sous sa haute direction, pendant cette dernière année, au travers des crises que le parti radical et radical-socialiste a traversées, de fortifier notre organisation intérieure, de rendre notre propagande plus efficace en reconstituant les comités et les fédérations et en affirmant dans tout le pays, par de nombreuses conférences, notre programme de défense laïque et de progrès social. Il a suivi avec le plus vif intérêt les travaux parlementaires, a favorisé à la Chambre la création d'un groupe composé uniquement d'élus adhérents au parti.

Le bureau a toujours été en parfait accord avec le Comité exécutif, qui a unanimement approuvé les mesures prises dans les heures de crise, lui donnant ainsi l'encouragement réconfortant qui lui a permis, après les défaites d'hier, d'organiser par l'union et la discipline, les victoires d'aujourd'hui.

Rapports avec le Gouvernement.

Se conformant à la décision du congrès de Nîmes, le bureau du Comité exécutif a entretenu jusqu'à sa chute les meilleurs rapports avec le cabinet présidé par M. Caillaux.

A la chute du ministère Caillaux, M. Poincaré a été chargé par le président de la Répubique de constituer un cabinet.

Le nouveau ministère, qui comprenait dans son sein des hommes aimés de notre parti, tels que MM. Léon Bourgeois, Steeg, Klotz, Pams, David et Besnard, fut favorablement accueilli par l'opinion, qui espérait trouver en lui un ministère d'union républicaine.

Le rapport que je suis chargé de présenter représente l'opinion unanime du bureau ; si mon rapport eût été un travail personnel, j'aurais formulé un sentiment plus précis, plus vif. *(Très bien.)* J'ai cependant tenu compte — et je ne pouvais faire autrement sans altérer la vérité — des réclamations que, de tous les points de la France, les militants nous ont adressées sur l'attitude du gouvernement à leur égard. *(Applaudissements.)*

Quoi qu'il en soit, nos militants avaient conçu de grandes espérances du nouveau gouvernement.

Ces espérances se sont-elles réalisées ? Il est permis d'en douter. Sur un grand nombre de questions, nos militants n'ont pas caché au Comité exécutif leur très vif mécontentement de l'attitude du gouvernement. Nous avons reçu l'expression de leurs inquiétudes ; elles nous ont paru souvent fondées : c'est au congrès de donner son sentiment sur la politique générale du gouvernement. Nos militants, proportionnalistes ou majoritaires, sauront toujours, nous en sommes convaincus, mettre au-dessus de leurs opinions sur la réforme électorale la défense de l'intérêt supérieur de notre parti et de la République.

Il y a dans cette salle des proportionnalistes et des majoritaires ; il faut que l'intérêt supérieur de la République prime tous les intérêts personnels. Depuis six ans dans toutes les élections que j'ai soutenues, j'ai été sincèrement proportionnaliste. Je tiens à affirmer hautement que je suis avant tout républicain. *(Vifs applaudissements.)*

Au Parlement.

Le bureau élu au congrès de Rouen avait poursuivi activement la réalisation de la motion de ce congrès demandant « que les sénateurs et députés membres du parti constituassent, au Sénat et à la Chambre, un groupe uniquement composé de membres inscrits sur les contrôles du parti ».

Son éminent président, le citoyen Emile Combes, avait, à cette époque, engagé des pourparlers avec les membres des bureaux des groupes radicaux et radicaux-socialistes de la Chambre et du Sénat. De sérieuses difficultés s'élevèrent à ce moment. Cette œuvre fut reprise avec diligence, cette année, par le bureau, avec le concours dévoué de nombreux parlementaires du parti, et particulièrement de nos amis René Renoult, Lauraine, Charles Dumont, Dessoye, Dalimier, Bourély, Javal, Haudos, etc., etc., qui ont pris l'initiative, couronnée aujourd'hui de succès, de former à la Chambre, indépendamment des deux groupes existants, le groupe des députés adhérents au parti républicain radical et radical-socialiste. *(Très bien.)*

Les Elections.

Les élections municipales, cantonales et sénatoriales, dans lesquelles notre parti remporta de réelles victoires, ont passé presque inaperçues. Cependant nous y avons remporté des victoires non douteuses. Il est probable que ces victoires auraient été plus nombreuses si, tant aux élections sénatoriales que municipales, nos candidats n'avaient pas eu en face d'eux des candidats de nuance indécise sur les noms desquels se mêlaient les suffrages réactionnaires et ceux du parti républicain démocratique.

Nos adversaires, de leur côté, ont su habilement passer sous silence leurs insuccès. Ils ont, au contraire, exploité bruyamment les quelques défaites législatives qui ont marqué le début de l'année parlementaire.

La première de ces défaites, celle de Neuilly-Boulogne, a été due autant à la trahison du parti socialiste qui, malgré le péril réactionnaire, a maintenu au second tour son candidat mis en minorité par le candidat de notre parti, qu'à la *neutralité* de l'Alliance républicaine démocratique.

Le parti socialiste unifié, qui, dans cette élection, avait décidé, à la majorité de deux voix sur trois cents votants, le maintien de son candidat, fit ouvertement alliance avec la réaction, dans toutes les élections qui ont suivi, souvent avec la plus insigne mauvaise foi. Dans l'élection du quatorzième arrondissement de Paris, par exemple, il laissa subsister, avec l'appui des voix royalistes, son candidat, M. Bracke (sous le prétexte de la R. P.), contre notre ami Chatenet, qui avait pourtant été, deux ans auparavant, un des fondateurs du groupe extra-parlementaire de la R. P.

L'Alliance républicaine démocratique, qui avait refusé son investiture au candidat républicain désigné à Neuilly-Boulogne par le congrès des comités radicaux *et de l'Alliance républicaine démocratique*, publia, à la veille des élections sénatoriales, dans son *Bulletin officiel*, une série d'articles dirigés nettement contre les membres les plus vénérés de notre parti.

Notre président intervenait auprès de l'Alliance républicaine démocratique, dont le président, M. Adolphe Carnot, fit connaître « sa volonté formelle d'entretenir *désormais* avec tous les groupes républicains de gauche, non seulement des relations de courtoisie réciproque, mais aussi, avec les plus proches, des rapports d'étroite fraternité ».

Les actes de l'Alliance républicaine démocratique ne s'inspirèrent cependant pas de ces républicaines déclarations. Dans de nombreuses élections, dans les élections législatives de Châteaudun et d'Apt et dans l'élection sénatoriale du Haut-Rhin particulièrement, ses candidats eurent l'appui des militants cléricaux les plus notoires.

Les récentes victoires de nos amis Auguste Girard, Thierry, Herriot, Chevillon et Tissier ont montré que le parti radical se ressaisit : le pays républicain a écrasé les honteuses coalitions de la réaction et de la révolution. Nous comptons sur son sens éclairé pour se faire justice dans l'avenir. (*Applaudissements.*)

L'organisation.

« Jamais le besoin d'organiser le parti ne m'est apparu plus urgent que depuis qu'ayant été élu président du Comité exécutif, j'ai pu étudier de plus près sa constitution. » Telles étaient les paroles que M. Émile Combes prononçait à la séance plénière du Comité exécutif tenue le 12 avril 1911.

Le bureau élu au congrès de Nîmes s'est attaché, sous la haute direction de M. Combes, à mener à bien cette œuvre d'organisation. Le doute dans lequel se tient le pays sur ce que sera la réforme électorale a empêché beaucoup de nos militants de préciser leur action de réorganisation.

De très heureux résultats ont été cependant obtenus, particulièrement dans la Manche, le Finistère, la Dordogne les Landes, la Loire, la Vaucluse le Gard, la Charente-Inférieure, la Vendée, Maine-et-Loire, la Haute-Loire, la Lozère, la Drôme, etc.

Le mouvement d'organisation de notre parti ne deviendra vraiment général que le jour où le Parlement aura solutionné la question si discutée de la réforme électorale. Le Comité exécutif et son bureau se sont vivement préoccupés de cette situation et ont insisté, à diverses reprises, auprès des élus du parti pour que la discussion du projet de loi sur la réforme électorale fût menée avec la plus grande diligence.

Nos amis, il faut le dire, ont été trop souvent contrecarrés dans leur travail d'organisation par ceux-là mêmes qui auraient dû être leurs meilleurs auxiliaires.

Dans de trop nombreux départements, l'action radicale a été ouvertement combattue par l'administration « républicaine ». Nos comités ainsi combattus n'ont heureusement rien perdu de leur activité et de leur énergie.

La Fédération radicale et radicale-socialiste du Sud-Est, si admirablement organisée par notre dévoué collègue Nicolas Estier, a tenu à Avignon son cinquième congrès régional annuel, qui a fort bien réussi. Le bureau avait délégué à cette réunion MM. Richard de Burgue et Fabiani.

Un grand banquet, présidé par M. Charles Dumont, termina avec éclat cette belle manifestation.

Les militants radicaux et radicaux-socialistes du Sud-Ouest, sur l'initiative du docteur Boymier et avec le concours de Nicolas Estier, ont constitué la Fédération régionale du Sud-Ouest. Cette jeune Fédération présidée par Léo Bouyssou a tenu en juillet dernier, à Bordeaux, son premier congrès annuel. MM. Dalimier, Chevalier et Fabiani y furent les représentants du Comité exécutif. M. Paul Bourély présida le banquet de clôture.

La Fédération de la Côte-d'Or a tenu son congrès annuel aux Laumes, avec le concours de notre ami Maurice Vollaeys.

Nous devons mentionner également les missions de MM. Charles Dumont et Fabiani à Toulouse et de M. Perrissoud en Corse.

Le bureau a procédé à des enquêtes sur la situation du parti dans les départements. Il a, au cours de ces enquêtes, convoqué de nombreux parlementaires et militants qui ont répondu à son appel et lui ont fourni des renseignements fort intéressants sur l'état de notre parti dans leurs départements.

Le bureau s'est préoccupé sans cesse de l'action et de la propagande de notre parti ; il a mené ce travail parallèlement à son œuvre d'administration.

Je rappelle que, conformément aux décisions de nos congrès, le Comité exécutif a organisé, le 9 juin le premier banquet du parti. Des discours, qui eurent un grand retentissement, furent prononcés par MM. Emile Combes, Renoult, Clémentel et Herriot.

Le bureau du Comité exécutif a ordonné l'impression de ce discours en brochure.

Cette brochure vient de paraître ; elle est à la disposition des militants.

Le bureau, devant la campagne si violente entreprise contre notre parti par les partis de révolution coalisés avec les partis de réaction, a accompli une œuvre d'action et de propagande dont il importe de rendre rapidement compte.

Le bureau du Comité exécutif s'est, avant tout, attaché à organiser des conférences de propagande partout où les fédérations, les comités locaux ont fait appel à lui.

La commission des conférences, présidée par notre collègue Lévy-Ullmann, a mérité toute notre gratitude. *(Très bien.)*

Nous devons signaler ceux de nos amis qui se sont plus particulièrement dévoués à la propagande de nos idées :

MM. Balans (Oise, Vendée, Deux-Sèvres) ; Barthié (Aisne) ; Bienaimé (Nord, Somme) ; Bokanowski (Eure) ; Richard de Burgue (Nord, Vaucluse, Seine, Calvados, Finistère, Bouches-du-Rhône) ; Chaligné (Oise, Seine-Inférieure) ; Cointe (Aisne) ; Félicien

Court (Haute-Garonne, Lot-et-Garonne, Basses-Pyrénées) ; Jules Cahen (Aisne) ; Chazot (Seine-Inférieure) ; Charpentier (Dordogne) ; Dauthy (Allier, Indre, Haute-Vienne) ; Émile Desvaux (Vaucluse, Seine-Inférieure, Calvados); Douzet (Mayenne, Somme, Lozère, Basses-Pyrénées, Rhône, Loiret, Meuse, Vosges) ; Durand (Lozère) ; Charles Fabiani (Aisne, Var, Finistère, Seine, Charente-Inférieure, Alpes-Maritimes, Haute-Garonne, Ain, Bouches-du-Rhône, Mayenne, Vaucluse, Gironde) ; Fabius de Champville (Seine-et-Oise, Nord, Pas-de-Calais) ; Gaston Gros (Nord) ; Natalini (Finistère) ; Labatut (Meurthe-et-Moselle, Vosges ; Jules Picard (Mayenne, Calvados) ; Maurice Vollaeys (Vosges, Ain, Aisne, Seine-et-Marne, Côte-d'Or, Pas-de-Calais), etc...

Le Comité exécutif a ordonné l'impression de plusieurs brochures concernant l'action économique, politique et sociale de notre parti.

Le petit commerce a accueilli avec faveur le travail si documenté de notre collègue J.-L. Bonnet sur les boucheries et boulangeries municipales.

La belle conférence faite le 25 mars 1912 par M. Charles Dumont, sous les auspices de la Fédération républicaine des étudiants, éditée par le Comité exécutif, a été lue avec fruit par tous les propagandistes qui y ont trouvé une moisson d'idées sur la politique de notre parti, « faite à la fois de science, de raison et de cœur ».

Dans l'excellente brochure *l'OEuvre de la République, et le parti radical*, D. Postel a énuméré avec méthode les réformes accomplies par notre parti.

M. Michel Millhaud a, dans son remarquable exposé sur le *Collectivisme*, fait valoir avec précision et clarté les arguments qui militent contre cette doctrine.

La très intéressante conférence de M. Métin sur les retraites ouvrières a été imprimée en brochure aux frais du parti, cette brochure a été des plus utiles à nos conférenciers et militants. *(Très bien.)*

Nous devons mentionner l'essai que le bureau du Comité exécutif a fait de la délégation à la propagande, en application d'une décision du Comité exécutif. Il a nommé à cette fonction M. Louis Dumont, ancien député de la Drôme, qui s'est employé très activement pendant les vacances et dans un laps de temps très restreint à l'organisation du parti dan la Manche, la Drôme, le Loir-et-Cher, etc... Les résultats que M. Dumont a obtenus ont des plus appréciables et nous lui en exprimons toute notre gratitude. *(Très bien.)*

Je ne terminerai pas cet exposé sans exprimer, au nom du bureau, à notre secrétaire administratif, M. Reynard, nos remerciements pour la collaboration toujours dévouée qu'il nous apporte chaque jour. *(Très bien.)*

Le Comité exécutif a conscience d'être resté constamment fidèle à l'idéal laïque et social du parti radical et radical-socialiste. Son œuvre vraiment démocratique a montré à l'opinion républicaine que c'est dans notre parti que se rencontrent les vrais partisans de la liberté individuelle et que notre politique de réformes sociales, dirigée aussi bien contre les égoïsmes conservateurs que contre les démagogies révolutionnaires, en fait le véritable parti des travailleurs. *(Applaudissements prolongés.)*

Le Président. — Je mets aux voix le rapport très travaillé que vous a présenté M. Fabiani.

(Adopté à l'unanimité.)

NOMINATION DE LA COMMISSION
DE LA DÉCLARATION DU PARTI

Le Président. — L'ordre du jour appelle la nomination de la Commission de la déclaration du Parti.

Voici les noms qui ont été proposés :

MM. René Renoult, député ; Herriot, sénateur ; Dalimier, Charles Dumont, députés ; Beauvisage, Debierre, sénateurs ; Félix Chautemps, député ; Ranson, sénateur ; Raynaud, Lafferre, Ferdinand Buisson, députés ; Richard, Couyba, Henri Michel, sénateurs ; J.-L. Dumesnil, Bourély, J.-B. Morin, Javal, Bouffandeau, Dessoye, Pelisse, Messimy, députés ; Estier, Gavaudan, Müller, Denis Guillot, Lévy-Ullmann, Lefranc, Vollaeys, J.-L. Bonnet, Emile Desvaux, Henri Rousselle, Michel Milhaud, Ch. Fabiani, Fabius de Champville, Albert Chevalier, Boymier, Hemmerschmidt, Schmidt, Alfred Dominique, Lafon, Général Godard, Paul Feuga.

(La Commission de la déclaration du Parti est ainsi constituée.)

Le Président. — La Commission de la politique

générale, de la tactique, de l'organisation et de la propagande se réunira à l'issue de cette séance à l'hôtel de ville.

Le rapport de cette Commission viendra au début de la séance de demain après-midi.

La séance est levée à 4 h. 30.

DEUXIÈME SÉANCE

Vendredi 11 octobre, après-midi.

La séance est ouverte à 2 heures, par M. Emile Combes.

M. EMILE COMBES. — Messieurs, permettez-moi, avant toute chose, de faire appel à vos sentiments politiques, dévoués absolument à notre Parti, pour vous demander pendant cette séance qui va être exceptionnellement importante, puisque nous allons y traiter le sujet le plus grave qui s'offre à nos discussions dans ce Congrès, la question de la réforme électorale, permettez-moi de vous demander d'écouter tranquillement tout ce qui sera dit et, quels que soient vos sentiments, permettez aux orateurs d'exprimer leur pensée tout entière. (*Applaudissements, très bien.*) Le vote final vous permettra de faire connaître votre opinion et vos sentiments personnels, c'est-à-dire celui des comités et fédérations dont vous êtes délégués. Ainsi s'affirmera la tendance générale de notre Congrès ; mais, avant tout, je vous demande de l'ordre dans nos discussions et une patience réciproque à l'égard des différents orateurs.

Je vous invite à constituer le bureau et à nommer le président de cette séance.

(*Cris nombreux : Combes ! Combes ! — Ces cris sont soulignés par les applaudissements unanimes du Congrès.*)

M. EMILE COMBES. — Messieurs, je ne peux pas me soustraire à l'honneur que vous voulez bien me faire. (*Applaudissements.*) J'accepte la présidence. (*Nouveaux applaudissements.*) Mais il vous reste à constituer le bureau. Voici les noms qui sont proposés :

Vice-présidents. — MM. Henri Michel, sénateur des Basses-Alpes ; Guillaume Poulle, sénateur de la Vienne ; Bouyssou, député des Landes ; Fernand Michaut (Côte-d'Or) ; D' Boymier (Gironde) ; Gavaudan (Bouches-du-Rhône) ; Ferron (Basses-Pyrénées) ; Féuga (Haute-Garonne).

Secrétaires. — MM. J. L. Dumesnil, député de Seine-et-Marne ; Abel Ferry, député des Vosges ; Jean Javal, député de l'Yonne ; Handos, député de la Marne ; Martin-Mamy (Oise) ; Lucien Le Foyer (Seine) ; Balans (Seine) ; Hemmerschmidt (Seine-et-Oise) ; Dʳ Lièvre (Seine).

Il n'y a pas d'opposition ? Le bureau est donc ainsi constitué.

Je donne la parole à M. Georges Trouillot, rapporteur de la réforme électorale.

LA RÉFORME ÉLECTORALE

M. Georges Trouillot, *rapporteur.*

Citoyens,

Je crois de mon devoir de rappeler les décisions antérieures de nos Congrès. Chaque fois que le Congrès du parti a été appelé à se prononcer par un vote positif, à Paris en 1901, à Lyon en 1902, à Marseille en 1903, à Toulouse en 1904, à Nancy en 1907, enfin à Rouen en 1910, il l'a fait en faveur du scrutin de liste. Deux fois seulement, à Nancy en 1907, à Rouen en 1910, il a été appelé à se prononcer sur la R. P. Il l'a repoussée chaque fois.

La décision du Congrès de Nancy, particulièrement intéressante, mérite d'être mise sous vos yeux. A Nancy, en effet, le Congrès a été appelé à dire successivement ce qu'il ne voulait pas et ce qu'il voulait. Après avoir rejeté la représentation proportionnelle, il votait l'ordre du jour suivant :

« Le Congrès émet le vœu :

« 1° Que le scrutin d'arrondissement soit supprimé et remplacé par le scrutin de liste pour l'élection des députés ;

« 2° Que les circonscriptions électorales soient établies par département, en sectionnant, toutefois, ceux dont la population est très considérable et en maintenant la proportionnalité entre les élus et les nombre des électeurs. »

C'est à Nîmes seulement que l'année dernière fut votée une formule dont le vague fut exploité par les partis de droite et d'extrême gauche présentant, à tort, l'idée de la représentation des miorités, qui peut être assurée par un scrutin élargi, comme liée nécessairement au fonctionnement du quotient électoral. Le Congrès félicitait les élus proportionnalistes et antiproportionnalistes d'être entrés en collaboration avec le gouvernement pour définir et faire triompher un projet établissant le scrutin de liste avec représentation des minorités.

Le gouvernement d'alors ayant disparu, sans que l'espérance formulée dans cet ordre du jour ait été réalisée et les adversaires de notre parti ayant cherché à présenter la formule votée comme une adhésion au principe du quotient électoral, il importe aujourd'hui de prendre une décision qui dissipe toute équivoque. C'est ce qu'a fait votre commission en se prononçant nettement contre le principe du quotient électoral.

D'autre part, certain d'être l'interprète du pays républicain, le Congrès voudra affirmer son désir de voir réaliser la réforme électorale non point avec le concours des adversaires de la République, mais par l'accord de la majorité républicaine des deux Chambres. Enfin, sans prétendre dicter au Sénat les résolutions que lui inspirera, après étude approfondie du problème, son dévouement à l'intérêt supérieur de la République, nous avons pensé qu'il était nécessaire de préciser, dans une formule positive, la volonté de réforme électorale qui s'est affirmée dans tous nos Congrès.

Nous proposons, en conséquence, l'ordre du jour suivant :

« Le Congrès,

« 1º Déclare que la réforme électorale, dont il a toujours été partisan, ne peut et ne doit être réalisée que par la majorité républicaine des deux Chambres ;

« 2º Rappelant que les scrutins majoritaires ont toujours donné une large représentation aux minorités, repousse la représentation proportionnelle et le principe du quotient électoral ;

« 3º Compte sur la sagesse, la fermeté et l'entente des républicains du Sénat et de la Chambre pour réaliser une réforme électorale par un scrutin élargi, sans dérogation au principe majoritaire. (*Applaudissements répétés.*)

Le Président. — La parole est à M. Armand Charpentier.

Discours de M. A. Charpentier.

M. Armand Charpentier. — S'il y a des orateurs
parlementaires inscrits avant moi, je leur cède mon
tour. (*Crix divers : Aux voix ! Parlez !*)

M. Armand Charpentier. — Je m'excuse d'être le
premier orateur inscrit de l'autre côté de la barricade et je reconnais volontiers qu'il en est d'autres plus qualifiés que moi ; mais enfin, puisqu'il
faut que quelqu'un commence, je commence.

Dans le vœu présenté par M. Trouillot, il y a toute
une partie qui me plaît infiniment et à laquelle
j'adhère ; c'est celle qui concerne le principe majoritaire, car, moi aussi, j'ai été, je suis et je reste
un partisan convaincu du principe majoritaire.
(*Bravos ! mouvements divers.*) Si vous voulez bien
me permettre de définir ma pensée, je vais vous
dire ce que j'appelle le principe majoritaire, et sur
ce point, peut-être serons-nous tous d'accord ?...

Dans une circonscription comptant 10,000 votants,
s'il y a 5,001 voix républicaines et 4,999 voix réactionnaires, je dis et j'affirme que l'élu doit être un
républicain. Vous voyez bien, citoyens, que je reste
acquis au principe majoritaire. (*Bruit, quelques applaudissements.*) Si vous ne voulez pas que je parle,
je ne parlerai pas... Il s'agit donc maintenant de
savoir, puisque nous sommes tous d'accord sur le
principe majoritaire, quel est le mode de scrutin
qui va lui permettre de s'affirmer. Le scrutin d'arrondissement a, pendant quarante ans, merveilleusement servi le principe majoritaire. Il l'a merveilleusement servi pour cette raison bien simple, que
la plupart du temps il n'y avait dans chaque élection que deux partis en présence ; même lorsque,
contre le candidat de la réaction il y avait plusieurs
républicains, ceux-ci s'unissaient au second tour
pour faire triompher leur idéal commun. Le scrutin
d'arrondissement est donc excellent pour des partis
unis, même lorsque ces partis sont à l'état de minorité ; mais il devient infiniment dangereux pour les
partis désunis, même lorsqu'ils sont à l'état de
majorité. Voilà, citoyens, une pensée sur laquelle
je vous prie de vouloir bien méditer.

Donc, le scrutin d'arrondissement a bien servi la

3

République parce que le parti républicain était uni ; mais, à l'heure actuelle, pour des raisons que je ne veux pas rechercher ici, il y a depuis quelque temps, trois partis républicains unis certes dans un même amour pour la République, mais divisés par des programmes différents : l'Alliance républicaine démocratique, à notre droite ; les socialistes indépendants et unifiés, à notre gauche ; et nous, radicaux, au centre. Nous avions fait le bloc ; je voudrais bien le refaire, et, si cela ne dépendait que de moi, ce bloc serait refait ce soir et il n'y aurait plus de discussion. *(Applaudissements.)* Quand les républicains sont unis entre eux, le scrutin d'arrondissement leur suffit pour vaincre leurs adversaires; malheureusement, en ma qualité de positiviste, j'ai coutume de tenir compte des réalités. Or, celles-ci sont telles que, depuis quelque temps, ce ne sont plus les 5,001 républicains qui ont l'élu pour eux, ce sont les 4,999 réactionnaires bien qu'ils soient la minorité Au cours des dix mois écoulés, nous avons perdu sept sièges, non point parce que le programme républicain fut mis en minorité dans ces sept circonscriptions où les républicains ont eu la majorité, mais parce que le bloc de gauche ne s'est pas fait au second tour. Le principe majoritaire a donc été vaincu par le scrutin d'arrondissement. *(Applaudissements.)*

Un délégué. — Grâce à la R. P.

Un autre Délégué. — Nous avons été battus par les coalitions !

M. Charpentier. — J'entends un honorable citoyen que je ne connais pas me dire : « Nous avons été battus par des coalitions !... » C'est précisément ce que je suis en train d'expliquer : c'est précisément parce que des coalitions se sont faites et qu'elles se feront encore, que je cherche une arme qui les empêche, une arme qui les rende impossibles... *(Bruit, protestations.)* Je ne me suis pas prononcé... faites-moi l'aumône de quelques minutes d'attention lorsque je fais l'éloge du scrutin d'arrondissement, car nul n'y a été plus attaché que moi lorsqu'il rendait des services à la République... *(Bruit.)* J'étais donc en train de vous exposer ces coalitions, que je connais aussi bien que vous et contre lesquelles ni vous ni moi ne pouvons rien actuellement. Eh bien ! il faut trouver une arme qui les rende impossibles. Cherchons quelle sera cette arme, quel sera ce scrutin. Que vous le vouliez ou non, il n'y a que trois scrutins en présence : le scrutin d'arrondissement... je viens d'en parler, je lui ai rendu l'hommage qu'il mérite dans le passé et j'ajoute que nous serions tous prêts à le maintenir, si le bloc devait se refaire. Si notre vénérable président peut garantir que le bloc se refera demain, je voterai pour le scrutin d'arrondissement, mais aucun de vous, dans son âme et conscience, ne peut faire cette affirmation. Cherchons donc ensemble une autre mode de scrutin. Le scrutin de liste sauvegarde le principe majoritaire, je le sais, et j'en serais partisan s'il devait en être ainsi dans la réalité ; mais permettez-moi de vous présenter un raisonnement bien simpliste. Le scrutin de liste, étant un multiplicateur du scrutin d'arrondissement, multipliera bien les vertus de ce scrutin quand il a des vertus ; mais il multipliera également ses défauts, quand il a des défauts. Or, nous venons de toucher aux vices du scrutin d'arrondissement ; si, ce soir, vous votiez le principe du scrutin de liste pur et simple comme vous l'avez fait dans dix Congrès sur onze, vous ne feriez que multiplier les défauts du scrutin d'arrondissement et nous en perdrions tous les avantages. Avec le scrutin d'arrondissement, nous allons à la bataille en ordre dispersé, nous sommes des tirailleurs, et si quelques-uns d'entre nous sont massacrés, les autres échappent, et peuvent être victorieux ; avec le scrutin de liste, ce n'est plus l'ordre dispersé, c'est la masse compacte. Si une coalition se forme dans certains départements, ce ne sera plus seulement un radical qui sera battu, ce sera toute la liste radicale qui sera écrasée, et de la sorte, pendant quatre ans, le parti radical aura disparu. (*Exclamations, mouvements divers, quelques applaudissements.*) Voilà pourquoi...

UN DÉLÉGUÉ. — Mais nous sommes ici pour entendre des choses sensées. (*Bruit.*)

M. ARMAND CHARPENTIER. — J'envisage donc avec terreur le rétablissement du scrutin de liste. Il ne reste plus qu'une troisième hypothèse dont je vais vous parler si vous voulez bien le permettre !

UN DÉLÉGUÉ. — Parlez-nous du scrutin élargi !

M. Armand Charpentier. — On me dit : « Pourquoi ne parlez-vous pas du scrutin élargi ? » Ou bien vous l'élargirez réellement et ce sera le scrutin de liste, ou bien il ne le sera pas réellement et c'est le maintien du scrutin d'arrondissement. (*Bruit.*) J'arrive à un troisième genre de scrutin, si vous voulez bien le permettre. Je vais chercher un scrutin qui nous donnera la majorité à laquelle nous avons droit. Vous êtes un parti qui, à l'heure actuelle, a la majorité ; c'est vous qui êtes la majorité. (*Très bien ! Très bien !*)

Plusieurs Voix. — Et alors ?

Un Délégué. — C'est une contradiction !

M. Armand Charpentier. — Vous êtes la majorité. Eh bien ! ce que je veux essayer de faire, c'est de donner au Parlement cette majorité que vous êtes dans le pays. (*Bruit.*)

Un Délégué. — Mettez Briand par terre.

M. Armand Charpentier. — Je recherche pour cela un scrutin qui me permette d'arriver à ce résultat, puisque, je vous l'ai dit, je ne crois ni au scrutin de liste, ni au scrutin d'arrondissement pour le réaliser. Il y a un mot que je vais prononcer,... calmez vos nerfs et votre impatience, ce mot va vous faire bondir... mais c'est, selon moi, le seul moyen de dégager la vraie majorité dans le pays. Permettez-moi une comparaison banale... Il s'agit de couper la pâte électorale, de la couper proportionnellement à la force de chaque parti avec ce couteau qui s'appelle le quotient électoral... (*Très nombreuses exclamations, bruit, mouvements divers.*)

Une Voix. — Et avec ce ciment qui s'appelle l'apparentement.

M. Armand Charpentier. — ... Lequel alors donnerait à chaque parti la représentation à laquelle il a droit. Nous qui sommes majorité dans le pays, nous serions ainsi mécaniquement majorité au Parlement. (*Cris : Non ! Non !*) A cet endroit précis s'arrête la R. P., car là finit le suffrage universel et ici commencent les droits du pouvoir législatif. Je termine, citoyens ; je vais aborder la raison la plus grave qui vous a éloigné et vous éloigne encore de la R. P. ; je vais le faire, bien que sachant par avance que j'ai perdu la partie. (*Applaudissements.*) Vous repoussez la R. P., parce que vous croyez que la réaction la demande. (*Cris nombreux : Oui ! oui ! D'autres voix : Nous en sommes certains.*) Vous avez mille fois raison. (*Vifs applaudissements.*) Vous faites un raisonnement très simple. Vous dites : La réaction demande la R. P., donc elle est mauvaise pour la République, donc, nous devons la repousser. Voilà votre raisonnement : mais vous pourriez peut-être aussi faire cet autre raisonnement : La réaction n'est pas infaillible, voilà quarante ans qu'elle se trompe.

Une Voix. — Ni vous non plus. (*Interruptions diverses, bruit.*)

M. Charpentier. — Ecoutez, citoyens, si la réaction pouvait entendre l'éloge que vous lui décernez en la croyant intelligente, elle serait flattée ; mais moi j'affirme que depuis quarante ans la réaction a fait toutes les bêtises qu'elle pouvait faire. (*Nouvelles interruptions.*)

Une Voix. — Qu'est-ce que ça peut vous faire ?

Un autre Délégué. — Alors, vous voulez la relever ? (*Bruit.*)

M. Armand Charpentier. — La réaction s'est trompée en faisant le jeu de l'extrême gauche quand son intérêt était de conserver les modérés au pouvoir ; elle s'est trompée, quand elle s'est mise à la remorque du général Boulanger, dégradant ainsi... (*Nouvelles interruptions, notamment de M. Sénac.*)

M. Armand Charpentier (*à M. Sénac.*) — Je suis très heureux de vous voir défendre le scrutin d'arrondissement, et je n'ai qu'un regret, c'est que le scrutin d'arrondissement n'ait pas eu pour vous le même amour que vous avez pour lui. (*Applaudissements sur quelques bancs, rumeurs prolongées.*)

Un Délégué. — C'est grâce à vous qu'il a fait ça.

M. Armand Charpentier. — La réaction s'est encore trompée quand, oubliant les principes qui ne sont pas des principes politiques, mais qui sont les principes d'éternelle vérité, de droit et de justice, elle s'est mise à la remorque du nationalisme et des faussaires de l'état-major ; ainsi voilà trois fois qu'en l'espace de trente ans la réaction se trompe, et vous ne voulez pas admettre (*Interruptions*), même à titre d'hypothèse, qu'elle puisse encore se tromper.

Eh bien ! citoyens, je vais vous dire... (*Interruptions, bruit.*) Je vais tout à l'heure défendre la Constitution et le Sénat, épargnez mes efforts... Je vais vous dire pourquoi elle se trompe ; elle se trompe pour des raisons absolument analogues...

Un Délégué. — Elle vous trompe.

M. Armand Charpentier. — ... parce que, ayant été malmenée jusqu'à ce jour par le scrutin d'arrondissement, ayant été vaincue par lui pendant quarante ans...

Un Délégué. — Et c'est pour cela que voulez le supprimer ?

M. Armand Charpentier. — ... elle a quelque rancune contre ce scrutin, elle veut l'abattre, mais elle ne s'aperçoit pas... (*Le bruit et l'inattention dans la salle vont augmentant.*) Je vous en supplie, prêtez-moi votre attention, car je touche à un point délicat.

M. Emile Combes. — N'interrompez pas, économisez les instants de la discussion, il y a pas mal d'orateurs inscrits.

Un Délégué, *s'adressant à M. Charpentier.* — Vous heurtez les sentiments de la majorité. (*Mouvements divers.*)

M. Armand Charpentier. — Je le sais bien, et je m'en aperçois. (*Bruit.*) Elle ne s'aperçoit pas, la réaction, que nous en sommes arrivés à ce point précis où le scrutin d'arrondissement qui l'a desservie, abattue, pendant quarante ans, est en train de se retourner et commence à la servir. (*Applaudissements sur quelques bancs, interruptions au fond de la salle.*)

Une Voix. — Laissez-le parler, ce sera plus vite fini. (*Bruit.*)

M. Armand Charpentier. — Et ce que je dis est tellement vrai que si elle ouvrait les yeux, la réaction s'apercevrait qu'en l'espace de dix mois elle vient de gagner sept sièges. (*Nouvelles interruptions. Cris : Assez ! Assez !*)

M. L.-V. Meunier. — C'est la R. P. qui les lui a donnés.

M. Armand Charpentier. — Elle a gagné des sièges par suite de coalitions, c'est entendu, mais c'est précisément pour cela qu'il faut briser les coalitions avec la R. P. (*Exclamations.*)

M. L.-V. Meunier. — Pourquoi nous jetez-vous cela dans les jambes ? (*Mouvements divers.*)

M. Armand Charpentier. — Elle a gagné des sièges et elle ne s'en aperçoit pas. Voilà pourquoi je termine en vous disant : Moi, qui veux le triomphe de mon parti, moi qui sais que mon parti représente la majorité à l'heure actuelle, je suis inquiet de voir le scrutin d'arrondissement faire triompher des minorités, et c'est parce que je suis majoritaire que je demande un scrutin qui fasse triompher la majorité que vous êtes et que vous resterez quand même. (*Applaudissements.*)

Discours de M. J.-L. Bonnet.

M. J.-L. Bonnet. — La motion de M. Trouillot rejette le scrutin de liste avec représentation des minorités et réclame un scrutin strictement majoritaire. Le Sénat aurait à choisir entre ces trois modalités : le scrutin d'arrondissement, le scrutin de liste comprenant des circonscriptions de 3 à 5 députés et le scrutin de liste départemental. Ces trois solutions sont mauvaises, inacceptables, et seront repoussées par la Chambre. (*Bruit.*)

La Chambre a condamné le scrutin d'arrondissement par 513 voix contre 17, le 3 juillet 1911, et par 511 voix contre 36, le 1er juillet 1912. Ne ressuscitons pas ce mort. (*Protestations.*)

La Chambre a également condamné le découpage des départements en petites circonscriptions de 3 à 5 députés. Le 25 juin 1912, par 29 voix contre 261, elle a voté l'amendement Javal : « Chaque département forme une circonscription électorale. » Le 1er juillet 1912, par 462 voix contre 32, elle a rejeté l'amendement Dubuisson sectionnant les départements ayant à nommer plus de sept députés. Personne n'ignore que la Commission sénatoriale sera incitée à découper les départements et à fabriquer des circonscriptions élisant au maximum cinq députés. Son œuvre est vouée d'avance à un échec complet. La Chambre, qui s'est prononcée à une énorme majorité contre ce système de délimitation arbitraire, ne se déjugera pas. (*Applaudissements.*)

Le scrutin de liste départemental sans représentation des minorités est, de toutes les solutions, la plus dangereuse. La coalition de réactionnaires, de socialistes unifiés et de radicaux dissidents qui est en action ou en préparation dans les circonscriptions d'arrondissement fonctionnerait avec bien plus d'aisance et de succès dans la circonscription départementale. Notre Parti essuierait un désastre. (*Sensation.*)

UN DÉLÉGUÉ. — Et Paris ?

M. J.-L. BONNET. — Les coalitions joueraient dans la Seine comme dans les autres départements, mais avec plus de facilité et d'audace.

Le scrutin de liste départemental priverait en outre de toute représentation républicaine la plupart des départements de l'Ouest, d'autres départements et consommerait une iniquité. Ce mode de scrutin écrase les minorités, les dépouille de leurs droits, est rudimentaire, brutal et injuste. (*Applaudissements et protestations.*)

Si le Sénat élabore un projet strictement majoritaire qui sera sûrement repoussé par la Chambre, le *statu quo* sera maintenu. Nous irons aux urnes, en 1914, avec le scrutin d'arrondissement et nous ne devons pas nourrir d'illusions sur le résultat. (*Bruit.*)

UN DÉLÉGUÉ. — Vous êtes trop pessimiste.

M. J.-L. BONNET. — Les élections de 1910 nous ont donné un grave avertissement. Il n'y avait eu que 156 ballottages en 1906, il y en a eu 229 en 1910. Sur ces 229 candidats en ballottage, nous comptons 175 radicaux et radicaux-socialistes : soit pour les radicaux une proportion de 70 % par rapport au nombre des ballottés. Nous avons perdu des sièges, nous risquons d'en perdre bien davantage : 103 députés du bloc de gauche (alliance démocratique, radicaux et radicaux-socialistes, socialistes indépendants) ont été nommés avec une majorité de 1 à 600 voix ; 15 ont été élus à la majorité relative. Soit une masse de 118 députés dont la situation électorale ne paraît pas brillante. (*Applaudissements.*)

Les élections partielles ont confirmé et aggravé l'avertissement. Il y en a eu 44 depuis le renouvellement de 1910. Les 44 sièges étaient occupés par 22 proportionnalistes et 22 antiproportionnalistes et le sont aujourd'hui par 31 proportionnalistes et 13 antiproportionnalistes. Les proportionnalistes ont gagné 15 sièges et en ont perdu 6 ; les antiproportionnalistes ont gagné 6 sièges et en ont perdu 15. Les proportionnalistes ont passé de 22 à 31 et ont augmenté presque de moitié. Les antiproportionnalistes sont descendus de 22 à 13 et ont perdu près de la moitié de leur effectif. (*Bruit.*)

Enfin, ce qui est particulièrement grave et significatif, c'est que nous avons perdu des circonscriptions dont les députés sortants n'avaient pas été réélus en 1910 à une médiocre majorité de 1 à 600 voix, mais à une forte majorité. Exemple : M. Messimy, 14e arrondissement de Paris, réélu en 1910 à 2,300 voix de majorité et remplacé par un socialiste unifié ; M. Chamerlat, toujours réélu à Thiers (Puy-de-Dôme), avec 2,500 voix de majorité et remplacé par un socialiste unifié ; M. Lhopiteau, réélu en 1910, à Chartres (Eure-et-Loir), à 2,000 voix de majorité et remplacé par un réactionnaire ; M. Baudet, réélu en 1910 à Châteaudun (Eure-et-Loir), à 4,000 voix de majorité et remplacé par un raéctionnaire. M. de Labatut, dont la situation était tellement forte à Bergerac, qu'il n'a pas eu de concurrent en 1910 ; il a été nommé sénateur en janvier dernier et remplacé à la Chambre par un réactionnaire. Ces faits s'imposent à vos méditations. (*Bruit.*) Il y a toujours une raison pour expliquer la défaite ; mais, quand les défaites sont ainsi multipliées, elles constituent pour nous un très grave avertissement. (*Applaudissements.*)

J'aperçois mon vieil ami Pajot (*Applaudissements.*) qui était entré à la Chambre en 1885 et avait été constamment réélu à Saint-Amand à une grosse majorité : en 1906, il l'avait emporté par 10,800 voix contre 9.200 voix à ses deux concurrents ; en 1910, il a été battu par un unifié grâce à une odieuse coalition de socialistes, de réactionnaires et de radicaux dissidents. Voilà le péril qui nous menace dans de nombreuses circonscriptions. (*Bruit.*)

Si l'entente des minorités nous enlève des circonscriptions qui étaient de nos forteresses, n'est-il pas évident que nous avons à redouter de gros mécomptes ? Pourquoi nous entêter à conserver un mode de votation qui nous met en péril et ne pas établir un scrutin de liste avec représentation des minorités qui dissocie les coalitions et assure notre indépendance et notre sécurité ? (*Applaudissements et protestations.*)

J'entends des protestations. La solution que propose M. Trouillot est inopérante. Croyez-le bien, la lutte n'est pas engagée entre le scrutin de liste rétréci avec 3 à 5 députés à élire et le scrutin de liste départemental : elle est entre le scrutin d'arrondissement et le scrutin de liste avec représentation des minorités. Il n'y a de majorité à la Chambre ni pour voter le scrutin de liste simple départemental ni pour l'appliquer à une circonspection restreinte.

UN DÉLÉGUÉ. — Qu'en savez-vous ? On verra bien.

M. J.-L. BONNET. — Mais, messieurs, je ne vous dis là que ce que tout le monde sait au Parlement. Si le Sénat n'accepte pas le scrutin de liste avec représentation des minorités, c'est le scrutin d'arrondissement qui sera maintenu ; c'est inévitable.

UNE VOIX. — C'est ce qu'il nous faut.

M. J.-L. BONNET. — Je vous ai exposé la situation. Je préférerai mille fois le *statu quo* au scrutin de liste simple. (*Applaudissements.*)

UN DÉLÉGUÉ. — Il faut donner satisfaction aux électeurs.

UN AUTRE DÉLÉGUÉ. — Les électeurs n'ont jamais rien demandé, il n'y a que les parlementaires. (*Bruit.*)

M. J.-L. BONNET. — Vous êtes en présence de deux réalités : ou le maintien du scrutin d'arrondissement dont vous connaissez les dangers ou le scrutin de liste avec représentation des minorités. Messieurs, on a dit hier à la Commission, j'ai appris avec stupeur que nous étions la grande majorité dans le pays. Comment peut-on apporter de pareilles assertions et bâtir là-dessus des thèses ? Hélas ! notre Parti n'est, à la Chambre comme dans le pays, qu'une minorité. A la Chambre, il y a 250 élus groupés à la gauche radicale et à la gauche radicale-socialiste, 105 à la gauche radicale, 145 à la gauche radicale-socialiste. Et parmi ces 250 députés, combien y a-t-il d'adhérents à notre Parti ? Exactement 125. (*Très bien !*)

Le plus grand danger qui menace le Parti, c'est le manque de discipline et de cohésion. (*Applaudissements.*) Le spectacle le plus scandaleux qui nous ait été donné, ce qui est fait pour démoraliser nos militants...

Une Voix. — C'est la réforme électorale. (*Bruit.*)

M. Emile Combes. — N'interrompez pas.

M. J.-L. Bonnet. — C'est de conserver, parmi les groupes qui portent notre étiquette, des gens qui n'ont pas notre doctrine, qui ont été élus contre nos candidats. (*Vifs applaudissements.*) Vous l'avez compris, et vous avez pris une excellente décision au Congrès de Rouen. A l'unanimité, vous avez demandé qu'il y ait à la Chambre le groupe du Parti comprenant exclusivement les députés adhérents à votre Parti.

M. Gavaudan. — Ce n'est pas la question, Bonnet.

M. J.-L. Bonnet. — Elle se lie intimement à la réforme électorale. Ne soyez pas victimes d'une illusion. Vous vous croyez majorité, parce que vous comptez comme vous appartenant des hommes qui vous ont combattu, qui sont contre vous. (*Vifs applaudissements.*)

Des députés élus contre les candidats du Parti vont à la gauche radicale et à la gauche radicale-socialiste, où on est inscrit sans contrôle, où on entre comme on veut. (*Nouveaux applaudissements.*) Commencez, messieurs, par vous défendre ; défendez vos candidats. Il n'est pas admissible que le citoyen qui a battu notre candidat puisse siéger à un groupe portant le nom du Parti et y narguer les électeurs radicaux et radicaux-socialistes qui ont voté contre lui. Cette confusion nous a fait beaucoup de mal et a trop duré. (*Applaudissements.*)

Je termine. J'ai considéré comme un devoir rigoureux de vous signaler les dangers des coalitions contre notre Parti, et de vous dire : « Si vous vous résignez au *statu quo*, vous vous résignez d'avance à la défaite. (*Applaudissements sur quelques bancs.*) Hier, à la Commission, j'ai entendu des parlementaires déclarer avec beaucoup de fermeté et de courage : « Eh bien ! nous préférons la défaite. » (*Très bien ! Applaudissements sur de nombreux bancs, bruit, mouvements divers.*) Mais, messieurs... (*Interruptions.*)

M. Emile Combes. — Je vous en prie, laissez terminer.

M. J.-L. Bonnet. — Cette déclaration me paraît funeste. Il y a une autre tactique, messieurs, car un mode de scrutin n'est qu'un procédé de tactique. Ceux qui, aujourd'hui, sont unis contre vous, seront demain des adversaires et se battront entre eux, si vous adoptez le scrutin de liste avec représentation des minorités (*Très bien !*). Il y a d'un côté un mode de scrutin qui nous conduit à la défaite, et de l'autre un système de votation qui sauvegarde notre Parti et protège son indépendance. Et puisque, messieurs, je vous ai présenté des avis que vous n'avez pas approuvés, permettez-moi de vous rappeler que les pronostics que vous avait fournis mon rapport de 1907, au Congrès de Nancy, se sont malheureusement réalisés en 1910. (*Plusieurs voix : D'accord ! C'est juste !*) Et aujourd'hui, examinant la situation électorale dans l'ensemble de la France, mesurant le danger que court notre Parti, je vous signale les fâcheuses conséquences de la motion de M. Trouillot. On ne vous demande rien moins que de désavouer le vote de tous vos représentants le 3 juillet 1911 et le vote du Congrès de Nîmes. (*Violentes protestations sur de nombreux bancs. Cris : Assez ! assez !*)

L'ordre du jour de M. Trouillot place notre Parti en fâcheuse posture. Le 3 juillet 1911, la Chambre a adopté, par 543 voix contre 4, l'article premier qui est ainsi conçu : « La Chambre des députés est élue au scrutin de liste avec représentation des minorités. » Le 6 juillet 1911, elle a voté à l'unanimité l'article 1 *bis* qui spécifie que « chaque liste reçoit autant de sièges que le nombre moyen de suffrages de cette liste contient de fois le quotient électoral, calculé sur le nombre des votants. » Notre Congrès de Nîmes (1911) a approuvé à l'unanimité cette formule. (*Très bien !*)

Voix Nombreuses. — Il a eu tort.

M. J.-L. Bonnet. — Mais c'est ce qu'il a fait. Aujourd'hui, vous pouvez très bien, c'est votre droit, dire : « Tous les députés radicaux et radicaux-socialistes ont eu tort le 3 juillet 1911. » (*Cris nombreux et énergiques : Oui, oui !*)

J'admets que vous teniez ce langage. Vous pouvez ajouter que le Congrès de Nîmes a eu tort. (*Cris nombreux : Oui, oui !*)

Eh bien ! messieurs, puisqu'il en est ainsi, et que vous êtes résolus à désavouer et le vote de vos représentants et vos propres actes, vous n'augmentez guère l'autorité de notre Parti. (*Applaudissements.*) En repoussant la représentation proportionnelle, vous vous enlevez la seule chance de conserver notre Parti ; vous abandonnez en même temps l'idée de justice (*Exclamations.*) que notre Parti a toujours incarnée ; vous méconnaissez la loi de survivance, la loi d'existence, qui régit les groupements comme les individus, et vous accolez à notre Parti le titre et la qualité de Parti du suicide ! (*Vifs applaudissements sur plusieurs bancs. Violents mouvements de réprobation de la majorité de l'assemblée.*)

Discours de M. Louis Tissier.

M. Louis Tissier (*Applaudissements*). — Si j'ai demandé la parole, c'est que dans cette discussion sur le suffrage universel j'apporte peut-être le dernier exemple du contact entre un républicain anti-proportionnaliste et le suffrage universel. On a trop oublié, dans les discours qui ont précédé, de dire que si nous avons eu des défaites, elles sont dues à ce que, pendant plusieurs années, après avoir repoussé constamment dans nos .Congrès comme une quantité négligeable la proportionnelle, nous avons laissé nos adversaires coalisés se grouper et menacer les nôtres. (*Vifs applaudissements.*) La conséquence de cette indifférence, suivie du reste par la masse du pays, c'est que les timides ont été victimes de la coalition des réactionnaires et des unifiés, dressée contre les radicaux-socialistes.

Si j'ai été battu par cette coalition dans l'arrondissement d'Apt en 1910, et si j'ai triomphé en 1912, c'est qu'entre les deux consultations électorales le comité du suffrage universel s'était dressé et qu'en face de la coalition proportionnelle on a entendu le cri des républicains. (*Longs et vifs applaudissements.*)

Si vous voulez bien m'accorder quelques instants,

je vais vous dire comment j'ai pu réveiller les ardeurs républicaines des populations du Vaucluse. Je leur ai rappelé qu'au milieu de toutes les luttes dirigées contre la République, après l'échec du 16 mai, on avait essayé de mettre la main sur le suffrage universel. Exploitant l'ardent désir des républicains de voir donner à la France une constitution plus démocratique que celle votée au lendemain de l'empire, nos adversaires perpétuels avaient voulu profiter du mécontentement produit dans le pays par la lenteur des réformes, pour détourner la révision de la constitution de son but et essayer d'opposer un homme à l'ensemble des élus de la nation, dans l'espérance d'une dictature prochaine.

Ce fut la période boulangiste. Nous les avons battus parce que nous avions avec nous le plus grand nombre des républicains.

Et comme on n'a pas pu faire du suffrage universel ce qu'on a voulu, comme on se rend compte qu'il est profondément attaché aux idées laïques et de progrès, on essaie aujourd'hui, vous voyez que c'est toujours la même lutte (*Vifs applaudissements.*) on essaie, sous prétexte de justice, d'arracher des mains des électeurs républicains le suffrage universel. On lui demande de se suicider. (*Applaudissements, très bien !*)

Eh bien ! citoyens, je me permettrai d'insister encore sur mon élection. Ceux qui m'ont élu, ceux qui, dans tout le département du Vaucluse, ont illuminé le jour du succès d'un homme qu'ils ne connaissaient pas parce que, républicains et anti-proportionalistes, ce sont surtout les paysans (*Longs applaudissements.*) ce sont ceux qui, aux époques difficiles du 16 mai, du Boulangisme, à toutes les heures où la République a été en danger, l'ont défendue, à ceux qui semblaient ignorés, perdus, et qui sont cependant les masses qui font que vous êtes ici, messieurs, les représentants du peuple (*Applaudissements.*), qui se sont levés de leurs champs pour porter dans l'urne les bulletins qui ont fait que la République existe...

Un Délégué. — Que chacun en prenne pour son grade.

M. Tissier. — Allez donc leur demander leur avis, s'ils approuvent les coalitions et l'étranglement du

suffrage universel. Vous avez la réponse des conseils généraux et des conseils municipaux. (*Vifs
applaudissements.*)

Citoyens délégués des comités inconnus et militants de France, regardez-vous, ceux qui viennent
des campagnes, et demandez-vous si vous avez le
droit de voter autre chose, vous mandatés par les
républicains, que le rejet absolu de cette proportionnelle qui est l'étouffement de nos libertés, et
le moyen que l'on prend pour briser le suffrage
universel, la base même et la défense de la République. (*Vifs applaudissements.*)

Je ne veux pas insister plus longtemps. Je tenais
surtout à vous dire que tous les exemples qu'on
vous a cités se produisaient au moment où nous
n'osions pas nous défendre. Aujourd'hui le suffrage universel se défend, il y a dans toute la
France un renouveau de républicanisme, et si vous
aviez la faiblesse de consentir à laisser planer je
ne sais quel soupçon sur votre propre opinion, vous
auriez arrêté vous-même ce mouvement républicain qui sort de la vieille France, malgré toutes les
fautes de notre Parti. (*Applaudissements.*)

Si je suis le dernier élu antiproportionnaliste à
la Chambre, il y a ici également le dernier élu au
Sénat, antiproportionnaliste lui aussi (*Cris : Vive
Herriot !*), nous avons profité de la défense républicaine, de cette organisation qui fait que nos
adversaires ont peur maintenant, parce que le pays
commence à voir où on veut le conduire avec ce
nouvel accès de boulangisme. Eh bien ! vous refu-
serez cette proportionnelle et les républicains, plus
éclairés, mandatés par l'âme même du pays qui a
fait tous les sacrifices, ordonneront à leurs élus au
Sénat de débarrasser la France républicaine de ce
spectre ; tous en masse, vous vous lèverez pour
défendre le scrutin majoritaire, que ce soit le
scrutin de liste ou le scrutin d'arrondissement,
c'est à nous à le débattre, ce qu'il faut d'abord, c'est
repousser la proportionnelle. (*Bravos, applaudissements répétés.*)

Discours de M. J.-L. Dumesnil.

M. J.-L. DUMESNIL, *député*. — Je serai aussi bref
que l'a été mon ami Tissier. Je crois qu'il est
nécessaire que l'un de ceux qui, au moment de la

Commission des seize, élu à cette Commission comme majoritaire, se sont prêtés à la transaction que nous demandions à nos amis proportionnalistes, vienne ici dissiper complètement une équivoque qui n'a que trop duré. (*Très bien !*)

Notre ami Bonnet vient de rappeler que le 3 juillet 1911, sur la proposition de la Commission des seize, dont j'étais secrétaire, et je ne regrette pas la transaction que nous avons alors essayée, la Chambre, à la quasi unanimité, avait accepté un projet que certains veulent identifier au principe du quotient. Eh bien ! expliquons-nous.

Nous étions alors dans la situation d'un avocat qui, pour mieux défendre les intérêts de son client, va trouver son confrère et lui dit : « Momentanément, nous allons oublier le tribunal, et entre nous, en nous passant des juges, nous allons tenter de trouver un terrain d'entente. Je fais une concession, vous en ferez une autre. Voici celle que je vous offre. »

Mais si la transaction ainsi cherchée n'aboutit pas, les deux avocats retournent devant les juges. En l'espèce, les juges, c'est vous, suffrage universel, et nous sommes comme ces avocats. Notre transaction de la Commission des seize a échoué. Nous revenons devant vous. Et voilà que l'adversaire prétendrait nous dire : « Ah ! permettez, vous n'avez plus le droit de retourner devant les juges parce que vous m'avez proposé une transaction qui n'a pas été acceptée. » Et ainsi, sous prétexte que nous avions offert un projet transactionnel de représentation des minorités, qui laissait une part prépondérante à la majorité, et ne faisait d'ailleur jouer le quotient que pour une minorité des sièges et sous prétexte que nos adversaires ont refusé ce projet transactionnel, ceux même qui l'ont refusé viennent nous dire aujourd'hui : « Parce que vous, républicains majoritaires, vous avez, il y a plus d'un an, accepté de faire des concessions, parce que vous avez accepté, dans une certaine mesure et sous conditions, le quotient et la représentation des minorités corrigée par l'attribution majoritaire des restes, vous n'avez plus le droit de revenir aujourd'hui sur vos positions premières. » On veut nous crucifier perpétuellement sur l'étiquette du quotient, je dis le mot : qu'on nous a volé sans nous donner la compensation prévue dans notre projet transactionnel. (*Applaudissements.*)

Il faut en finir. Je rappelle comment les choses se sont passées. Nous avons voulu, avant tout, au lendemain des élections de 1910, empêcher le triomphe de cette coalition incestueuse des proportionnalistes qui avait pour masque la R. P. (*Bravos.*)

Au lendemain des élections de 1910, nous avons voulu empêcher avant tout, et nous avons le droit, nous aussi, de combattre, non pas de combattre avec un bandeau sur les yeux, mais en ayant une tactique utile et clairvoyante, nous avons voulu empêcher avant tout ces coalisés de retourner devant le pays en disant qu'ils avaient fait passer cette étiquette trompeuse de la R. P. inscrite sur leur drapeau ; nous avons voulu, avant les vacances parlementaires, empêcher M. Charles Benoist et ses amis de faire croire qu'ils avaient fait triompher la R. P. et de diviser le Parti républicain.

Nous qui restons des majoritaires dans la plus grande force du terme, nous avons accepté alors, dans une certaine mesure, de faire des concessions à ceux de nos amis qui, en toute bonne foi, sont proportionnalistes, et qu'ils me permettent de dire ici, qu'aujourd'hui encore je reste convaincu de la bonne foi de nos amis républicains (*Vifs applaudissements.*) et que je souhaite ardemment qu'après ce débat, où nous aurons dit hautement ce que nous pensons, la réaction ne puisse pas se réjouir car nous saurons faire l'union quand même (*Vifs applaudissements.*), nous avons, dis-je, accepté de faire des concessions non pas à nos adversaires proportionnalistes, mais aux républicains proportionnalistes. Et, dans ce but d'union, nous avons accepté une représentation accessoire des minorités. J'en appelle à la loyauté de nos amis, à celle de Ferry, l'un de ceux qui ont tout fait pour arriver à une conciliation. Mais on n'a pas voulu de nos concessions, on a tenté d'abuser de notre proposition qui a échoué ; aujourd'hui, nous avons repris nos positions.

On nous avait dit le 3 juillet : « Quand vous aurez voté le quotient, nous vous donnerons l'attribution majoritaire des restes. » Ensuite, on ne nous a pas donné cette attribution des restes, alors nous avons dit : « Le pacte ne tient plus. Nous reprenons nos positions, c'est ce que nous expliquons aujourd'hui. » (*Vifs applaudissements.*)

Voilà tout ce que je voulais vous préciser ; au début de ce débat, il faut que ce soit dit ; il faut que cet argument, qu'on nous jette et avec lequel on croit nous gêner, ne puisse plus nous être opposé au moins par ceux qui sont de bonne foi, et je me retourne vers Bonnet, dont un argument a semblé frapper quelques-uns d'entre vous.

Charpentier, de son côté, n'allait-il pas jusqu'à dire que cette entente majoritaire était devenue proportionnaliste ? Il y a une chose honteuse, ce sont les coalitions. Quand nous disions que ces coalitions étaient navrantes, et d'abord pour ceux qui ne rougissent pas de les former, certains nous ont répondu : « Mais les coalitions, c'est le scrutin d'arrondissement qui vous les a données. » C'est entendu, c'est le scrutin d'arrondissement qui les a données, ce sont des fleurs du scrutin d'arrondissement, mais elles ont poussé sur le fumier de la proportionnelle. (*Longs et presque unanimes applaudissements.*)

J'ai fini. Je répète que nous ne céderons devant aucun chantage. Je demande simplement à nos amis de se souvenir à la fin de ce débat que, malgré tout, quelle que soit la passion très ardente qui nous agite, elle n'est pas plus dangereuse pour un grand Parti comme le nôtre que n'a pu l'être pour le Parti socialiste unifié la division qui s'est produite dans son sein sur la question des retraites ouvrières. Nous sommes, nous, un Parti de libre discussion, de libre pensée, de libre examen. Nous avons, non seulement le droit, mais le devoir, dans nos comices nationaux, dans nos Congrès, de laisser s'entre-choquer, avec une passion également généreuse des deux côtés, des idées contradictoires, car, comme on le disait tout à l'heure, ce choc d'idées est avant tout motivé par notre amour profond de notre Parti et de la République. (*Vifs applaudissements.*)

Je crois avoir exprimé assez ardemment, assez puissamment mes idées antiproportionnalistes pour avoir le droit de demander à ceux qui pensent comme moi de ne pas être tout à l'heure sur la question de personnes intransigeants, d'être avant tout des serviteurs de l'idée, et de se soutenir que

ceux de nos amis qui ont voté contre nous, l'ont
fait de bonne foi.

C'est dans un esprit d'union que je vous demande
de vous prononcer tout à l'heure en manifestant
avec précision contre ce projet absurde et obscur
voté par la Chambre. Vous avez tout le désir de ne
pas voir le suffrage universel bâillonné, et de maintenir le principe majoritaire. Ayez confiance et
acceptez entre républicains l'arbitrage du Sénat.
(*Applaudissements répétés.*)

Discours de M. Bepmale.

M. M. BEPMALE. — Citoyens, je n'ai pas l'intention
d'être long. Je ne vous demanderai que quelques
minutes de votre attention.

Une chose a dû vous frapper, c'est que, dans ces
grandes assises de la démocratie de notre pays,
nous n'avons entendu en somme personne qui soit
venu prendre la défense du texte voté par la Chambre. La proportionnelle, ce n'est pas ce que vous
croyez, nous la recommandons dans l'intérêt du régime majoritaire, a dit Charpentier ; nous la pré-
conisons dans l'intérêt du Parti radical, a dit
Bonnet ; et ce dernier, statisticien du Parti, est
venu avec des chiffres très précis nous dire que
nous avions perdu depuis peu 9 sièges ou 12 ; ce
qu'il oublie de dire, c'est que, si depuis 1910 nous
avons perdu quelques sièges, aux élections qui
avaient précédé 1910, nous en avions gagné beaucoup, de telle sorte qu'après avoir remporté des
succès toujours croissants, il nous était difficile
d'augmenter encore nos gains et de ne pas éprou-
ver par la suite quelques pertes. Il a ajouté : « Prenez garde, vous allez être battus, les coalitions vous
menacent. » Nous les avons vues, ces coalitions,
dans chacun des scrutins qu'il énumérait. J'ai retenu du discours de Bonnet cette phrase, qui reve-
nait comme un refrain : « Nos candidats ont été
battus grâce à la coalition des réactionnaires, des
unifiés et des radicaux dissidents. » Eh bien ! je
lui demande sous quelle étiquette se dissimulent
ces radicaux dissidents ? Ils se dissimulent tous,
sans exception, sous l'étiquette de la proportionnelle. (*Applaudissements.*) Votre argument ne porte
pas. Est-ce que, par hasard, nous avons fait ce
rêve étrange de n'être jamais battus ? Est-ce que

nous avons la prétention de nous imposer au suffrage universel dans chaque circonscription ? Est-ce que nous avons la prétention d'imposer aux électeurs, qui changent et se succèdent les uns aux autres, la doctrine du *ne varietur* ? Est-ce que nous pensons avoir des hommes qui ne seront jamais exposés à la défaite ? C'est là le rêve des proportionnalistes, c'est là qu'ils veulent en venir. Ils veulent cristalliser les partis, faire à chacun sa part sans que chacun d'eux puisse espérer gagner sur son voisin des sièges aux élections prochaines. Cela, c'est la mort des partis. Nous ne vivons qu'à la condition d'être dans la bataille perpétuelle. Le jour où nous saurons d'avance, dans chaque département, la part qui nous est faite, que nous ne pourrons pas la changer, les militants actifs qui ont besoin de dépenser leur combativité la dépenseront contre leurs compagnons de liste, contre les autres républicains. Faire la proportionnelle, c'est imposer obligatoirement à tous ceux qui sont militants les divisions intestines. (*Vifs applaudissements.*)

On a dit encore qu'on voulait faire la proportionnelle pour avoir la représentation des partis. Allons donc ! Vous n'aurez que la représentation à bref délai de tous les groupements importants du pays. Là où les syndicats sont puissants, où les associations sont fortes, vous verrez surgir à la veille du scrutin de nombreuses listes se présentant non pas sous un patronage politique, mais sous celui de telle ou telle association. Ce ne seront plus alors les nobles luttes politiques, ce sera la lutte des intérêts (*Applaudissements.*), et comme les représentants de ces associations auront reçu de leurs électeurs un mandat précis et limité, chaque fois que vous voudrez faire une œuvre sociale, chaque fois que vous voudrez mettre sur pied ces lois demandées par la majorité de la population ouvrière, vous verrez se dresser contre elles tous les représentants d'intérêts spéciaux qui seront tous les jours en opposition avec les sentiments de la démocratie. La proportionnelle, c'est un traquenard que l'on tend aux républicains. Vous avez affirmé hier à la Commission votre volonté bien arrêtée de condamner tout régime excluant le principe majoritaire ; citoyens, vous ne vous déjugerez pas, vous voterez aujourd'hui, comme vous avez voté hier, contre la proportionnelle. *(Vifs applaudissements. Cris : Aux voix ! aux voix !)*

Discours de M. Abel Ferry.

M. Abel Ferry. — Permettez-moi de répéter ici à nouveau quelques-uns des arguments que j'ai, au nom des républicains proportionnalistes de la Chambre, apporté dernièrement à votre Commission. Ce que nous disons tous ici n'est pas un geste ou un acte sans importance ; chacun de nous se rend compte de l'importance des décisions de ce Congrès, puisqu'une loi, votée par la Chambre, va venir devant le Sénat, et que le Sénat, qui a une majorité républicaine, se verra dans l'obligation d'examiner quel est le texte qui sert le mieux l'idéal du Parti républicain.

Tout à l'heure Dumesnil — et c'est pour cela que j'ai été amené à cette tribune — rappelait le rôle de la Commission des seize, élue par les groupes de la Chambre dans un but d'union entre républicains. Ce n'est pas moi qui vous ferais la puérile critique d'avoir, ce jour-là, dans un but très noble d'union et de concorde, accepté le quotient. J'estime que vous avez fait tout à la fois un acte de haute politique républicaine et de grande conciliation. Cette situation n'a pu se continuer parce que l'apparentement demandé par la Commission des seize et les républicains a été repoussée d'une part, par les socialistes et la droite, par MM. Jaurès et Piou, qui ont fait la politique du tout ou rien, qui ne voulaient pas que quelque chose subsistât de l'idée majoritaire dans le texte de la loi, et, d'autre part, par un certain nombre de nos amis qui, ce jour-là, ont fait la politique du pis.

Est-ce que cette question est à ce point tranchée qu'elle ne se posera pas devant le Sénat ? Elle se posera, que vous le vouliez ou non. Si les sénateurs ne l'adoptent pas, c'est qu'ils auront un autre texte devant eux.

Est-ce que ce sera le scrutin d'arrondissement ? Non, car vous auriez dû, il y a trois ans, le jour où Briand a prononcé sa fameuse parole *(Applaudissements, bruits, interruptions diverses. Une voix : Ne nous parlez pas de Briand. Vifs applaudissements.)*, vous auriez dû, il y a trois ans, si vous ne vouliez pas la **réforme électorale**, relever cette phrase sur les mares stagnantes. (*Nouvelles inter-ruptions.*) Laissez-moi vous dire que le scrutin d'arrondissement a permis d'inscrire une série de pages d'histoire de la France et de la République, qui ne sont pas les moins glorieuses, mais un parti, quel qu'il soit, paie toujours ses fautes, et il n'en résulte pas moins qu'à la Chambre, vos représentants, ils ont eu tort ou raison, vous pouvez le leur reprocher, ont exprimé à ce moment-là, constitutionnellement, la volonté du pays. (*Cris nombreux : Non ! non ! Bruit.*) Eh bien ! citoyens, je reprends ce mot, mais il ne peut se traduire pour vous que par un acte : c'est en repoussant le texte du scrutin élargi. Ceux qui ont dit non doivent voter pour le scrutin d'arrondissement. Soyons francs, voulez-vous le scrutin d'arrondissement oui ou non ? (*Vifs applaudissements sur un certain nombre de bancs, interruptions.*) Vous condamnez dans votre texte le scrutin d'arrondissement et vous le maintenez dans vos acclamations. (*Applaudissements sur les mêmes bancs.*) Vous êtes un grand parti qui avez conduit glorieusement la nation parmi toutes les difficultés, qui avez mérité sa confiance, vous êtes un grand parti et vous ne vous battez pas sur des négations car vous appartenez à un parti de réalisations sociales, vous vous battez sur des affirmations, eh bien ! vous ne pouvez pas dire à la fois : Nous voulons, par nos acclamations, par notre pensée intime, par nos gestes secrets, maintenir le scrutin d'arrondissement, et ensuite, en adoptant un texte, le condamner. (*Très vifs applaudissements sur les mêmes bancs, longue agitation.*)

Voilà tout le problème ; c'est là qu'est la difficulté. Tout à l'heure, quand je vous ai dit qu'il y a trois ans vous auriez dû faire la campagne contre le scrutin d'arrondissement, vous avez applaudi, ce qui voulait dire que maintenant vous voulez la faire ; mais alors faites-le franchement. (*Applaudissements, bruit.*) On ne se bat pas, on ne gouverne pas avec deux affirmations contradictoires. (*Vifs applaudissements.*) Vous voulez avoir le scrutin de liste ? Lequel ? Le grand, le vieux, le scrutin de liste du parti républicain qui peut faire l'union, le scrutin de liste de Gambetta et de Waldeck-Rousseau ? Oui, mais c'est la condamnation de nombreux républicains dans les départements. (*Cris : Non, non. C'est une erreur.*) Le grand scrutin de liste est un très haut idéal politique mais vous ne méconnaîtrez pas — je ne blesse personne — qu'il a les plus grands inconvénients ou du moins qu'il permet d'entrevoir certains dangers politiques.

J'ai saisi le fond du texte proposé : il ne faut pas ruser avec lui ; ce n'est au fond que le petit scrutin sectionné qu'on vous propose de voter. Je pose la question avec netteté, les partisans du scrutin de liste ne peuvent pas nous en vouloir. Nous vous disons que vous voulez le petit scrutin de liste, c'est le texte qu'on vous propose, et alors, tout de suite, nous vous permettons, à vous qui avez à délibérer ici, de vous poser devant l'esprit, de faire entrevoir à votre conscience, à votre science politique, les immenses difficultés d'une telle réalisation, car ce n'est plus un texte de loi en l'air qu'on vous demande, c'est un texte de loi qui va passer à travers chaque département. Ce n'est un mystère pour personne qu'il y a cinq ans on a voulu faire, à un certain moment, le découpage de quelques départements afin qu'ils n'aient pas plus de trois circonscriptions. Citoyens républicains, au nom de quelles idées de justice, de quels principes, de quel droit supérieur s'appliquant à l'ensemble du pays, veut-on faire cela ? Voilà ma question. Vous n'y répondez pas. Vous prendrez un tranchet, vous couperez le suffrage universel, et toutes ces parties seront les arrondissements, les cantons attablés ainsi à la table du suffrage universel.

Pensez-vous que le lendemain vous n'aurez pas devant vous non seulement certaines coalitions, mais encore les protestations de républicains forcément sacrifiés parce qu'ils seront placés dans la mauvaise circonscription ? (*Applaudissements. Plusieurs voix: C'est une erreur !*)

Oui, quels que soient la finesse, l'habileté, le tour de main avec lesquels se fera cette œuvre de vivisection, il y aura fatalement des intérêts lésés et tel député actuellement sûrement élu, selon qu'il sera placé dans tel collège électoral, bon ou mauvais, sera élu ou battu. (*Applaudissements.*) Permettez-moi de vous assurer ici que les républicains proportionnalistes, qui sont vos frères d'armes très loyaux, seront prêts à toutes les concessions : les républicains proportionnalistes cherchent à être seulement les honnêtes courtiers des transactions nécessaires. (*Applaudissements, bruit.*) Ce ne sont que des pa roles dictées du cœur que nous vous apportons. Nos amis savent que nous avons toujours été les agents de transaction. Seulement, cette transaction doit comporter ce fameux quotient de telle sorte qu'on ait dans la pratique la réalisation de ce principe : la minorité qui contrôle, la majorité qui gouverne. Cet idéal est assez haut pour que nos amis ici présents, Javal, Bouffandeau, Dumesnil, s'y soient les uns et les autres associés. En défendant cet idéal, nous croyons bien servir les intérêts du parti ; seulement, il y a quelque chose sur quoi vous nous permettrez, à nous, républicains proportionnalistes, de protester. J'ai le droit d'élever de mon cœur de républicain une protestation : Le quotient, dit-on, peut servir les intérêts du parti républicain, mais il peut les desservir. Vous pouvez le combattre ou l'accepter, mais vous ne pouvez pas dire avec une telle brutalité que c'est un attentat au suffrage universel. (*Cris très nombreux : Si, si.*) Citoyens, j'attendais de vous cette protestation. Je voudrais comprendre alors par quel phénomène il se fait que trois ministères, que quatre ministères l'aient inscrit à leur programme. (*Bruyantes exclamations. Applaudissements sur quelques bancs.*) Permettez-moi de vous dire, citoyens, qu'alors il y a eu culpabilité générale. Nous ne voulons pas être traduits seuls à la barre, nous voulons que tous ceux qui, de près ou de loin, ont adhéré au quotient, ou comme députés ou comme ministres, soient en même temps que nous traduits à la barre. (*Applaudissements, bruit. On crie : Conclusion, au vote !*) Nous acceptons très bien que vous nous disiez : Vous avez erré, vous vous êtes trompé, nous croyons qu'il vaut mieux faire autrement ; dites dans vos réunions publiques, dans vos Congrès, qu'il y a eu de la part de tout le monde, sinon un engagement à certaines promesses qui n'a pas été tenu, du moins un laisser-aller (*Oui, approbations.*), mais ne faites pas, citoyens, votre *mea culpa* sur la poitrine de vos frères. (*Vifs applaudissements sur un certain nombre de bancs, agitation prolongée.*)

Discours de M. L. Bouyssou.

M. Bouyssou. — Je suis un des 220 députés républicains qui ont énergiquement lutté contre la R. P., que nous considérons comme un projet d'importance cléricale passée en contrebande à la frontière belge par M. Charles Benoist. (*Vifs applaudissements.*) Je n'ai que quelques mots à vous dire avant de vous soumettre l'ordre du jour voté ce matin par la Fédération radicale du sud-ouest, qui comprend vingt départements.

Nous avons voté contre la représentation proportionnelle, parce que nous considérons qu'elle constitue un attentat au suffrage universel. Nous avons voté aussi contre une loi d'immoralité politique. Actuellement, lorsqu'il y a quatre candidats sur une même liste, ils se battent pour un idéal commun contre un ennemi commun. Il n'en sera plus ainsi avec la R. P. Deux candidats sur quatre seront sacrifiés, car si nous avons 40,000 suffrages contre 35,000, il faut qu'il y ait deux de nos candidats qui tombent. Comme on est homme, vous voyez alors quelles idées viennent à l'arrière-pensée des candidats. vous voyez quel abaissement moral peut en résulter.

Notre douleur, notre amertume a été de voir quelques amis de très bonne foi, au nom de principes supérieurs, marcher au nom de la justice avec nos adversaires des camps réactionnaire et unifié. Ils ont regardé de loin l'étoile lointaine qui devait les conduire vers l'idéal de justice et de fraternité et ils ne voient pas le caillou du chemin qui les fera tomber. Irez-vous jusqu'au bout de la proportionnelle, Buisson, Dalimier, Ferry ?

Que répondrez-vous quand les réactionnaires se retourneront vers vous pour vous dire, comme certains organes catholiques l'ont déjà annoncé :« Vous êtes des républicains, des hommes de justice. Vous nous avez donné notre part de représentation, nous vous demandons notre part d'enseignement, nous vous demandons la proportionnelle scolaire. » (*Vifs applaudissements.*) Irez-vous jusqu'au bout, Buisson, et vous, les amis de la proportionnelle, vous qui avez fait ces réformes laïques ? Allez-vous sacrifier précisément ces conquêtes ? Voilà pourquoi nous ne vous avons pas suivi.

Rappelez-vous que toute l'équivoque provient du fait que nous, républicains, par esprit de tolérance, nous nous sommes tus ; nous avons ri de M. Ch. Benoist, qui venait nous parler en 1906 de cette belle réforme électorale, nous en avons ri et tout d'un coup est sortie de terre toute une armée composée de gens venus de tous les partis qui ont triomphé contre nous dans des élections partielles, au nom de la proportionnelle. Ces défaites sont dues à nos amis, aux républicains qui, au nom de la justice, se sont intitulés proportionnalistes.

Ils sont ici, devant vous ; vous avez à les juger. (*Bruit, violentes exclamations sur quelques bancs, au milieu d'un groupe, M. Dalimier proteste vivement et demande la parole.*) Ne me faites pas dire ce que je ne pense pas. Vous avez à prendre une décision, non pour juger quelques amis, je m'élèverais le premier contre cela, car il n'est pas dans mon esprit de demander une excommunication contre des hommes comme Buisson, mais vous avez à prendre une décision très énergique et à faire l'union du parti républicain contre le quotient, qui serait une véritable calamité ; nous entendons bien faire une réforme sur une base majoritaire en excluant tout le parti réactionnaire de nos discussions. (*Applaudissements.*) Je vous propose l'ordre du jour voté ce matin.

Le Congrès, considérant que le quotient électoral est une atteinte à la liberté de l'électeur et une injustice pour les candidats... (*Bruit.*) qu'il dénature gravement le suffrage universel en lui faisant dire ce qu'il n'a pas dit, qu'il ne peut conduire qu'à l'entière démoralisation des forces républicaines et démocratiques et n'a pas d'autre vertu que d'être d'importation étrangère et cléricale et un brandon de discorde (*Bravos.*), félicite les 220 républicains de gauche qui ont voté à la Chambre contre le projet gouvernemental, espère et souhaite que les députés radicaux et radicaux-socialistes qui s'étaient de très bonne foi laissés entraîner dans cette aventure rejoindront d'urgence le gros des forces républicaines, compte sur l'union des républicains des deux Chambres pour repousser tout projet de proportionnelle et faire une réforme électorale à base exclusivement majoritaire. (*Bruit.*)

Discours de M. Louis Martin.

M. Louis Martin. — Je tiens à constater avant tout que cette discussion nous offre un grand spectacle : c'est que de part et d'autre, tant du côté des orateurs que de la part du chef de l'assemblée, on n'est sorti à aucun moment des limites de la plus extrême courtoisie. Le débat a gardé le caractère qu'il doit avoir : une discussion entre citoyens de la même famille, entre frères d'armes, car si les uns et les autres nous pouvons être divisés sur les moyens d'arriver à notre idéal, les uns et les autres nous poursuivons le même idéal.

Je crois pouvoir parler au nom de tous les proportionnalistes en disant que j'ai été heureux du succès de M. Tissier.

M. Maureau. — Après vous être réjoui de la victoire de Laguerre. *(Bruit.)*

M. Louis Martin. — Notre ami Tissier vantait sa victoire, nous l'avons saluée avec joie comme nous avons salué celle d'Herriot. Nous disons qu'il n'est pas brisé, ce grand parti qui discute ainsi sur une question grave, et lorsque demain tout cela aura disparu, lorsque nous nous trouverons en présence de luttes électorales nouvelles, quoi que nous ayons pensé sur la proportionnelle, nous nous retrouverons tous unis, et pour ma part, moi, proportionnaliste, je dis à tous les antiproportionnalistes de mon parti que je leur apporterai volontiers mon concours. *(Applaudissements.)* Mais il faut que chacun dise ce qu'il pense ; et, les uns et les autres, nous cherchons de la meilleure foi du monde, avec un sentiment profond des nécessités présentes, à expliquer nos convictions et à voir s'il n'y aurait pas un moyen d'établir une entente absolument nécessaire, car tandis que nous discutons ici en faveur ou contre la proportionnelle, nos adversaires qui, eux, sont unis, s'en vont faire leur propagande. Il faut qu'au plus tôt recommence la propagande de programme et qu'on sache qu'il y a un parti radical uni. Pour ma part, je ferai tout ce qui dépendra de moi pour arriver à cette union. Puisque vous avez failli vous unir, vous, républicains de la Chambre sur une formule, nous pourrons essayer de voir si cette formule ne donnera pas satisfaction à tous. En venant défendre la proportionnelle, nous ne venons défendre ni une importation belge, ni une importation réactionnaire. *(Cris nombreux : Si ! si !)*

Mais, non, citoyens, vous savez aussi bien que nous, et nous l'avons suffisamment répété, que ce sont de nombreux républicains français qui l'ont préconisée ; ils se sont appelés : Mirabeau, Condorcet. *(Exclamations.)* Et Victor Considérant n'a-t-il pas été un homme dévoué au parti républicain aux heures critiques ? Est-ce que Louis Blanc sera contesté par vous ? (*Bruit.*) Un fait qui domine tout ce débat, c'est de voir que dans les trois pays où les études constitutionnelles ont été poussées le plus loin, on a considéré la représentation proportionnelle comme étant une œuvre de perfectionnement nécessaire au suffrage universel. (*Nouvelles interruptions. Cris : Aux voix !*)

Ce que nous vous demandons, c'est de ne pas vous enfermer dans une formule étroite qui rendrait toute négociation difficile, extrêmement difficile. Vous voterez, mes chers concitoyens, une formule large de conciliation qui ne condamne rien. (*Tumulte sur de nombreux bancs, vives protestations.*) Ou alors, élevez-vous sur le mont Aventin et dites : Cela ou rien autre. Je me demande ce que vous pourrez accepter. Le *statu quo ?* Le scrutin d'arrondissement est défendable, mais vous ne l'avez pas défendu. Si vous le maintenez, demain vous serez considérés comme ayant fait un aveu d'impuissance. (*Le tumulte continue, plus intense.*) Et le grand scrutin de liste ? Mes chers concitoyens, nous en sommes à la troisième République, les deux précédentes ont été tuées par le scrutin de liste. (*Vives protestations, nombreuses exclamations.*)

C'est un fait. En 1792, le scrutin de liste a donné la Convention et, quelques années après, il a préparé et Fructidor et Brumaire. (*Applaudissements sur quelques bancs.*) Il y a un deuxième fait, l'assemblée de 1848, élue au scrutin de liste, a été réactionnaire. Et l'assemblée de 1871 a failli tuer la République. (*Bruit persistant sur de très nombreux bancs.*) Quant à ce que l'on appelle le scrutin élargi, le petit scrutin de liste, je lui trouve un inconvénient de plus. Vous étendrez, selon la pensée profonde de Ferry, le suffrage universel sur une table de dissection. Qui sera chargé de faire cette opération ? (*Cris divers, bruit intense.*) Le débat est posé devant le Sénat. Je dis que le Sénat manquera d'autorité devant le suffrage universel en faisant, lui, du suffrage restreint, le dépècement des circonscriptions.

Il faut vous préoccuper des idées de justice que nous avons tous défendues. Vous direz que nous n'avons rien à craindre en faisant à chacun sa part, en prenant en même temps toutes les précautions pour établir une conciliation qui groupera tout le parti radical. Si cette conciliation se fait, tant mieux, si elle ne se fait pas, cela ne nous empêchera pas de combattre pour la réforme électorale. (*Applaudissements sur quelques bancs, mouvements divers, bruit. Cris : Aux voix ! Clôture !*)

Discours de M. Gavaudan.

M. Gavaudan. — Je tiens à poser la question de la R. P. telle qu'elle doit être posée devant vous, ce qui n'a pas été fait par les précédents orateurs. La question doit se poser ainsi : Le pays veut-il oui ou non de la R. P. ? (*Cris nombreux et répétés : Non ! Non !*) Le pays n'en veut pas malgré la campagne organisée par la tournée Charles Benoist et Cie. Le parti républicain, il est vrai, a pu, il y a quelques mois, surpris dans sa bonne foi, se laisser abuser par les apparences trompeuses de la R. P., mais à l'heure actuelle, réveillé par l'admirable propagande du Comité de défense du suffrage universel, le parti républicain tout entier repousse la R. P. (*Bravos prolongés.*)

Nos adversaires nous accusent de n'avoir pas encore su choisir entre le scrutin d'arrondissement et le scrutin de liste ; je demande en toute sincérité, aux défenseurs de la R. P., s'ils ont eu le courage, eux, de nous proposer la R. P. intégrale ? (*Applaudissements.*) Entre le scrutin d'arrondissement actuel et le scrutin de liste pur et simple, il y a place pour un scrutin de circonscriptions élargies. C'est dans cet ordre d'idées que le parti républicain doit orienter son action et proposer, au Sénat, un texte clair et précis qui donnera — à une circonscription élargie de deux ou trois députés — le mode de scrutin que réclame l'immense majorité de notre parti au nom du Pays républicain. Et au citoyen Bonnet nous disant : « Vous allez désavouer vos élus qui ont voté la R. P. » je réponds simplement : « Nous n'avons pas à désavouer nos élus, ce sont eux qui nous ont désavoués par leur vote de la R. P. » (*Longs et bruyants applaudissements.*) Est-ce qu'ils avaient la R. P. inscrite dans leur programme lorsque nous les avons nommés ?

Non, non, ils l'ont votée pour conserver leurs sièges. Dans la plupart des cas, et cela résulte de leurs propres déclarations, il l'ont votée à contrecœur, espérant la voir échouer devant le Sénat. (*Applaudissements.*) Au nom de ces populations rurales, dont on vous parlait tout à l'heure et dont je suis ici l'un des représentants, nous venons demander au Sénat républicain de repousser la R. P. et d'élaborer un texte clair, concis, précis, que l'électeur comprenne, car il ne comprend pas le système actuel et confus de la R. P. Vous ne ferez jamais comprendre le panachage et la bouillabaisse des restes. (*Rires et applaudissements.*) Il nous faut une loi précise qui ne prête pas à confusion pour l'électeur. Voilà ce que nous demandons à nos élus du Sénat, voilà ce que nous demandons au nom du parti républicain tout entier. Le suffrage universel réclamé une Réforme Electorale, mais il la veut basée sur le système majoritaire car c'est à la majorité et non pas aux coalitions des minorités qu'il appartient de gouverner.

Nous comptons sur la fermeté et la loyauté des élus républicains au Sénat pour donner au pays la Réforme Electorale qu'il réclame et non celle que voudraient nous imposer les adversaires de la République et de la Démocratie française. (*Vifs applaudissements sur de très nombreux bancs. Cris : Aux voix !*)

LE PRÉSIDENT. — J'entends demander aux voix. Je vous demande d'écouter pendant cinq minutes chacun des orateurs inscrits. (*Cris : La clôture ! La clôture !*)

LE PRÉSIDENT. — J'ai entendu demander la clôture. Le devoir du président est de la mettre aux voix.

(*La clôture est prononcée à la majorité.*)

LE PRÉSIDENT. — La clôture est votée, mais il reste aux orateurs inscrits le droit de motiver leur vote. Je leur donnerai donc la parole sur ce point. Je donne la parole au citoyen F. Buisson, qui a déposé un ordre du jour.

M. F. BUISSON. — J'ai déposé un ordre du jour. Je demande à le soutenir quand il viendra.

LE PRÉSIDENT. — M. Buisson a déposé l'ordre du jour suivant :

Le Congrès, convaincu de la nécessité d'un accord entre tous les républicains pour que la réforme électorale porte tous ses fruits, confirme l'ordre du jour du Congrès de Nîmes en faveur du scrutin de liste avec représentation des minorités. (*Bruit prolongé.*)

Le Président. — La clôture a été prononcée sur la discussion générale. M. F. Buisson demande cinq minutes pour développer son ordre du jour.

M. Dumesnil. — Le citoyen Buisson a le droit de parler sur son ordre du jour, on doit l'entendre.

Discours de M. F. Buisson.

M. F. Buisson. — A l'heure actuelle, je n'entre pas dans la discussion générale. J'appelle votre attention sur le vote qui va intervenir. (*Violentes interruptions. Cris : Parlez ! Parlez !*) C'est un acte politique d'une exceptionnelle gravité, notre président l'a dit. (*Nouvelles interruptions.*) Vous me permettrez bien... (*Bruit.*) Il y a deux attitudes possibles pour le parti radical en ce qui concerne la réforme électorale. L'une mettrait fin à tout espoir de paix, d'union et de conciliation ; l'autre est celle, au contraire, qui ratifiera et rendra définitive l'union de tous les républicains sur cette question. (*Applaudissements.*) Il y a deux ordres du jour possibles, l'un qui rompra définitivement avec... (*Nouvelles interruptions.*) Comment voulez-vous que je me fasse entendre, mes phrases ainsi hachées par des interruptions ? Il y a deux ordres du jour possibles, l'un qui rompra avec l'attitude que le parti radical — je ne parle que de notre parti — a eue jusqu'ici, il rompra avec tout ce que nous avons fait (*Interruptions.*) ; l'autre, c'est celui que je vous propose qui consiste, au contraire, à prendre et à garder pour le parti radical l'attitude que vous avez eue dans vos précédents Congrès et en particulier à celui de Nîmes. (*Cris nombreux : Non ! Non !*) Eh bien ! vous allez choisir. Est-ce que vous croyez par hasard que c'est sans réflexion que le Congrès de Nîmes a adopté la résolution que vous avez approuvée à l'unanimité ? (*Violent tapage, dénégations.*) Etes-vous donc une assemblée d'enfants pour vous déjuger si allègrement ? (*Applaudissements sur quelques bancs, vives protestations.*) Comment ! il y a un an vous étiez unanimes (*Protestations véhémentes, cris répétés. Mais non !*), il y a un an vous avez été unanimes à décréter pardessus tout l'union nécessaire et indispensable des républicains et aujourd'hui vous ne permettez même pas que l'on vous rappelle que vous émettiez il y a un an ? (*Bruit, vive agitation dans toute la salle.*) Qu'est-ce que c'est qu'un parti qui, d'un an à l'autre, en plein Congrès, se donne de pareils démentis ? Restez donc fidèles à vous-mêmes. (*Applaudissements et protestations.*)

Il m'appartient de vous dire que, si vous votez l'ordre du jour de notre ami Trouillot (*Interruptions.*), citoyens, si vous votez l'ordre du jour Trouillot, c'est sans doute que vous êtes en mesure de nous présenter un projet précis de réforme électorale. (*Nouvelles et bruyantes interruptions.*) Je vous assure qu'il faut avoir envie de faire son devoir pour l'accomplir dans de pareilles conditions. (*Quelques applaudissements. Cris : Assez ! Assez ! Parlez ! La clôture !*) Si vous votez l'ordre du jour Trouillot, c'est que vous avez un texte précis à nous présenter, or, vous n'êtes pas aujourd'hui plus avancés qu'il y a un an. (*Le bruit devient de plus en plus intense.*) Vous ne savez pas ce que vous voulez ? Eh bien ! moi, je vais vous le dire, ce que vous voulez : c'est le scrutin d'arrondissement, mais vous n'osez pas le dire. Eh bien ! l'ordre du jour Trouillot, c'est l'enterrement du scrutin d'arrondissement...

(*Le bruit empêche le bureau d'entendre les interjections diverses qui s'entre-croisent. L'orateur n'est plus entendu. L'assemblée réclame la clôture avec véhémence. Finalement, M. F. Buisson abandonne la tribune au milieu de manifestations diverses.*)

M. LE PRÉSIDENT. — Nous sommes en présence de deux ordres du jour : l'ordre du jour présenté par M. F. Buisson et l'ordre du jour présenté par la commission. Je donne de nouveau lecture de l'ordre du jour présenté par M. F. Buisson.

(*Le président donne lecture, dans le bruit, de l'ordre du jour de M. Buisson.*)

Le président donne ensuite lecture de l'ordre du jour Trouillot.

M. F. BUISSON proteste de sa place : « Un contre-projet, dit-il, a toujours la priorité. »

LE PRÉSIDENT. — Je ne suis pas étranger aux choses du Parlement. Vous devriez donner l'exemple du silence, monsieur Buisson.

M. F. BUISSON. — Je le donne, monsieur le président. (*Le bruit recommence. L'agitation est géné-*

gale. Plusieurs délégués réclament la priorité pour l'ordre du jour Buisson. Le président invite les délégués qui sont partisans de l'ordre du jour Trouillot à se lever. La salle presque tout entière se lève. De longs applaudissements accueillent ce vote. On crie sur divers points de la salle : Vive la République !)

La séance est levée à 5 h. 15.

TROISIÈME SÉANCE

Samedi 12 octobre, matin.

La séance est ouverte à 9 heures, par M. Emile Combes, qui invite l'assemblée à nommer son bureau.

Le bureau est ainsi constitué :

Président. — M. René Renoult, député de la Haute-Saône.

Vice-présidents. — MM. Louis Martin, sénateur du Var ; Couyba, sénateur de la Haute-Saône ; Binet, député de la Creuse ; Général Pédoya, député de l'Ariège ; J.-B. Morin, député du Cher ; Ferdinand Cahen, (Seine) ; Bourgoing, (Gironde) ; Chérioux, conseiller général de la Seine ; Issartier (Bouches-du-Rhône) ; Michel Milhaud. (Seine).

Secrétaires. — MM. Camille Picard, député des Vosges ; Ch. Leboucq, député de la Seine ; Chevillon, député des Bouches-du-Rhône ; Perrissoud, député de Seine-et-Marne ; Samama (Alpes-Maritimes) ; Poterlot (Meuse) ; Chaligné (Seine) ; Lalanne (Gironde) ; Silvy (Yonne).

M. RENÉ RENOULT, *président.*

Citoyens,

La qualité de président de séance dont vous avez bien voulu m'honorer me confère un privilège dont je n'userai, croyez-le, qu'avec la plus extrême discrétion, mais je ne crois pas pouvoir me dispenser de traduire un sentiment qui, je crois, nous est commun à tous, c'est que, au lendemain des luttes et des nécessaires efforts que notre parti a faits pour manifester ici dans des termes clairs et impressionnants son sentiment sur la question de la réforme électorale, nous sommes tous extrêmement heureux, nous éprouvons tous un véritable soulagement, une joie réelle à aborder maintenant des questions qui nous ont toujours unis dans le passé et qui, bien certainement, continueront à nous rapprocher d'une manière étroite et indissoluble dans un même sentiment de fraternité républicaine. (*Vifs applaudissements.*) Le Congrès tiendra certainement à honneur de préciser une fois de plus la direction qu'au point de vue de la politique générale notre

Parti doit suivre s'il veut demeurer fidèle à ses traditions et servir utilement son idéal. Il voudra dire bien certainement qu'une politique de clarté, de fermeté et d'union des républicains doit mettre un terme au malaise que, depuis de trop longs mois, on ressent dans la démocratie. Il dira aussi qu'on doit arrêter les progrès de l'enveloppement clérical et réactionnaire qui se manifeste par des signes nombreux et certains ; vous direz certainement que des lois de défense laïque sont rendues indispensables par les attaques dont l'école et ses maîtres sont l'objet ; qu'il nous faut des lois de justice fiscale dont commencent à désespérer un peu nos populations rurales pourtant surchargées d'impôts ; qu'il nous faut des lois sociales enfin qui devront avoir pour résultat de mettre le travailleur à l'abri des redoutables fléaux de l'habitation insalubre, du chômage, de l'invalidité, et qu'il nous faut aussi des lois purement économiques qui auront pour résultat d'augmenter la prospérité générale du pays.

Ces diverses lois ne doivent pas être différées plus longtemps. Notre parti, dont elles constituent la doctrine traditionnelle, a seul qualité pour les faire aboutir et les faire appliquer. (*Vifs applaudissements.*)

Vous affirmerez donc, une fois de plus, et c'est par là que je termine, votre attachement à vos principes et à votre tradition, vous direz que le parti auquel nous avons la fierté d'appartenir, et qui nous est d'autant plus cher qu'il est plus violemment et injustement attaqué, ne serait rien s'il n'était pas, suivant sa véritable destinée, un parti de laïcité intégrale et de progrès social, d'espérances populaires inlassablement réalisées.

Vous confirmerez la belle, généreuse et claire formule qu'a tant de fois ratifiée la démocratie tout entière et que je vous demande la permission de rappeler ici : Nous voulons par la république laïque, dans l'ordre et la paix sociale, toutes les réformes démocratiques, tous les progrès que commandent l'idée de justice et la notion de solidarité. (*Applaudissements unanimes.*)

J'ai à vous présenter un vœu déposé par M. Martin-Mamy, au nom des comités radicaux et radicaux-socialistes des deux cantons de Beauvais :

Le Congrès de Tours, renouvellant le vœu émis par le

Congrès de Toulouse en 1904, demande que dans les votes parlementaires ayant une signification politique, le scrutin secret soit supprimé.

Ce vœu est renvoyé par la commission des vœux avec avis favorable. Je le mets aux voix. (*Adopté à l'unanimité.*)

M. CH. FABIANI. — La commission de règlement du Parti a adopté à l'unanimité l'ordre du jour suivant qu'elle m'a chargé de rapporter devant vous, et signé de MM. René Renoult, Couyba, Dalimier, Trouillot, Chautemps, Cosnier, Bouyssou, etc.

Les délégués soussignés, vu l'art. 25 du règlement du Parti stipulant que le Comité exécutif élit au scrutin secret son bureau et que le président sortant n'est pas rééligible, vu la délibération du Congrès de Nîmes en date du 6 octobre 1911 autorisant le Comité exécutif à réélire le président sortant, demande au Congrès de Tours d'autoriser encore exceptionnellement cette année les membres du Comité exécutif à réélire le citoyen Combes dont l'inlassable dévouement à la cause démocratique, la haute autorité et la grande expérience constituent pour les militants du Parti la source la plus précieuse d'encouragement et d'activité. [*Très vifs applaudissements.*]
Cette proposition est adoptée sans débat à l'unanimité.

LE PRÉSIDENT. — L'ordre du jour appelle la révision de la constitution.

LA RÉVISION DE LA CONSTITUTION

Rapport présenté par M. Armand Charpentier
au nom de la Commission de la Révision
de la Constitution.

M. ARMAND CHARPENTIER, *rapporteur.*

Citoyens,

Le congrès de Nîmes adopta, à l'unanimité et sans débat, une proposition présentée par M. Lucien Victor-Meunier, aux termes de laquelle la question de la révision de la Constitution doit figurer en tête de l'ordre du jour du congrès de 1912.
Conformément à cette décision, une commission

s'est formée sous le nom de « Commission de la révision de la Constitution ». Convoqué devant elle, M. Lucien Victor-Meunier a déposé, puis défendu le projet de résolution suivant :

« Le congrès du parti républicain radical et radical-socialiste, réuni à Tours, le 10 octobre 1912,

« Considérant que la Constitution imposée à la République par l'Assemblée de Versailles, en 1875, est essentiellement conservatrice, c'est-à-dire antirépublicaine ;

« Considérant que le système des deux Chambres, véritable mise en tutelle du suffrage universel, est la cause des difficultés incessantes auxquelles se heurtent les volontés républicaines de progrès et de réformes, ainsi que des crises qui ont menacé notre liberté et notre honneur ;

« Affirmant sa fidélité inébranlable au principe de la souveraineté nationale et sa confiance dans le suffrage universel, éclairé et libre ;

« Réclame la révision dans le sens le plus largement républicain et démocratique de la Constitution de 1875 ;

« Et demande que le Sénat et la Chambre des députés actuels soient remplacés par une assemblée unique, souveraine, élue par le suffrage universel, au scrutin de liste, par régions, renouvelable tous les deux ans, par tiers, sur toute l'étendue du territoire de la République, la durée du mandat législatif étant portée à six années, et le nombre des représentants du peuple étant ramené à cinq cents au maximum. »

Tout d'abord, citoyens, je tiens, tant au nom de mes collègues qu'en mon nom personnel, à rendre un hommage amical aux sentiments démocratiques qui ont inspiré M. Lucien Victor-Meunier dans son projet. A vrai dire, un tel hommage est superflu, quand il s'agit d'un homme comme Victor-Meunier, d'un militant qui, depuis trente ans, combat pour la République, d'un soldat que l'on a toujours vu sur la brèche aux heures les plus difficiles, d'un écrivain dont la plume sait rester éternellement jeune, d'un citoyen enfin dont le dévouement fut d'autant plus méritoire qu'il demeura toujours désintéressé. Aussi est-ce avec une tristesse profonde que je me vois obligé de me séparer de lui sur le point qui nous occupe, alors que tant d'autres sujets pourraient nous rapprocher.

Avant de vous exposer les raisons pour lesquelles nous vous proposons de repousser le projet dont il s'agit, je tiens tout d'abord, et pour la clarté même du débat, à présenter sous une forme un peu succincte, mais aussi complète que possible, les arguments que son auteur a fait valoir pour le défendre. Ces arguments se trouvent, d'ailleurs, développés dans une brochure publiée par les *Annales de la Jeunesse laïque* et qui a pour titre : *La Réforme politique.*

En réalité, si M. Lucien Victor-Meunier demande la révision de la Constitution, il la réclame surtout pour obtenir ce qu'il appelle l'unité du pouvoir législatif, c'est-à-dire le remplacement du Sénat et de la Chambre actuels par une seule assemblée. Et puisque dans le vœu qu'il nous a présenté et qu'il soumet à vos délibérations, il ne mentionne ni la suppression de la présidence de la République, ni celle du conseil d'Etat, qui se trouvent demandées dans la brochure que je viens de citer, je limiterai ce rapport à la seule question de l'assemblée unique.

M. Lucien Victor-Meunier estime, en effet, que la présence des deux assemblées actuelles est contraire au bon fonctionnement du gouvernement républicain. Leur double jeu n'aboutit qu'au ralentissement des réformes les plus urgentes, attendues par la démocratie avec impatience depuis quelque trente ans.

Loin d'avoir servi la République, M. Lucien Victor-Meunier estime que le Sénat lui a porté les plus grands préjudices en repoussant systématiquement toutes les lois sociales qui parvenaient jusqu'à lui. Et même, lorsqu'il ne se dresse pas volontairement ou sournoisement comme un obstacle devant tout progrès démocratique, il trouve encore moyen, par le seul fait de son existence, de ralentir les réformes les plus attendues ou les moins contestées, en leur imposant, après de longs stages, un ou plusieurs retours devant la Chambre.

Si la République subit des heurts, si l'on voit le peuple marquer parfois quelque impatience et se laisser entraîner vers les partis de révolution, la faute en est au Sénat, selon M. Lucien Victor-Meunier, ou plutôt au système de la dualité législative qui, selon son expression, « a tout retardé, tout empêché, tout compromis, tout remis perpétuellement en question », car cette dualité est « l'organisation même, voulue, préméditée, de la stérilité parlementaire, du gâchis, de l'anarchie ». (Brochure citée, page 59.)

Désireux de rajeunir la République et de lui donner une vitalité nouvelle qui ramènera vers elle les désabusés ou les impatients, M. Lucien Victor-Meunier vous demande de vous prononcer pour une révision complète de la Constitution, révision qui serait illusoire et vaine si elle ne devait aboutir à l'unité législative. Une Chambre unique, telle est donc la pensée essentielle qui se trouve dans le vœu que vous présente M. Lucien Victor-Meunier. Et c'est contre cette unité d'assemblée, c'est-à-dire pour le maintien du Sénat, que votre commission, présidée par M. Oudard, s'est prononcée à l'unanimité moins une voix — celle de M. Lucien Victor-Meunier, naturellement.

Est-ce à dire qu'il n'y ait pas lieu de modifier sur certains points le rôle et les attributions du Sénat, et surtout de réformer le scrutin dont il est issu ?... Telle n'est pas notre pensée.

Est-ce à dire que, dans un avenir plus ou moins prochain, il ne sera pas possible d'arriver au principe d'une assemblée législative unique ?... Nous en acceptons le présage.

Mais nous tenons à affirmer que nous considérons actuellement une telle réforme comme prématurée, inutile et peut-être dangereuse.

M. Lucien Victor-Meunier, pensant — et avec raison — émouvoir nos fibres les plus radicales, nous rappelle le temps où le vénérable Madier de Montjau tendait vers le Palais du Luxembourg des poings toujours jeunes, en criant : Sus au Sénat !... Et par là M. Lucien Victor-Meunier nous signifie que le premier article du programme radical visait la suppression du Sénat.

Il est incontestable que notre parti a réclamé jadis la suppression du Sénat. Mais ce serait oublier la loi d'évolution, qui préside aussi bien aux destinées des partis politiques qu'à celles des sociétés, que d'accorder indistinctement et en bloc, à toutes les idées qu'ont remuées nos pères ou nos aînés le bénéfice des vérités éternelles.

J'ai trop peur des revenants pour me permettre de faire parler les morts ; mais j'ai quelque idée cependant que si Madier de Montjau et ceux qui criaient avec lui : Sus au Sénat !... revenaient dans ce monde, ils seraient les premiers à se joindre à nous pour vous demander de repousser le vœu de M. Lucien Victor-Meunier.

Ce faisant, ils resteraient logiques avec eux-mêmes, car ils ne reconnaîtraient plus dans le Sénat d'aujourd'hui celui qu'ils combattaient en 1877 ou 1883.

Qui donc oserait soutenir sérieusement que l'Assemblée qui a voté la loi de séparation des Eglises et de l'Etat et la loi des retraites ouvrières, pour ne citer que ces deux grandes lois, peut être comparée à celle qui opposa une obstruction systématique à toute l'œuvre laïque de Jules Ferry ?

M. Lucien Victor-Meunier veut bien reconnaître que le Sénat, par suite du sang républicain qui lui fut infusé à chaque renouvellement triennal, s'est considérablement démocratisé. Seulement, loin de trouver là un argument ou tout au moins une excuse en faveur du maintien des deux assemblées, il affirme au contraire que « c'est depuis que le Sénat est devenu républicain que la situation s'est aggravée ». (Brochure citée, page 50.)

Et pour appuyer cette affirmation, M. Lucien Victor-Meunier ajoute : « Quand le Sénat a commencé à devenir républicain, la Chambre a commencé, elle, à décroître. » (Brochure citée, page 50.)

Si nous voulions suivre M. Lucien Victor-Meunier dans cette voie qui côtoie le paradoxe, nous pourrions peut-être lui demander s'il ne serait pas plus logique de réclamer la suppression de la Chambre. Mais M. Lucien Victor-Meunier nous répondrait qu'il lui indiffère de savoir si ce sont des députés ou des sénateurs qui doivent disparaître, et que ce qu'il veut uniquement, c'est la fusion des deux assemblées en une seule, sous certaines réserves et dans certaines conditions.

Donc, le Sénat se républicanise d'année en année ; M. Lucien Victor-Meunier ne le conteste pas. Mais il lui reproche, si républicain soit-il, de retarder le vote des lois par le seul fait qu'il est obligé de les discuter à nouveau. Il est certain qu'une assemblée unique voterait plus rapidement les lois. Oui, mais à la condition qu'elle les votât. Or, il nous est apparu à plusieurs reprises que beaucoup de députés ne se laissaient aller à voter certaines lois, qu'ils considéraient comme prématurées, que parce qu'ils comptaient sur la pondération du Sénat pour apporter une mise au point nécessitée par une seconde discussion suivie d'un second vote.

Si bien qu'en réalité, jugé non point sur tel ou tel cas particulier qui vicierait notre vision, mais bien sur l'ensemble de ses travaux, on peut se demander si, réellement, depuis quelques années, le Sénat a apporté d'autre retard aux lois sincèrement voulues par la Chambre que le retard légitime et nécessaire des quelques mois consacrés à l'étude et au perfectionnement de ces lois.

Ainsi, le Sénat joue, non pas le rôle d'une digue arrêtant tout net le flot démocratique, mais celui d'une écluse dont l'utilité consiste à laisser couler ce flot avec sagesse, pour n'en retenir que les impuretés et les scories de toute sorte.

Il faut, en toute chose, apporter quelque mesure et nous ne dirons point avec le rimeur classique :

Vingt fois sur le métier remettez votre ouvrage...

Mais si refaire vingt fois une loi serait un peu long, il n'est pas mauvais, par contre, que cette loi, appelée quelquefois à modifier profondément les coutumes religieuses, les habitudes politiques ou la vie sociale d'une nation, soit étudiée plutôt deux fois qu'une et par des hommes différents.

Enfin, citoyens, nous ne pouvons pas oublier qu'il fut des heures où le Sénat est devenu la véritable forteresse de la République et que vers lui se dirigeaient nos derniers espoirs. Lors du boulangisme, dans le vent de folie qui souffla sur la France, ce fut le Sénat qui marqua le plus de calme, le plus de sagesse hautaine, et se dressa le plus énergiquement en face du futur dictateur. Et, plus récemment, aux premières heures de l'affaire Dreyfus, qui furent à la fois si héroïques et si douloureuses, c'est du Sénat encore que s'élevèrent les voix les plus pures et les plus éloquentes en faveur du droit méconnu et de la justice insul-

tée ; et ces voix, qui sont celles des Scheurer-Kestner, des Waldeck-Rousseau et des Trarieux, ont
porté si loin que le pays en fut secoué dans ses
fibres les plus profondes, et ont monté si haut
qu'elles vibreront éternellement pour l'histoire des
hommes.

Ah ! sans doute, il ne s'est pas trouvé au Sénat
que des Scheurer-Kestner, des Waldeck-Rousseau,
des Trarieux ; sans doute le Sénat n'a pas eu non
plus le courage de repousser l'abominable loi de
dessaisissement, — et de cette faute il subit aujourd'hui le châtiment en ayant la honte suprême
de voir dans son enceinte le général Mercier, —
mais, malgré ces défaillances regrettables, il n'en
demeure pas moins certain que, dans le National-
lisme comme dans le Boulangisme, la Haute-As-
semblée a montré des vertus républicaines plus so-
lides et plus fières que la Chambre des députés.

M. Lucien Victor-Meunier ne conteste pas ces
faits. Mais, par une de ces tendances au paradoxe
qui lui sont familières, il accuse le Sénat d'avoir
été l'auteur de ces crises. Pour lui, le Boulangisme
et le Nationalisme ne sont que des mouvements,
de forme plus ou moins révolutionnaire, par lesquels le peuple marqua sa fureur de voir les gouvernements en général et le Sénat en particulier
piétiner sur place au lieu d'avancer dans la voie
du progrès et des réformes.

Si ces raisons étaient exactes, le mouvement
boulangiste et le mouvement nationaliste auraient
été à gauche ; or, l'un et l'autre, et surtout le
second, ont porté uniquement à droite. Loin d'ap-
plaudir aux lois de séparation des Eglises et de
l'Etat, des retraites ouvrières, de la réforme fiscale,
etc., les nationalistes les ont combattues et les
combattent encore de toutes leurs forces.

L'argument de M. L. Victor-Meunier est donc
contraire aux réalités mêmes. Aussi bien, les origines du Boulangisme et du Nationalisme sont si
claires et si simples que nul ne les peut ignorer
aujourd'hui. Le boulangisme fut, à sa source, un
engouement de la démagogie pour un général qui
eut quelques gestes séduisants et quelques paroles
heureuses. Ce mouvement étant devenu antiminis-
tériel, la réaction s'en empara et le dirigea contre
la République.

Quant au nationalisme, il fut, à son origine, le groupement, sans distinction de parti, de tous ceux qui n'apercevaient point les erreurs, les fautes ou les crimes commis par l'état-major dans l'affaire Dreyfus. Puis, une fois de plus, la réaction fit sortir ce mouvement de l'ordre judiciaire pour en faire une machine de guerre contre la République.

Et, vraiment, il faut avoir la plume abondante, séduisante, sautillante, poétique et paradoxale de mon grand et illustre confrère Lucien Victor-Meunier pour se permettre de rendre le Sénat responsable du Boulangisme et du Nationalisme.

Loin de partager cette opinion, nous estimons que le Sénat a joué, au cours de ces deux tourmentes, le rôle heureux d'une digue contre laquelle est venu se briser le flot dangereux d'une démagogie affolée. Cette expérience du passé nous suffit pour vouloir conserver cette seconde assemblée, avec la certitude où nous sommes qu'elle rendrait dans l'avenir, si pareille crise se reproduisait, des services analogues. Une assemblée unique, quel que soit son recrutement, ne nous offrirait pas les mêmes garanties. Trop de ses membres pourraient être tentés de se tourner vers leurs circonscriptions, suivant la cynique parole de M. Lebret, et de laisser fléchir leur conscience devant l'intérêt immédiat d'une popularité de mauvais aloi.

Sans doute, la réforme électorale, qui vient d'être votée par la Chambre, rendrait infiniment moins dangereux un mouvement analogue au boulangisme et au nationalisme. Nous n'ignorons pas, en effet, que l'une des vertus essentielles de la représentation proportionnelle serait de rendre presque impossibles des courants d'équivoque et, s'ils se produisaient, d'en atténuer singulièrement les désastres en donnant à chaque parti une représentation numérique proportionnelle à ses forces.

Nous reconnaissons même que lorsque la représentation proportionnelle sera entrée dans nos mœurs et fonctionnera d'une façon normale, il sera peut-être possible d'en arriver à réaliser le vœu d'une assemblée unique, renouvelable par tiers.

Mais si cette réforme nous apparaît possible dans quelques années, nous estimons qu'elle serait pré-

maturée à l'heure actuelle. Il y aurait une imprudence vraiment coupable à apporter, en même
temps, dans notre organisme législatif deux réformes aussi importantes que la représentation
proportionnelle et la suppression du Sénat. Il est
bon, au contraire, que le Sénat demeure avec toute
son autorité et toute sa puissance pendant les premiers essais de la réforme électorale.

Telles sont les raisons, citoyens, pour lesquelles
nous vous demandons de repousser le vœu de
M. L. Victor-Meunier.

Est-ce à dire qu'en repoussant ce vœu vous aurez voté contre le principe d'une révision toujours
possible de la Constitution qui nous régit ?... Telle
n'est point notre pensée, et tel ne serait pas le sens
de votre vote.

Nous pensons tous que la Constitution de 1875
ne saurait être éternelle. Comme toutes les œuvres
humaines, elle est soumise aux lois de l'évolution.
Sans avoir envers elle l'animosité que M. L. Victor-
Meunier professe à son égard, et tout en reconnais-
sant, au contraire, qu'elle a permis à la République
d'éviter bien des embûches et de grandir malgré
de farouches oppositions, nous estimons, avec vous
tous, qu'elle est susceptible de se modifier, de se
démocratiser, de se simplifier, de s'adapter, en un
mot, aux nécessités nouvelles des temps nouveaux.
Mais nous ne pouvons oublier que la pensée philo-
sophique de notre parti est une pensée d'évolution,
et si nous voulons bien changer tel rouage dont
l'utilité n'est plus certaine, nous pensons qu'il serait excessif de démolir en bloc et d'un seul coup
tout un système.

De même, en vous demandant de voter le maintien du Sénat, nous n'avons nullement l'intention
de défendre le mode électoral dont il est issu, et,
à cet égard, nous ne pouvons que vous inviter à
renouveler le vote que vous avez émis au congrès
de Dijon en approuvant le rapport présenté par
M. Herriot, le distingué maire de Lyon, et qui
invite le Parlement à étudier les projets de M. Maurice Faure et de M. Guillemet, tendant à modifier
l'élection des délégués sénatoriaux.

Enfin, pour condenser notre pensée dans un
texte précis, nous avons l'honneur de vous sou-

mettre le vœu suivant que nous opposons à celui de M. Lucien Victor-Meunier :

Le Congrès du parti radical et radical-socialiste réuni à Tours,

Emet le vœu,

Que le Sénat soit maintenu ; et, en ce qui concerne la révision de la Constitution, s'en réfère au programme du parti et aux décisions des congrès de Nancy et de Dijon.

Tel est le vœu, citoyens, que nous vous demandons de voter.

LE PRÉSIDENT. — La parole est à M. Lucien Victor-Meunier.

Discours de M. L. Victor-Meunier

M. LUCIEN VICTOR-MEUNIER.

Citoyens,

J'ai l'intention d'être extrêmement bref.

Je ne me fais aucune illusion quant au vote du Congrès sur la proposition que j'ai déposée entre les mains du Comité Exécutif.

D'ailleurs, il est bien certain que vous êtes en ce moment — les débats d'hier en ont fait la preuve — beaucoup plus attentifs aux circonstances qu'à toute autre chose, et, dans ces conditions, il pourrait paraître puéril d'essayer d'attirer votre réflexion sur un sujet manifestement en dehors de vos préoccupations immédiates. Mais si je monte à la tribune et si je vous demande quelques minutes de patience, c'est que j'ai un mandat à remplir : c'est que la proposition que la Commission du Comité Exécutif et le Comité Exécutif lui-même ont repoussée, a été adoptée à l'unanimité par le Congrès de la Fédération radicale et radicale-socialiste du sud-ouest, à Bordeaux, en juillet dernier, et qu'en adoptant cette proposition, le Congrès a bien voulu me confier la mission de venir la défendre ici.

Cette proposition, vous le savez, tend à demander au parti radical d'émettre un vote de principe en faveur de la révision de la Constitution de 1875 et du système de l'unité parlementaire. La Commission du Comité Exécutif et hier la Commission du Congrès se sont prononcées dans un sens diamétralement opposé, c'est-à-dire pour le maintien des deux assemblées.

Quelques mots seulement pour protester contre cette idée répandue dans la presse que c'est là une proposition de circonstance inspirée par les conjectures présentes. Rien n'est plus absurde. J'ai eu, quant à moi, l'honneur de présenter cette proposition déjà au Congrès de Rouen en 1910. Je l'ai reprise l'année dernière au Congrès de Nîmes en 1911 ; comme je le rappelais à la Commission hier, je suis un révisionniste de l'avant-veille. J'ai toujours été révisionniste avec Louis Blanc, avec Madier de Montjau qui, avant que la Constitution de 1875 soit votée, en ont dénoncé les périls. En 1869, j'avais l'honneur d'être révisionniste avec Floquet. En 1896, lorsque le Sénat a établi sa prépondérance — aujourd'hui incontestée — en renversant un ministère radical, j'ai fait ce que j'ai pu, à Paris, pour réveiller l'agitation révisionniste. C'est un peu grâce à moi, qu'il me soit permis de le dire, que se réunit le meeting de Tivoli-Vauxhall, où 10,000 citoyens ont acclamé l'idée révisionniste.

Ne parlons point de circonstances, c'est essentiellement, au contraire, une question de principe qui se trouve posée ici.

Est-il nécessaire de rappeler aux républicains le principe républicain ? C'est la souveraineté nationale, il n'y en a pas d'autre. Comment la souveraineté nationale s'exprime-t-elle ? Comment fait-elle connaître sa volonté ? Par le suffrage universel, il n'y a pas d'autres moyens.

Eh bien ! les constituants de 1875, qui n'avaient pas le pouvoir de constituer, qui se le sont attribués de leur propre autorité, quand ils ont, au-dessus du suffrage universel, placé le suffrage à deux ou trois degrés, ils ont méconnu le principe de la souveraineté nationale ; ils ont violé les droits du suffrage universel.

Je m'explique très bien que ces constituants de 1875, qui étaient monarchistes, — quand ils se sont vus forcés de consentir à organiser la République, ils ne se sont pas cachés de leur intention de la faire aussi peu républicaine que possible, — je ne suis pas étonné qu'ils aient commis cet attentat contre le principe de la souveraineté nationale et les droits du suffrage universel ; mais je ne peux pas admettre que nous, républicains, nous consacrions de notre consentement cet attentat et cette violation.

Je sais bien qu'on a dit hier à la Commission : « Mais vous semblez oublier que cette Constitution dure depuis 36 ans et que, pendant ces 36 années, le suffrage universel l'a implicitement sanctionnée en ne manifestant jamais de façon précise son désir de la voir réviser et en votant pour les députés républicains qui étaient partisans du maintien des deux assemblées. » Je dis qu'on irait très loin si on entrait dans cet ordre d'idées. Si on admet qu'il y a eu un attentat commis, mais que le suffrage universel l'a sanctionné, c'est exactement la thèse que soutenaient les partisans de l'empire ; ils avouaient bien qu'au début de l'empire, au deux décembre, il y avait eu « une opération un peu rude » mais, disaient-ils, il y a eu après le plébiscite de 1852 et ensuite, pendant 18 ans, le suffrage universel a fonctionné et il n'a pas demandé la révision de la Constitution de 1852 ; par conséquent, le suffrage universel a amnistié le crime commis en 1851. Je suis de ceux qui pensent que le suffrage universel a tous les droits, sauf celui d'amnistier un crime. S'il est véritable, comme je le maintiens, que la Constitution actuelle soit en contradiction avec les principes républicains, on aura beau voter pour pendant des siècles, cela n'empêchera pas qu'il y a eu attentat.

Le suffrage universel a beau être souverain, s'il veut décréter demain que deux et trois font cinq, il aura certainement tort. Voilà tout ce que je veux dire.

Je ne crois pas que l'on puisse contester qu'il y a eu un attentat commis et qu'il s'est perpétré parce que les républicains qui se sont succédé depuis que cette Constitution existe se sont imaginés — à raison, vous le croyez, à tort, selon moi — que cette Constitution pouvait servir la République.

C'est une conception, avouez-le, bien paradoxale. Comment cette Constitution qui a été faite manifestement, ce n'est pas douteux, il suffit de relire les débats de l'Assemblée nationale, pour empêcher la République d'être vraiment la République, et dont la pensée même a été de garrotter cette République dans un réseau d'institutions monarchiques, pourrait-elle s'adapter aux besoins de la démo-

cratie et de la République ? Voyons la réalité des
faits. La République a progressé dans le pays, non
pas grâce à la Constitution de 1875, mais malgré
cette Constitution. Je me rappelle l'élan républicain, au commencement du fonctionnement de
cette Constitution, au moment où le Sénat réactionnaire entrait en lutte contre la Chambre, au moment de la dissolution, je me rappelle le magnifique élan républicain qui a fait la réélection des
363 en 1877, et les élections de 1881 qui ont paru
consacrer définitivement et d'une façon absolue la
République, qui ont semblé à ce moment-là mettre
la République à jamais hors de tout péril et de
toute discussion ; et je dis que si la République
avait eu à ce moment-là un bon instrument de
travail au lieu d'avoir le mauvais outil intention-
nellement fabriqué par les monarchistes de Versailles, elle aurait marché à telles enjambées que,
depuis longtemps, toutes les espérances que con-
servent encore ses adversaires, seraient mortes.

A ce moment, en 1881, et tous de ma génération
le savent, la France toute entière voulait la République. Pourquoi ? Parce qu'elle attendait tout
d'elle ; parce qu'elle avait été, selon un mot fameux, si belle sous l'Empire qu'on espérait qu'elle
serait aussi belle que ses promesses la représentaient. Je ne veux pas dire certainement que
l'œuvre républicaine n'a pas été grande, je n'oublie pas les immenses résultats obtenus, mais j'affirme que si beaucoup a été fait, il reste beaucoup
à faire et plus encore qu'il n'a été fait. (*Vifs applaudissements.*)

Si nous considérons la lenteur de l'œuvre accomplie, si nous constatons que cet élan républicain
du pays tout entier s'est brisé dans une lutte
mesquine de tous les jours, contre les difficultés
accumulées par la Constitution de 1875, si nous
reconnaissons que la part, sinon toutes, des réformes péniblement obtenues par la volonté du
pays républicain, n'ont pu l'être, grâce au fonctionnement de la Constitution de 1875, qu'au prix
de concessions, de transactions et de façon incom-
plète, nous voyons là la cause de l'impatience manifestée par une grande partie du pays ; il y a une
lassitude causée par de trop longues attentes et
quelquefois de trop dures déceptions et le mécontentement qui se traduit à l'heure actuelle par le

malaise que nous constatons a déjà occasionné les crises qui ont mise en péril l'existence même des institutions républicaines.

Vous prétendez que le boulangisme, que le nationalisme, ont été des sortes de conspirations réactionnaires. C'est aller à l'encontre de la vérité. le boulangisme, à l'origine, a été républicain. Ce sont les républicains qui ont inventé Boulanger, c'est Clémenceau entre autres ; au début du boulangisme, Boulanger avait derrière lui toutes les gauches de la Chambre et contre lui toute la droite. Est-ce que vous allez dire que la foule qui, le 14 juillet 1886, a fait cortège au cheval noir était réactionnaire ? Et quand Boulanger a été élu député de la Seine, allez-vous dire qu'il y avait à Paris 274,000 réactionnaires ? Beaucoup de républicains ont voté pour lui parce qu'ils n'étaient pas satisfaits de la façon dont étaient dirigées les affaires de la République. Si nous voulions dégager les causes du boulangisme, nous pourrions peut-être les trouver dans la politique conservatrice suivie par Jules Ferry qui, s'il n'a pas prononcé la formule : Le péril est à gauche, l'a mise en action en rejetant l'extrême gauche presque en dehors de la République et dans cette politique coloniale qui, en ouvrant à la France des horizons lointains, semblait l'inciter à renoncer aux espérances immédiates et offensait ainsi beaucoup de ceux qui, alors plus qu'aujourd'hui, avaient au cœur l'espoir de la réparation du crime commis par la force en 1871.

N'allons pas plus avant, je passe très rapidement, j'indique seulement ceci : Les crises qui ont menacé la République n'ont pas été créées par la volonté des réactionnaires, elles sont nées de l'impatience, du mécontentement, de l'irritation des républicains et les réactionnaires n'ont pas fait autre chose que ce qu'ils essaient de faire en ce moment avec la réforme électorale, c'est-à-dire se servir d'un mouvement qu'ils n'ont pas créé pour semer la division parmi les républicains et affaiblir la République.

A mon avis, ce sont les entraves apportées par la Constitution de 1875 au libre développement des aspirations républicaines qui ont été causes des difficultés que nous avons traversées, des crises que nous avons subies. Je considère que la Constitution de 1875 a été néfaste à la République.

Avant de descendre de cette tribune, — et j'ai hâte de le faire, — je veux répondre d'un mot seulement à l'argument qui consiste à dire : Vous oubliez que le Sénat a été, au cours de ces crises, le rempart de la République, et que c'est contre lui que se sont brisés les flots d'une démagogie affolée.

J'ai tenté de démontrer hier qu'il n'y avait là qu'une simple légende. Le Sénat n'a jamais sauvé la République. Il aurait été tout à fait incapable de le faire, en tout cas, il ne l'a jamais essayé. Contre le boulangisme, il a été absolument inerte et passif. Il a plu au rapporteur de la Commission de qualifier l'antiboulangisme inexistant du Sénat de « force morale », mais cette force morale ne s'est manifestée par rien du tout.

Jamais, dans l'enceinte du Sénat, n'a été pris une initiative, accompli un acte qui pût enrayer le mouvement boulangiste ; pendant que ce mouvement se développait, pendant qu'à la Chambre de grandes discussions s'ouvraient et que des lois de défense, la loi rétablissant le scrutin nominal et la loi sur les candidatures multiples étaient votées, le Sénat se contentait de regarder passer le flot boulangiste avec le regard de ces bons ruminants... (*Exclamations et rires.*)

M. COUYBA. — Je ne rumine pas encore ! (*Nouveaux rires.*)

M. LUCIEN VICTOR-MEUNIER. — Pas davantage vous ne pouvez dire que, pendant l'affaire Dreyfus, le Sénat ait défendu la République. Le Sénat s'associa, alors, à toutes les mesures que la peur, que la lâcheté ont dicté à la Chambre, c'est incontestable. On me disait hier que Scheurer-Kestner a été écouté au Sénat tandis qu'à la Chambre il aurait été hué. Est-ce bien sûr ? Lors de la discussion de l'infâme loi de dessaisissement, Renault-Morlière a été écouté à la Chambre comme Waldeck-Rousseau au Sénat.

Rétablissons la vérité des faits : Pendant le boulangisme, le Sénat a été le témoin inerte, et, pendant le nationalisme, il a été le complice de tout ce qui s'est fait contre la justice et la vérité. Si on me dit qu'il a fonctionné correctement comme haute Cour de justice, je ferai observer qu'il ne s'agit pas de cela et que nous parlons, au Sénat, en assemblée politique. Quand il a fonctionné comme haute Cour, c'était quand tout était fini, quand Boulanger s'était suicidé en s'expatriant ou bien quand la conspiration nationaliste avait échoué. Au surplus, je n'aime pas les assemblées politiques se transformant en tribunaux pour juger des vaincus, et je dis que le rôle qu'a rempli alors le Sénat aurait été tout aussi bien rempli par la Cour de cassation.

Je termine, citoyens, je déclare simplement qu'on ne peut pas trouver, à mon avis, un argument sérieux, de fait, pour légitimer le maintien indéfini de la Constitution de 1875, et j'ajoute que si nous nous en référons aux principes républicains, nous devons considérer la modification de cette Constitution comme le plus impérieux de nos devoirs.

Je rappelle que le Parti radical a toujours inscrit la révision de la Constitution en tête de ses programmes ; autrefois, il demandait nettement la suppression du Sénat, c'est-à-dire le retour au seul système républicain de l'assemblée unique et souveraine.

Maintenant, il prévoit simplement, aux termes de son programme, la révision de la Constitution dans le sens le plus démocratique et républicain. Cette formule est rétrograde.

Il faut dire exactement ce que l'on veut. Nous sommes, nous autres, des révisionnistes parce que nous considérons que le suffrage universel doit être souverain en France (*Applaudissements.*), parce que nous estimons qu'on n'a pas le droit d'élever au-dessus de lui un pouvoir arbitraire qu'il s'appelle Chambre haute ou président de la République.

On m'a dit hier : « Vous vous égarez là dans des considérations spéculatives, nous pensons à autre chose, aux luttes présentes, et tout cela, ce sont des discussions théoriques. » Je crois être dans le vrai.

Il est bien certain que cette impatience et que cette lassitude du pays qui créent de toutes pièces la crise actuelle, ont une cause, et que cette cause est dans l'absence de résultats des travaux législatifs. Il est bien certain que la Chambre élue en 1906 n'a pas répondu aux espérances de la démocratie. Quant à la Chambre de 1910, si vous voulez, n'en parlons pas, cela vaudra mieux pour elle. (*Applaudissements.*) Il y a là des faits graves qui doivent vous ouvrir les yeux. Volontiers, dans nos discours, nous disons : « Réalisons des réformes démocratiques, sociales, fiscales. » Oui, mais quand j'entendais hier notre vénéré président, en parlant de la réforme électorale, faire allusion aux lois qui doivent assurer la liberté du vote, je pensais qu'il y a dix ans qu'elles font la navette entre la Chambre et le Sénat et qu'on n'a pas pu encore arriver à voter cette chose si simple qu'est la cabine d'isolement. (*Applaudissements.*)

Vous parlez de réformes fiscales : il y a 36 ans que le premier projet d'impôt sur le revenu a été pendant devant le Parlement, et nous sommes aussi avancés que nous l'étions à cette époque même. (*Applaudissements.*)

Est-ce que, dans tous les ordres d'idées, le Parlement n'a pas échoué ? Est-ce que l'affaire Dreyfus, à laquelle j'ai fait allusion, n'a pas étalé au grand jour les vices de la justice militaire ? Est-ce qu'il n'a pas paru à ce moment-là qu'une des premières réformes à faire, c'était la suppression du code militaire et des conseils de guerre ? (*Vifs applaudissements.*) Eh bien ! l'affaire Rousset, cette scandaleuse affaire Rousset, heureusement terminée, nous a montré que rien n'a été fait et que la justice militaire continue de frapper des innocents comme il y a quinze ans. (*Applaudissements.*)

Je dis donc, citoyens, qu'il ne faut pas se payer de mots. Pour pouvoir dire : « Nous voulons faire des réformes pratiques, » il faut avoir le moyen de les faire. Avez-vous un bon outil de travail ? Croyez-vous que vous puissiez labourer sans charrue ? Je ne le crois pas. Je crois que, pendant un certain temps, la Constitution de 1875 a pu servir fort imparfaitement les besoins de la démocratie, mais ce temps est passé et je comparerais notre République à un cheval attaché à un piquet dans un pré et qui, ayant tondu toute l'herbe à portée de sa langue, ne peut pas aller plus loin. Ce que je vous demande, c'est de briser la corde, c'est d'arracher le piquet — la Constitution de 1875 — et d'ouvrir devant vous des horizons plus vastes de façon à pouvoir répondre aux vœux de la démocratie qui demande des progrès et des réformes.

Ma conviction est que nous ne pouvons pas les faire avec le mauvais outil de travail que nous avens.

A ceux qui me reprochent de m'égarer dans des théories spéculatives, je rappellerai les insurgés de 1795 qui, au moment où la France, épuisée par le grand effort révolutionnaire, se laissait gagner par la gangrène réactionnaire, ont compris, eux, privés de pain, que c'était dans l'organisation de la République qu'était le salut. Ils sont descendus sur la Convention en agitant leurs haillons, en brandissant leurs misères, et en criant : « Du pain et la Constitution de 1793 ! » La situation actuelle a beaucoup d'analogie avec celle de cette époque. Notre République est affamée de progrès et de réformes, elle est en train de périr d'inanition et d'anémie. Je reprends le cri de nos ancêtres : « Du pain et une Constitution républicaine ! » (Vifs applaudissements.)

Discours de M. Charpentier.

M. ARMAND CHARPENTIER. — La Commission m'a confié le très grand honneur de défendre le rapport que j'avais présenté au Comité Exécutif et de combattre les conclusions du vœu de mon excellent confrère et ami Lucien Victor-Méunier.

M. Meunier vous demande la révision de la Constitution, la suppression de la présidence de la République, — il n'en a pas parlé ce matin, mais c'est sa pensée, — la suppression du Conseil d'Etat et enfin la suppression du Sénat. Je répondrai seulement à la question précise qu'il a traitée devant vous, c'est-à-dire celle qui a trait uniquement à la suppression du Sénat, dont moi je demande le maintien.

Lucien Victor-Meunier a traité deux points dans sa démonstration : la question de principe et la question de fait ; je vais le suivre sur ces deux terrains.

Au point de vue du principe même, M. Lucien Victor-Meunier conteste au Sénat une existence légale. Il vous dit : « L'assemblée qui vota la Constitution de 1875 n'avait pas le droit d'instituer une Chambre élue au deuxième degré ; ce faisant, elle a commis un attentat contre le suffrage universel. » A cela, j'ai répondu hier : « Ce que vous appelez un attentat contre le suffrage universel a été ratifié par lui depuis près de trente ans. Si jadis le Parti radical a demandé la suppression du Sénat, depuis quelques années il ne la demande plus. Le Parti socialiste lui-même la réclame avec une ardeur qui s'éteint. Par conséquent, vous admettrez bien avec moi que le suffrage universel peut être considéré comme ayant ratifié l'institution du Sénat. Il me paraît donc excessif de comparer le vote de la Constitution de 1875 à l'attentat commis par ce bandit qui s'appelait Bonaparte.

J'arrive aux arguments de fait. Tout comme vous je sais très bien, mon cher Meunier, que notre Parti avait inscrit dans son programme la suppression du Sénat, il y a de cela vingt-cinq ans. Pour ma part, je ne l'ai jamais demandée, mais je comprends très bien qu'on l'ait demandée jadis, à une époque où le Sénat était une assemblée nettement réactionnaire. Notre Parti, qui était alors un Parti d'opposition, ne prévoyait pas qu'un avenir prochain pouvait changer les situations. Est-ce que vous pouvez véritablement comparer le Sénat d'aujourd'hui au Sénat d'il y a vingt-cinq ans ?... Est-ce que l'assemblée qui a voté, en l'espace de dix ans, la grande loi de séparation des Eglises et de l'Etat et les retraites ouvrières, l'œuvre laïque d'un côté, l'œuvre sociale de l'autre, mérite d'être traitée d'assemblée de ruminants, comme vous l'avez fait tout à l'heure ?

Si ces hommes ruminent, ils ruminent la pensée de la démocratie, pour ne la laisser passer qu'épurée et fortifiée. (*Applaudissements.*)

Puis, aggravant encore vos accusations, vous n'avez pas craint d'affirmer que, non seulement le Sénat n'avait jamais défendu la République, mais qu'il avait toujours été un obstacle aux réformes réclamées par la démocratie.

Là encore, je ne suis point de votre avis. Comment, le Sénat n'a pas défendu la République au moment du Boulangisme ? Nous étions déjà, à cette époque, dans la bataille, et nous nous trouvions du même côté de la barricade. Demandez-vous si Rouvier aurait pu former son ministère, en 1888, ce ministère dont il avait exclu Boulanger, — lequel jouissait alors d'une formidable popularité dans laquelle, je le reconnais, il entrait une part d'éléments démocratiques, — s'il n'avait pas compté sur l'appui moral du Sénat et si Jules Ferry n'avait fait entendre une parole d'alarme ? Non, ni Rouvier, ni Ferry, n'auraient pu combattre le boulangisme, s'ils n'avaient su qu'ils avaient derrière eux le Sénat. Il est vrai qu'hier, mais vous avez oublié ce matin de le dire, vous avez raillé le Sénat en tant que force matérielle.

Si la réaction ou la révolution voulait mettre la main sur la Constitution, songerait-on, diriez-vous, qu'il y a quelque part des sénateurs ? Le Sénat n'est composé que de vieillards incapables de la moindre résistance. Telle est bien, n'est-ce pas, votre pensée ?

M. LUCIEN VICTOR-MEUNIER. — J'ai dit qu'une force morale, cela ne représente rien.

M. ARMAND CHARPENTIER. — Je vous ai répondu : « Mais il n'y a pas que la force matérielle qui compte ; il y a aussi la force morale... »

M. LUCIEN VICTOR-MEUNIER. — Je n'ai parlé que d'elle.

M. ARMAND CHARPENTIER. — ... et cette force, de plus en plus, doit compter dans une démocratie. Je vais vous rappeler ce qu'a fait cette force morale. Lorsque la Chambre, lorsque le Sénat lui-même fléchissaient devant le Boulangisme ou le Nationalisme, il se manifesta, dans la nation, une force morale qui s'incarna tour à tour dans de petites collectivités et dans des individualités ; et c'est elle qui a triomphé et sauvé la République. Est-ce que vous croyez que ces deux vieillards magnifiques, qui s'appelaient Manau et Lœw, représentaient une grande force matérielle ?

M. LUCIEN VICTOR-MEUNIER *proteste de son banc.*

M. ARMAND CHARPENTIER. — Non, n'est-ce pas ?... Mais ces hommes représentaient et incarnaient en eux la plus haute justice de France ; lorsqu'ils suivirent les obsèques de Félix Faure, il émana de ces hommes, qui n'étaient que des vieillards débiles, une force de sérénité qui impressionna la foule, malgré les clameurs de quelques fanatiques. N'est-ce pas un bel exemple d'une force morale collective ?

Il en est de même de la force morale des individus, c'est elle qui a conduit le monde. Lorsque

Jésus, ce divin libertaire, renversa les idoles du Paganisme, lorsqu'il prononça les premières paroles de bonté et de justice, ce grand enfant ne représentait-il pas la force morale la plus haute et la plus puissante qui ait encore rayonné sur le monde ? Il en émana une telle lumière que depuis deux mille ans elle brille, et nul n'a pu l'éteindre. Est-ce que vous croyez qu'au soir du 12 janvier 1898, lorsque notre grand maître et ami Zola écrivit son immortel : « J'accuse !... » il représentait une force matérielle ? Il y avait à ce moment, de chaque côté de sa rue, des escouades de sergents de ville pour le défendre contre la populace en colère. Non, il ne représentait pas une force matérielle, il représentait une force d'idéal. C'est lui qui, malgré le Parlement, malgré l'opinion publique trompée, malgré cette force abominable de la presse immonde, c'est lui qui, à ce moment-là, a brisé tous les obstacles qui se dressaient devant la justice, qui a déchaîné cette magnifique révolution morale et intellectuelle dont sont sortis les ministères Walderk-Rousseau et Combes et dix années de réformes laïques et sociales. (*Vifs applaudissements.*)

Eh bien ! citoyens, je ne souhaite qu'une chose, c'est que nos parlementaires d'aujourd'hui, nos ministres d'aujourd'hui et de demain aient autant de force morale que les hommes dont je viens de parler ; s'ils en avaient seulement la millième partie, ils trouveraient le moyen, ces ministres d'un jour, de faire sortir de terre la statue de Zola et ils ne nous infligeraient pas, comme ils vont le faire, la fête de Jeanne d'Arc, qui ne sera la fête ni de la République, ni du patriotisme, mais bien la fête de la réaction et du cléricalisme. (*Vifs applaudissements.*)

Je termine et je vous dis ceci : On vous demande la suppression du Sénat, on vous demande cette suppression au nom du passé en quelque sorte. Eh bien ! vous n'avez pas le droit de vous laisser enchaîner par le passé, pas plus que vous ne pouvez enchaîner l'avenir. Nous sommes un Parti d'éternelle évolution, c'est ce qui nous distingue des extrêmes ; nous ne sommes ni un Parti de réaction, ni un parti de révolution, nous marchons avec notre siècle et ce n'est pas une raison parce que nos aïeux demandaient — et ils avaient raison à ce moment-là — la suppression du Sénat pour qu'à l'heure actuelle nous la demandions aussi. Nous demandons son maintien d'autant plus qu'à l'heure actuelle, quand la réforme électorale va se faire, à quelque camp que nous appartenions, que nous soyons partisans du scrutin de liste pur et simple ou proportionnalistes, il y a un point sur lequel nous sommes d'accord : Nous aimons trop la République pour l'exposer à une double aventure, nous, qui l'avons reçue des mains de ceux qui l'ont faite péniblement, et moi, qui suis partisan de la R. P., je suis également partisan du maintien du Sénat parce que je dis qu'une assemblée unique ne présente pas les garanties de deux assemblées. Je sais bien que vous voulez faire un renouvellement partiel par tiers tous les deux ans. Evidemment, en renouvelant l'assemblée par tiers, nous aurions plus de garanties, mais nous ne pouvons pas faire cette assemblée unique à l'heure où on va faire la réforme électorale.

Et je termine par cette simple image : Il est bon qu'il y ait, dans la confection de l'œuvre démocratique, des ouvriers différents ; il est bon, pour mettre au point ce bloc de pensée sociale qu'est la République, que trois espèces d'artisans y collaborent : d'abord, les apprentis, qui ne sont chargés que de dégrossir le bloc ; ensuite, les compagnons viennent au deuxième degré pour finir avec plus de soin le dégrossissement de la pierre brute ; enfin, il est bon que les maîtres — et ce sont les sénateurs — restent pour donner le dernier coup de ciseau, mettre de la lumière dans les yeux et de la vie sur les lèvres. (*Vifs applaudissements.*)

LE PRÉSIDENT. — Nous avons à entendre le deuxième rapport de M. J.-L. Bonnet, mais M. J.-L. Bonnet est empêché, par une extinction de voix, de lire son rapport, c'est M. Alfred Dominique qui le lira à sa place.

LA NOMINATION DES SÉNATEURS

Rapport de M. J.-L. Bonnet.

M. ALFRED DOMINIQUE *lit le rapport suivant présenté par M. J.-L. Bonnet :*
Votre Commission de la révision de la Consti-

tution a désigné deux rapporteurs pour l'examen des propositions concernant la révision de la Constitution.

Elle a chargé M. Armand Charpentier de combattre la proposition de M. Lucien Victor-Meunier, qui demande le remplacement du Sénat et de la Chambre « par une assemblée unique, souveraine, élue pour six années au scrutin de liste, par régions, renouvelable par tiers tous les deux ans et composée de cinq cents représentants au maximum », et mon excellent ami, M. Charpentier, a rempli brillamment sa tâche.

Elle m'a donné mandat de vous soumettre deux projets de résolution sur l'élection des sénateurs et sur la révision de la Constitution.

Il faut ici distinguer deux ordres d'idées très différentes : le système électoral du Sénat et la révision de la Constitution. J'ai souvent remarqué que des citoyens croyaient réviser la Constitution en demandant un changement du mode de nomination du Sénat. Dissipons cette erreur pour éviter toute confusion dans ce débat.

Les articles 1 à 7 de la loi constitutionnelle du 24 février 1875 ont réglé la composition et le mode de nomination du Sénat. Le Sénat et la Chambre, réunis en assemblée nationale en août 1884, ont décidé (art. 3 de la loi des 13-14 août 1884) que les articles 1 à 7 de la loi du 24 février 1875 n'auraient plus le caractère de loi constitutionnelle et pourraient être désormais réformés et modifiés dans la forme législative ordinaire. En un mot, l'assemblée nationale d'août 1884 a déconstitutionnalisé le système électoral du Sénat ; en conséquence, une loi organique a été rendue le 9 décembre 1884 pour modifier ce système.

On peut donc changer le mode actuel de nomination des sénateurs sans se heurter aux difficultés d'une révision de la Constitution ; il suffit d'obtenir une loi organique, votée comme les lois ordinaires par le Sénat et la Chambre, délibérant séparément. Sur ce point, nous nous sommes mis d'accord et nous avons surmonté un des principaux obstacles ; nous avons déjà réuni l'assentiment de la Chambre et de notre Parti.

Le 17 novembre 1896, sur le rapport de notre ami, M. Trouillot, aujourd'hui sénateur du Jura, la Chambre a voté, par 291 voix contre 234, une proposition de loi qui fait nommer les sénateurs par des délégués élus par le suffrage universel. Tous les députés radicaux et radicaux-socialistes ont voté cette loi. (*Très bien.*)

Le 11 octobre 1907, notre Congrès de Nancy a adopté à l'unanimité le rapport de M. Debierre sur le programme du Parti proposant la nomination du Sénat « par un collège à deux degrés, dont les électeurs du deuxième degré seront élus par le suffrage universel ». C'était l'approbation complète de la loi Trouillot.

Le 10 octobre 1908, notre Congrès de Dijon a entendu un magistral rapport de M. Herriot, qui a proposé, au nom de la Commission des affaires électorales, que la loi Trouillot soit enfin discutée et votée par le Sénat. Notre distingué ami Herriot s'étonnait à juste titre que cette loi, si importante, fût allée s'enterrer dans les cartons du Sénat, et disait avec humour : « Votre Commission estime qu'il est urgent que cette affaire soit rappelée au Sénat par des sénateurs radicaux et radicaux-socialistes, et plus spécialement par M. Trouillot, qui a maintenant toute qualité pour défendre devant la Haute Assemblée une réforme au sort de laquelle il s'est intéressé déjà à la Chambre. » (*Applaudissements.*)

M. Herriot ajoutait : « Nous souhaiterions, sans oser l'espérer, que la loi puisse être appliquée en janvier 1909 » et il concluait éloquemment : « Si nous réclamons pour le Sénat l'élection à deux degrés par l'intermédiaire du suffrage universel élisant les délégués sénatoriaux, nous aurons rapproché les mœurs électorales actuelles de ce qui est la doctrine du parti républicain, qui met à la base de toutes les institutions le suffrage universel. » (*Applaudissements répétés.*)

A l'unanimité, le Congrès adopte le rapport de M. Herriot et le président de la séance adresse les félicitations unanimes de l'assemblée à l'éloquent orateur qui a traduit si fidèlement les sentiments et les revendications de notre Parti.

A l'unanimité également, le 8 octobre 1909, le Congrès de Nantes vote, suivant les conclusions de M. Schmidt, rapporteur, la proposition adoptée à l'unanimité par le Congrès radical et radical-socialiste de la région du Sud-Est, qui s'était tenu en juillet à Lyon : « Que les délégués sénatoriaux scient élus directement par le suffrage universel, en nombre proportionnel, dans chaque commune, au nombre d'électeurs. »

Je me suis demandé, et vous vous demanderez comme moi, comment il se fait que toutes ces décisions de nos Congrès n'aient pas été suivies d'effet et que cette infortunée loi Trouillot dont le Congrès de Dijon (1908) a réclamé l'application au renouvellement sénatorial de janvier 1909 continue à rester enterrée au Luxembourg. J'ai fait des recherches qui ne manquent pas d'intérêt et m'amènent à vous conter un épisode étrange et inconnu de notre histoire parlementaire. (*Applaudissements.*)

L'enfantement de la loi Trouillot est plus ancien même que vous ne pouvez le supposer. C'est le 16 mars 1894 que deux propositions de loi, reprenant des propositions antérieures, sont déposées à la Chambre : l'une par M. Maurice Faure, tendant à la nomination des sénateurs par le suffrage universel direct, l'autre par MM. Guillemet et Braud, tendant à faire nommer les délégués sénatoriaux par le suffrage universel. Nos amis demandent à la Chambre de prononcer l'urgence. L'urgence est déclarée ; il y a dix-huit ans de cela ! (*Rires.*)

Une Commission est nommée, qui choisit M. Trouillot comme rapporteur. M. Trouillot dépose le 30 mai 1896 son rapport, qui propose la nomination des sénateurs par un collège composé :

1º Des députés ;

2º Des conseillers généraux ;

3º Des conseillers d'arrondissement ;

4º Des délégués des communes, élus parmi les électeurs de la commune à raison de 1 délégué par 150 électeurs ou fraction de 150.

La discussion s'engage à la Chambre le 16 novembre 1896. Au début de la séance, M. Maurice Faure retire sa proposition et se rallie à celle de la Commission. MM. Trouillot et Guillemet la soutiennent énergiquement et insistent pour que la loi soit adoptée immédiatement, afin que le Sénat la vote d'urgence et qu'elle soit appliquée dans un mois et demi au renouvellement sénatorial du 3 janvier 1897. Le Gouvernement — c'était le ministère Méline — ne combat pas le principe de la proposition et se borne à objecter qu'il sera très difficile et même impossible d'en faire application au renouvellement de 1897.

Le débat se poursuit le lendemain 17 novembre et, par 291 voix contre 234, la Chambre vote l'ensemble de la loi. Même des députés républicains comme MM. Sibille Roch, Modeste Leroy, Adrien Bastid, Edmond Caze, Siegfried, Eliez-Evrard, Sirot-Mallez ont voté la loi. Tous les députés radicaux et radicaux-socialistes ont voté pour : MM. Sarrien, Viger, Bérard, Dujardin-Beaumetz, comme MM. Léon Bourgeois, Dron, Beauquier, Pelletan et nos regrettés amis René Goblet et Berteaux.

La plupart des socialistes ont également voté pour. Je citerai notamment : MM. Basly, Coutant, Guesde, Jaurès, Lamendin, Millerand, Sembat, Viviani, Vaillant.

Nos amis avaient un si grand désir d'opérer la réforme et de la rendre immédiatement applicable qu'ils font ajouter à la loi cet article :

« *Disposition transitoire.* — L'élection des délégués, en vue des élections sénatoriales de janvier 1897, aura lieu le 6 décembre 1896 et les élections des sénateurs le 10 janvier 1897. »

La Chambre l'adopte.

Et comme on pouvait redouter que M. Méline, président du Conseil, ne mît pas une extrême bonne volonté à faire voter d'urgence la loi par la haute assemblée, les députés radicaux et radicaux-socialistes font aussitôt déposer par M. Jourdan, député radical-socialiste du Var, cette demande d'interpellation : « Je demande à interpeller le Gouvernement sur l'attitude qu'il compte prendre devant le Sénat à l'occasion de la réforme de l'élection sénatoriale. »

La discussion immédiate est ordonnée. Les orateurs de gauche, MM. Jourdan, Millerand, pressent M. Méline, lui disent : « La Chambre a voté la loi aujourd'hui même. Pourquoi ? Précisément pour qu'elle puisse être appliquée dans cinquante jours, au renouvellement sénatorial de janvier » et ils somment le président du Conseil « d'aller demander au Sénat de mettre à son ordre du jour le plus prochain l'examen et le vote de cette loi ».

M. Méline répond qu'il ne peut céder à cette injonction et « qu'il faut éviter d'employer vis-à-vis de l'autre Chambre des procédés blessants qui iraient contre le but », et il réclame l'ordre du jour pur et simple et pose la question de confiance.

L'ordre du jour pur et simple est adopté par

295 voix contre 235 ; un certain nombre de républicains modérés, qui avaient voté la loi, votent cet ordre du jour.

Le lendemain, 18 novembre, le président de la Chambre envoie la proposition de loi au président du Sénat, qui en saisit la Haute Assemblée, le 19 novembre, et lui demande :

« LE PRÉSIDENT. — La Chambre des députés ayant déclaré l'urgence, le Sénat, aux termes de l'article 127 du règlement, doit être consulté sur l'urgence. »

M. Destieux-Junca appuie l'urgence et dit notamment : « Je ne crois pas que le Sénat veuille enterrer cette question par un artifice de procédure parlementaire ; je crois qu'il est, au contraire, pénétré de cette idée qu'il faut la discuter au grand jour et ne pas s'y dérober. »

M. Demole combat l'urgence par un argument qui touche au sublime... de l'hypocrisie. « Ne prononçons pas l'urgence, déclare-t-il, *par déférence pour la Chambre*, qui a voté la proposition de la loi », et il ajoute avec componction : « Et afin d'appliquer en cette matière toutes les garanties édictées par le règlement. »

L'urgence est repoussée par 206 voix contre 28.

Notre éminent président, M. Emile Combes, a voté l'urgence, ainsi que MM. Ranc, Barodet, Desmons, Delpech, Peytral, Dellestable, Alexandre Lefèvre, Gauthier, etc.

La proposition de loi est renvoyée à l'examen d'une Commission qui est nommée, cinq jours après, le 24 novembre.

Nous entrons dans une nouvelle phase qui se déroule dans des conditions invraisemblables. Vous allez en juger.

Pour aboutir, devons-nous faire comme aux Congrès de Dijon et de Nantes et nous borner à émettre un vœu en faveur de la proposition de loi ? Ce serait tout à fait insuffisant, et je vais vous en fournir une raison décisive.

Pour qu'une proposition de loi soit mise à l'ordre du jour du Sénat ou de la Chambre, il faut qu'elle ait été l'objet d'un rapport d'une Commission et que cette Commission en réclame la discussion. « Mais, me dira-t-on, la Commission du Sénat a été nommée le 24 novembre 1896, il y a seize ans, et nous n'avons qu'à l'inviter à faire discuter son rapport par la haute assemblée. C'est très simple. »

C'est beaucoup moins simple que vous pouvez vous l'imaginer. C'est qu'ici s'est produit un fait extraordinaire qui est, je crois, sans précédent dans nos annales parlementaires. (*Sensation.*)

J'ai voulu connaître la composition et le rapport de la Commission. Je me suis d'abord reporté au *Journal officiel* du 25 novembre 1896, qui publie les noms des commissaires désignés la veille par les bureaux du Sénat. J'ai consulté ensuite un ouvrage classique, l'*Annuaire du Parlement*, gros volume de 900 pages qui paraît chaque année. Je lis au chapitre : Commissions spéciales du Sénat en fonction » :

« Commission pour l'élection des sénateurs, nommée le 24 novembre 1896 : Roger, Guyot, Trarieux, Durand-Savoyat, secrétaire ; Marcère, président ; Gadaud, Edouard Millaud, Cazabianca, Duchesne-Fournet. »

Voilà donc la Commission compétente et l'un de vous pourrait faire cette observation : « Que la Commission fasse donc mettre son rapport à l'ordre du jour du Sénat et la question sera tranchée. »

Il y a deux bonnes raisons pour que ce rapport ne soit pas discuté au Sénat : la première, c'est que la Commission n'a pas déposé de rapport, ni même désigné de rapporteur ; elle s'est réunie une première fois, dix minutes, le 26 novembre 1896, pour nommer son président et son secrétaire, et une deuxième fois, cinq minutes, le 5 décembre 1896, où elle a pris la forte résolution d'ajourner ses travaux et de désigner un rapporteur quand elle aurait terminé son examen ; elle ne l'a jamais commencé, elle n'a pas tenu d'autre séance. La seconde raison de son silence est qu'il lui serait plus que difficile de se réunir et d'élaborer un rapport. Elle se composait de neuf membres : un n'a pas été réélu, sept sont morts, un seul subsiste. (*Rires prolongés.*)

M. Gadaud est mort le 29 octobre 1897.

M. Roger a donné sa démission de sénateur le 6 juillet 1901.

M. Casabianca n'a pas été réélu au renouvellement de 1903.

M. Durand-Savoyat, secrétaire, est mort le 17 mai 1903.

M. Trarieux est mort le 12 mars 1905.

M. Guyot est mort le 14 mars 1906.

M. Duchesne-Fournet est mort le 30 novembre 1906.

M. Millaud est mort le 16 mai 1912.

Des neuf membres de la Commission, il n'en reste qu'un, son président, M. de Marcère, qui est entré dans sa quatre-vingt-cinquième année. Vous comprenez aujourd'hui pourquoi les motions du Congrès de Dijon, en 1908, et du Congrès de Nantes, en 1909, ne pouvaient être entendues d'une Commission d'outre-tombe. (*Rires et applaudissements.*)

Un dernier détail pour vous permettre d'apprécier cette invraisemblable affaire.

Le Sénat remplace dans les Commissions les sénateurs qui meurent ou ne sont pas réélus ou sont nommés ministres. L'*Officiel* publie ces changements. L'*Annuaire* annuel du Parlement les mentionne sous la rubrique : « Modifications survenues en 1900-1900. » La Commission qui est chargée d'examiner la loi Trouillot votée par la Chambre figure fictivement avec la dénomination de « Commission pour l'élection des sénateurs », alors qu'un seul de ses neuf membres survit. Jamais le Sénat n'a élu de nouveaux commissaires en remplacement des huit disparus. Cette dérogation à la règle habituelle dispense de commentaires. (*Applaudissements.*)

Citoyens, déclarons-le hautement, ces faits sont extrêmement affligeants. Il est très regrettable que le Sénat ait traité avec un pareil sans-gêne une proposition de loi aussi importante et votée à une forte majorité par la Chambre. C'est précisément parce que cette loi l'intéressait directement et changeait son mode de nomination que la haute assemblée aurait dû s'empresser de l'examiner ; elle échapperait ainsi aux reproches de ceux qui veulent la supprimer et elle rendrait plus facile la tâche des républicains qui croient son existence indispensable à la bonne marche de la République. (*Très bien !*)

Pour que ce scandale cesse, et afin d'obtenir la réalisation d'une réforme inscrite à l'unanimité au programme du Parti par le Congrès de Nancy en 1907 et réclamée à l'unanimité par le Congrès de Dijon en 1908 et par le Congrès de Nantes en 1909, votre Commission vous propose de voter l'ordre du jour suivant :

Le Congrès radical et radical-socialiste de Nîmes :
Considérant que la Chambre des députés a adopté, le 17 novembre 1896, par 291 voix contre 234, sur le rapport de M. Trouillot, après déclaration d'urgence, une proposition de loi relative à l'élection des sénateurs et tendant à faire nommer les délégués sénatoriaux par le suffrage universel ;
Que tous les députés radicaux et radicaux-socialistes ont voté cette proposition de loi ;
Que le congrès de Nancy (1907) en a inscrit le principe au Programme du Parti ;
Que le Congrès de Nancy (1907) en a réclamé, à l'unanimité, la prompte ratification par le Sénat et que le congrès de Nantes (1909) lui a donné, à l'unanimité, son approbation ;
Que le 24 novembre 1896, le Sénat a nommé une commission de sept membres pour l'examen de cette proposition de loi et que cette commission n'a pas déposé de rapport, ni même désigné de rapporteur ;
Emet le vœu que le Sénat discute enfin cette proposition de loi et charge le bureau du Comité exécutif d'en faire demander à bref délai la mise à l'ordre du jour par les sénateurs adhérents au Parti. *(Applaudissements.)*

LE PRÉSIDENT. — Personne ne demande la parole ? Je mets aux voix l'ordre du jour de la Commission. *(Adopté à l'unanimité.)*

LE PRÉSIDENT. — Vous êtes saisi d'une motion d'ajournement de la question de la révision de la Constitution, je vais la mettre aux voix. Mais, auparavant, je donne la parole à notre collègue Beauquier, qui est inscrit, pour présenter certaines observations.

Discours de M. C. Beauquier.

M. C. BEAUQUIER. — Je ne voudrais pas insister sur la motion d'ajournement de la question de la révision de la Constitution, mais, si vous votez l'ajournement, je n'aurais plus rien à dire. Je vous demande de présenter quelques observations visant certains points de la révision de la Constitution.
Quelques mois après mon arrivée à la Chambre en 1880, il était question d'une révision de la Constitution et, avec Barodet et quelques députés, je l'ai proposée. Vous vous rappelez que la révision de la

Constitution figurait autrefois dans le programme
de tous les républicains. Après cette constitution
monarchique de 1875, un tolle général général s'était
élevé pour en demander à brève échéance la révision afin de la rendre plus démocratique.

Depuis lors, rien n'a été fait. On vous a commu-
niqué tout à l'heure des statistiques sur les différentes propositions de suppression du Sénat et on
vous a fait un exposé de la situation. Eh bien ! j'ai
été partisan, avec tous les républicains de l'époque,
de la suppression du Sénat. Le Sénat, à ce moment-
là, était un empêcheur de danser en rond ; on ne
pouvait, en raison de l'obstruction du Sénat, espérer réaliser une seule réforme. Depuis, la situation
a changé et moi, qui étais partisan de la suppression
du Sénat, je m'en désintéresse à peu près aujour-
d'hui parce que le Sénat est devenu républicain.
Les opinions peuvent varier en même temps que les
circonstances changent. Ainsi, pour la question qui
nous a occupé hier, la question de la réforme électorale, j'ai été partisan de cette réforme avec les
républicains, j'en étais parce qu'alors nous étions
minorité, mais maintenant que nous sommes majorité, nous serions des niais de l'approuver. (*Rires,
applaudissements, exclamations.*) Il en est de même
pour le Sénat. Je ne demande plus sa suppression,
je demande qu'on change le mode d'élection des
délégués. Du moment que le Sénat sera nommé
par le suffrage universel, — je crois qu'on y arri-
vera, — il faudra bien évidemment, pour le distinguer de la Chambre, lui conférer quelques attributions nouvelles ; il conviendrait que les sénateurs
fussent choisis parmi certaines catégories d'éli-
gibles.

D'autre part, le moment approche où on va procéder à l'élection du président de la République ;
il me semble qu'un Congrès comme le vôtre devrait
aborder cette question. On devrait se préoccuper
de savoir pourquoi on conserve au président de la
République les prérogatives monarchiques dont il
est investi : droit de dissolution des Chambres, droit
de déclaration de guerre, droit de signer des traités,
de nommer des ministres, etc. Un journal, je crois
que c'est *le France*, a ouvert une enquête à ce
sujet et a demandé à un certain nombre de républicains de notre Parti ce qu'ils pensaient des prérogatives du président de la République. J'en suis

resté à l'avis du président Grévy en 1848 : il ne faudrait pas de président de la République ; il faudrait que cette fonction soit supprimée car elle constitue un danger permanent pour l'existence de la République. Jusqu'ici nous avons eu affaire à des gens honnêtes, mais supposez qu'un aventurier quelconque, comme Boulanger, par exemple, parvienne à cette haute situation, croyez-vous que les institutions républicaines ne courraient pas un grand danger ? Depuis 32 ans que je suis à la Chambre, je suis resté partisan de la suppression de la présidence de la République.

Il y a une autre question constitutionnelle très importante, c'est celle du choix des ministres en dehors du Parlement. Voilà une réforme qu'il serait nécessaire au premier chef de réaliser. Vous êtes témoins à chaque instant des compétitions qui se forment à la Chambre entre des anciens ministres et des aspirants aux portefeuilles. (*Quelques applaudissements.*) Les anciens ministres, maintenant, sont légion et, à l'heure qu'il est, ils forment un bataillon toujours dressé contre le gouvernement du jour pour tâcher de le renverser.

Un ancien ministre ne rêve plus que de reprendre son portefeuille.

Voyez avec notre Constitution l'empire que peut exercer un président de la République qui peut appeler certains députés à ces hautes fonctions. Et les ministres peuvent, pour rester au pouvoir, corrompre pour ainsi dire les députés en leur accordant toutes sortes de faveurs, lesquelles faveurs sont reversées sur les électeurs. (*Applaudissements.*) Le régime parlementaire ainsi organisé n'est, du haut en bas de l'échelle, qu'une espèce de corruption. Il est certain que si les ministres étaient pris en dehors du Parlement, s'ils n'étaient pas exposés, comme les ministres actuels, à être renversés par la fameuse pelure d'orange, je crois qu'il y aurait une beaucoup plus grande stabilité. Les ministres ne pourraient plus fausser, comme ils le font, les votes de la Chambre en jetant leurs portefeuilles dans la balance. Et la Chambre se déciderait sans préoccupation ministérielle.

C'est probablement ce qui va se passer au Sénat pour la réforme électorale. Il faut donc supprimer l'influence néfaste des ministres qui altèrent la sincérité des votes des députés. C'est pourquoi je suis

partisan de la révision de la Constitution en ce sens.
Aux Etats-Unis, les ministres sont choisis en dehors
du Parlement, et on s'en trouve parfaitement bien.
Il y aurait beaucoup d'autres points à examiner,
mais j'ai voulu simplement vous signaler les deux
réformes essentielles à réaliser, pour vous montrer
dans quelle nécessité nous sommes de réviser la
Constitution. On prétend que ce serait dangereux.
Pourquoi ? Est-ce que vous croyez qu'une Consti-
tuante rétablirait la monarchie ? Allons donc, ce
n'est pas raisonnable ; au contraire, j'affirme que
nous consoliderons la République par la révision
des articles que je vous ai signalés. (*Vifs applaudissements.*)

LE PRÉSIDENT. — Je vais vous demander de bien
vouloir statuer.

Votre Commission vous propose les conclusions
suivantes :

La Commission propose au Congrès : 1° D'émettre
le vœu que le Sénat soit maintenu ; 2° de voter
l'ajournement de la question de la révision de la
Constitution à une époque indéterminée.

Par voie d'amendement, notre collègue Meunier
reprend la proposition qu'il a soumise hier à votre
Commission, et que celle-ci a écarté. C'est le droit
de notre collègue de reprendre cette proposition
et d'appeler ainsi par voie d'amendement le Congrès
à se prononcer sur elle.

Le Congrès, considérant que la Constitution imposée à
la République par l'assemblée de Versailles est conservatrice, c'est-à-dire antirépublicaine ; que le système des
deux Chambres, véritable mise en tutelle du suffrage universel est cause des difficultés incessantes auxquelles se
heurte la volonté républicaine de réformes ainsi que des
crises qui ont menacé la République ; affirme sa fidélité
inébranlable et sa confiance dans le suffrage universel
éclairé et libre ; émet le vœu que la Constitution de 1875
soit revisée dans le sens le plus largement républicain
et démocratique, que le Sénat soit remplacé par une assemblée unique.

Tels sont les termes de l'amendement Meunier,
repoussé par la Commission. Je vais le mettre aux
voix: L'ordre du jour que je viens de vous lire comporte un considérant et un vœu. Je mets aux voix
la première partie du vœu Meunier : Émet le vœu

4

que la Constitution de 1875 soit révisée, etc. (*Adopté à une grande majorité.*)

LE PRÉSIDENT. — Je mets aux voix la deuxième partie du vœu :

« Et demande que le Sénat et la Chambre actuels soient remplacés par une assemblée unique. » (*Rejeté à une grosse majorité.*)

LE PRÉSIDENT. — Je donne la parole à M. J.-L. Bonnet pour rapporter une proposition de la Commission.

M. J.-L. BONNET, *rapporteur*. — Sur la question de la révision de la Constitution, deux propositions ont été faites à la Commission.

La première consiste à consulter les Comités et Fédérations et à présenter un rapport général au Congrès de 1913.

La seconde renvoie cette consultation et le débat sur le fond au Congrès de 1914.

A la majorité, la Commission du Congrès a voté la consultation des Comités et Fédérations et le renvoi en 1914. C'est au Congrès de se prononcer.

LE PRÉSIDENT. — Nous arrivons maintenant au vote des conclusions de la Commission qui, dans une certaine mesure, vont se confondre avec la première partie du vœu du citoyen Meunier. La Commission vous propose de dire d'abord que le Sénat soit maintenu et que la discussion de la révision de la Constitution soit ajournée. (*On demande la division.*)

La division est demandée, elle est de droit.

Je mets aux voix la première partie : « Que le Sénat soit maintenu. » (*Adopté à l'unanimité.*)

LE PRÉSIDENT. — Je mets aux voix la deuxième partie des conclusions de la majorité de la Commission. Personne ne demande la parole ? Les conclusions sont adoptées.

LE PRÉSIDENT. — M. Ch. Fabiani, notre collègue, vous demande un instant seulement la permission de vous présenter des observations relatives à une addition au rapport présenté à la séance d'avant-hier.

M. CH. FABIANI. — Dans le rapport que j'ai eu l'honneur de présenter au nom du bureau du Comité Exécutif, j'ai cité les brochures faites par nos amis, mais j'ai oublié de citer le travail très

ıntéressant fait par notre ami, Armand Charpentier.
Ce travail, vous le savez, résume d'une façon documentée et intéressante les douze Congrès de **notre**
Parti. Vous savez combien notre ami Charpentier
nous est dévoué ; son ouvrage est indispensable
aux militants et il est à leur disposition à la porte
du Congrès. (*Applaudissements.*)

Le Président. — Il va vous être donné connaissance des propositions de nomination des délégués
au Comité Exécutif.

M. Gavaudan donne lecture des propositions. (*Ces
propositions, sauf celles des départements du Lot-
et-Garonne et de la Charente, sont adoptées.*)

LE PROGRAMME AGRAIRE.

Le Président. — L'ordre du jour appelle la question du programme agraire du Parti. La parole est
au rapporteur, M. Leroux.

Rapport de M. Leroux.

M. Leroux, *rapporteur*,

Citoyens,

Plusieurs de nos collègues manifestent le désir
d'aborder tout de suite les questions d'enseignement. Je tiens à leur faire observer que ce débat
prendra un temps assez long. Il est préférable d'entamer immédiatement l'étude des questions agraires. Nous risquerions sans cela de les voir repousser à la fin du Congrès. Elles doivent cependant, par
leur importance même, ne pas être éloignées et
elles méritent de retenir l'attention de l'une des
séances les plus suivies de ce Congrès. (*Assentiments.*)

Les débats de la Commission des réformes agraires ont duré près de deux heures.

Il est une constatation qu'il m'a été agréable de
faire, le travail de la Commission s'est effectué dans
le plus grand calme, malgré la nombreuse assistance, et les militants des divers comités ont pu
exposer d'une façon complète au nom des membres

de ces divers comités les desiderata de chacun d'eux.

A la suite des discussions, de nombreux vœux ont été émis, votre commission a retenu ceux qui lui ont paru les plus importants, je vais du reste vous en donner communication et je demanderai à l'assemblée générale de bien vouloir les adopter soit en bloc, soit séparément.

Le citoyen Bassereau, délégué de Tours, a présenté deux vœux, l'un ayant pour but de dégrever la petite propriété rurale, et l'autre tendant à défendre les intérêts des mineurs lors de la liquidation des successions et des ventes immobilières.

Ces deux vœux, après discussion, ont été renvoyés aux commissions compétentes du Comité exécutif.

Au nom du Comité de Rennes, j'ai déposé un vœu en faveur des fermiers qui, ayant amélioré leurs terres, voient en fin de bail leur loyer augmenter en raison des améliorations apportées par eux ; ce vœu est ainsi conçu, nous vous proposons de l'adopter :

Attendu que la plus-value donnée au sol par le fermier sert de base à une plus-value de loyer que le propriétaire impose fréquemment à ce fermier en fin de bail ;

Attendu qu'il n'est pas admissible que le fermier se voit ainsi imposer des charges nouvelles, conséquences résultant de son travail et de son activité ;

Emettons le vœu qu'une évaluation de la plus-value donnée au sol par le fermier durant la période de son bail soit faite au moment du départ du fermier, et que ce dernier soit indemnisé en conséquence par le propriétaire.

Le citoyen Guy Chambaud de La Bruyère, conseiller Général des Bouches-du-Rhône, a déposé un vœu demandant que le projet Baudin, relatif aux grandes chutes d'eau, voté par la Chambre, soit discuté au Sénat, et parallèlement un autre vœu ayant trait au reboisement. Nous vous demandons de l'adopter.

(Adopté à l'unanimité.)

Le citoyen Weill demande qu'il soit mis fin à l'accaparement de la chasse de façon à permettre aux ouvriers des villes et des campagnes de se livrer à ce plaisir.

Il demande également que l'Etat intervienne con-

tre les trusts des produits chimiques et notamment
contre ceux des superphosphates minéraux dont le
prix d'achat monte chaque jour au grand détriment
de la culture française.

Le vœu ci-dessus fut adopté après une longue
et intéressante discussion à laquelle prirent part les
citoyens Forgeois, Tregnier et Leroux. Nous en
proposons l'adoption.
(Adopté à l'unanimité.)

Le citoyen Tregnier, délégué de la Creuse, a fait
adopter le vœu que les Syndicats formés pour l'en-
tretien des chemins ruraux puissent avoir les mêmes
avantages que les coopératives agricoles vis-à-vis
du Crédit Mutuel. Si toutefois le Crédit Mutuel ne
pouvait fournir les fonds nécessaires, les Syndicats
pourraient les demander aux caisses d'épargne
dans les mêmes conditions que celles établies pour
les habitations à bon marché. Ce vœu fut adopté
après intervention du citoyen Razous, délégué d'Indre-et-Loire, qui appuya la proposition.

Le citoyen Péchadre, député de la Marne, a présenté un vœu demandant que le Sénat vote à bref
délai l'Impôt sur le revenu qui doit alléger les charges fiscales de l'Agriculture.

Ce vœu a été adopté par la Commission après
applaudissements de l'assistance et après intervention des citoyens Razous et Dauthy.

Votre rapporteur, messieurs, au nom du Comité
de Rennes qu'il représente au Congrès, a ensuite
appelé l'attention de la Commission sur le dépeuple-
ment des campagnes et le vœu suivant a été adopté
à l'unanimité par la Commission :

Emettons le vœu que les services d'hygiène exercent
leur contrôle en faveur des cultivateurs et ouvriers des
campagnes ;
Que ce contrôle s'exerce sur le logement du personnel et également sur les logements des animaux en vue
de combattre le plus efficacement possible la propa-
gation de la tuberculose. Que des primes soient accor-
dées aux propriétaires qui s'attacheront le plus aux
soins à apporter aux logements de leur personnel.

De plus, après diverses interventions, ce vœu a
été complété de la façon suivante :

Que le Sénat vote la loi sur les abattoirs **régionaux**

et communaux et qu'enfin le Parlement accepte le projet du sénateur Rey relatif aux modifications à apporter à la loi des retraites concernant les retraites paysannes.

Nous vous demandons d'adopter en bloc ces vœux. *(Adoptés à l'unanimité.)*

Vous allez entendre le citoyen Vollaeys, dont vous avez tous lu le remarquable rapport. Je ne ferai pas l'éloge de ce travail ; vous avez tous apprécié la somme d'efforts qu'il représente et la documentation très suivie qu'il contient. Le Congrès sera unanime à féliciter son auteur. *(Applaudissements.)*

La vaste enquête entreprise auprès des Comités de Province par le citoyen Vollaeys a porté ses fruits ; c'est là une excellente méthode de travail qui permet aux Comités de Province d'exposer leurs idées et leurs doléances ; aussi notre Parti ne peut que gagner à ce que cette enquête soit complétée et poursuivie avec activité. *(Applaudissements unanimes.)*

Discours de M. Vollaeys.

M. VOLLAEYS, *rapporteur.*

Citoyens,

Le rédacteur du rapport n'abusera pas des quelques instants que vous voulez bien consacrer à cette question.

Vous avez pu, en effet, vous rendre compte, si vous avez bien voulu jeter les yeux sur le rapport que j'ai eu l'honneur de déposer au nom de la Commission des *réformes agraires*, que nous avons envoyé un questionnaire à nos militants et élus. Ce n'est pas la première fois que le Comité Exécutif envoie des questionnaires, mais il a eu cette fois l'heureuse surprise de voir que son questionnaire était bien accueilli et que, mieux encore, on le lui retournait complètement rempli avec des indications précieuses au point que le rédacteur du rapport n'a eu que l'embarras du choix pour les citations qu'il avait à faire. J'ai, en effet, messieurs, reçu plus de 300 réponses au questionnaire et, hier matin, il m'en arrivait encore. C'est vous dire avec quelle faveur nos élus et militants l'ont accueilli ;

c'est vous dire également aussi à quels sentiments nous répondions en demandant à nos amis et à nos militants de collaborer avec nous à l'élaboration d'un programme agraire. Nous avons estimé alors que la Commission du Comité Exécutif n'avait pas achevé son œuvre et, qu'en présence du succès qui avait accueilli son initiative, il y avait lieu de la continuer dans les conditions suivantes : Le questionnaire envoyé comprenait un certain nombre de points assez différents et qui avaient pour but plus particulièrement de faire une sorte de sondage sur les besoins particuliers de chaque région. Nous avons vu que, parmi les réformes désirées par nos militants, il y en avait de deux sortes : les unes, d'ordre général, intéressant le pays tout entier ; les autres, d'ordre particulier, intéressant plus spécialement chaque région. La plupart de ces réformes consistent en travaux à exécuter, qu'il s'agisse de dessèchement des marais, d'adduction d'eaux, de reboisement, de canalisation des rivières, de développement des routes ou voies ferrées, il n'y a qu'un cri unanime, partout on demande l'amélioration des moyens de transport, on arrive à cette conclusion : c'est que la question agraire, en un mot, est une question principalement de travaux publics, d'organisation des transports. On ne se plaint pas, en effet, que l'on récolte plus ou moins mal, on se plaint des difficultés qu'il y a à transporter les produits et à les envoyer vers les lieux rémunérateurs de vente. S'il m'était permis, en quelque sorte, de me résumer dans une formule, je dirais que le rail et la route donneront la solution de la question agraire.

Un Délégué. — Et le bateau.

M. Vollaeys. — Et le bateau, bien entendu. Dans toutes les régions, il y a de petits programmes de travaux publics à élaborer. Vous pensez bien que ce n'est pas dans un Congrès, où ne peuvent être traitées que des questions d'ordre général, qu'on peut vous présenter les désiderata des agriculteurs de toute la France qui demandent chacun quelque chose en particulier, et ce que nous vous demandons de nous autoriser à faire, c'est de pousser plus avant cette enquête, c'est d'entrer dans le détail, et après avoir constaté que notre enquête, dans ses grandes lignes, répondait à un besoin, à une tendance, nous pouvons vous demander de nous donner un mandat, afin que nous ayions plus d'autorité vis-à-vis des militants, des élus et des pouvoirs publics ; nous voulons que vous nous donniez mandat de continuer cette enquête afin de rechercher, de façon plus détaillée et plus spéciale, quels sont les désiderata des régions dans lesquelles il y aura des travaux à exécuter de façon que nous puissions, d'accord avec les élus, les organisations et les militants, organiser de petits Congrès économiques régionaux. Notez en même temps, au point de vue politique, combien il serait intéressant de créer des liens communs avec les élus et les militants dans les diverses régions, de nous rapprocher d'eux, de voir ce qu'ils demandent ; voyez combien il nous serait facile, au Comité Exécutif, de dire à nos élus : « Voilà le programme à réaliser, à vous de voir les voies et moyens pour y parvenir. »

Je me permettrai, au nom de la Commission du Texte Exécutif, de vous proposer le texte suivant :

« Le Congrès donne mandat au Comité Exécutif de poursuivre l'enquête agraire afin de rechercher et de préciser les besoins de chaque région et d'en provoquer la réalisation d'accord avec les élus, les militants et l'organisation du Parti. (*Très bien ! applaudissements.*) Vous pensez bien, messieurs, et j'ai à vous donner cette explication (j'aurais presque à vous fournir les excuses du rédacteur du rapport), qu'il ne nous était pas possible, étant donné que ce problème est si vaste qu'il faudrait une journée et plus pour l'examiner, qu'il ne nous était pas possible de proposer à vos votes un certain nombre de points de détail. Nous n'avons pas voulu, de propos délibéré, vous lier par un texte plus ou moins restreint ; nous avons tenu simplement à vous montrer, par notre rapport, qu'il était indispensable que notre Parti s'occupe de questions économiques. Lorsque nous nous adressons aux militants de la campagne, on nous dit : « Ne mêlez pas la politique et l'agriculture. » Cependant, on ne fait de bonne politique que lorsqu'on donne aux gens une existence confortable et qu'on permet à chaque citoyen d'avoir les moyens suffisants pour élever dignement sa famille. (*Applaudissements.*)

Par notre questionnaire, nous avons constaté que des ouvriers étaient payés 1 fr. 50 par jour et nourris, alors qu'ils ont une femme et des enfants à la maison ; on trouvera peut-être là l'explication du manque de main-d'œuvre. Dans bien des régions on ne se rend pas compte que la loi de l'offre et de la demande ne doit pas être le seul étalon des salaires, mais il est nécessaire que, grâce à des lois de protection votées en faveur de l'agriculture, on arrive à obtenir un rendement supérieur pour que les ouvriers soient payés suffisamment et qu'ils puissent avoir une situation digne d'eux-mêmes.

Il faut voir, dans les réponses faites aux questionnaires, dans combien de régions il y a encore des ouvriers mal logés, qui sont dans des conditions aussi peu hygiéniques que possible, dont le travail commence avec le jour, finit quand la nuit arrive ; ces ouvriers n'ont bien souvent pas de chambre pour aller se coucher et ils rejoignent les bêtes à l'étable ; ils se trouvent dans des conditions déplorables au point de vue physique et moral. Il est nécessaire d'apporter une modification à cet état de choses ; il faut au besoin que l'on puisse intervenir pour donner par la voie de contrainte législative des logements convenables ; comment voulez-vous que les ouvriers placés dans ces conditions soient tentés de rester à la campagne ? Je sais bien que les poètes et les littérateurs font des descriptions enthousiastes de la campagne ; c'est très joli l'été, lorsqu'on se promène le long des claires rivières, mais il n'en va pas de même quand il faut y vivre toute l'année, passer les longues journées d'hiver sans autre distraction que le cabaret. Il y a là quelque chose de dégradant pour l'homme auquel il est refusé le moyen d'élever un peu son intelligence ; vous dites que l'ouvrier agricole reste une brute : comment voulez-vous qu'il en soit autrement si vous ne faites rien pour élever son intelligence ? (Applaudissements.)

Quand vous aurez payé suffisamment l'ouvrier des campagnes, vous aurez commencé à faire votre devoir, mais ensuite vous devrez le loger convenablement ; par une convention passée entre patron et ouvrier, celui-ci devra avoir une part légitime dans cette récolte qu'il aura aidé à faire fructifier ; de même il faudra mettre à sa disposition les œuvres post-scolaires, créer des bibliothèques dans les campagnes. Il y a encore beaucoup à faire pour les travailleurs des champs ; il ne suffit pas de passer une heure à la campagne, de faire une conférence dans un cabaret. Il faut que nous fassions l'éducation de nos militants, qui feront eux-mêmes de la propagande individuelle au second degré ; créons des liens de camaraderie dans de petits cercles ; cela se fait à la ville, pourquoi cela ne se ferait-il pas à la campagne, où les relations sont encore plus intimes ?

J'appelle cela de la bonne camaraderie, ce sera la mise en œuvre de nos principes de solidarité. (*Vifs applaudissements.*)

Il ne me reste plus qu'à appeler votre attention sur une question particulièrement importante.

J'aurais voulu vous donner des détails plus complets sur ces questions d'hygiène, non point seulement de l'hygiène de l'homme, mais aussi des animaux. Je m'étais adressé au cabinet de M. le ministre de l'Agriculture en demandant à la personne qui me fit l'honneur de me recevoir de vouloir bien me donner des indications sur le projet qu'avait le ministre de l'Agriculture pour les modifications des lois relatives à l'hygiène. On m'a promis de me donner cette indication, mais je n'ai jamais rien reçu. Néanmoins, je crois savoir que l'on propose ou que l'on va proposer quelque chose. Il y a en effet une question qui doit nous intéresser particulièrement ; car elle intéresse aussi bien l'ouvrier des campagnes que l'ouvrier des villes : c'est la question de la tuberculose.

Sous le régime des lois actuelles, il se produit cette anomalie qu'il est interdit de livrer à la consommation des viandes provenant d'animaux tuberculeux, quand je dis animaux tuberculeux, je me trompe, des bovidés tuberculeux, car il n'est pas défendu de vendre du porc tuberculeux.

Or, la tuberculose est une, il n'y a pas de tuberculose bovine, ovine ou porcine. Il y a donc là une anomalie dangereuse au point de vue de la santé publique.

Dans notre rapport, nous demandons la modification de cette législation. Tels sont les points principaux sur lesquels je voulais appeler votre attention. Je vous demande, si vous approuvez le rapport déposé au nom de la Commission du Comité Exécutif, de vouloir bien adopter les propositions que j'ai eu l'honneur de vous lire tout à l'heure, en donnant mandat à la Commission des réformes agraires du Comité Exécutif de continuer l'enquête qu'elle avait faite, de se rapprocher des militants et des élus afin de pouvoir, l'année prochaine, vous présenter non pas un projet, mais des résultats.

C'est ainsi que nous répondrons le mieux aux sentiments unanimes de nos Congrès de s'occuper de plus en plus des questions économiques, vitales, qui peuvent nous faire bénéficier comme Parti de la sympathie de tous les travailleurs qui attendent de lui une amélioration de leur sort. (*Vifs applaudissements.*)

M. Rousseau. — Mes chers concitoyens, je vous prie d'accorder une minute d'attention au délégué d'une fédération du Morbihan, qui comprend de nombreux cultivateurs républicains ou républicanisés, malgré les cléricaux, par les œuvres de solidarité agricole. Je vais vous prier d'adopter quelques vœux qui complètent ceux qui viennent d'être lus :

1° Demander aux députés et sénateurs du Parti d'augmenter progressivement et suffisamment toutes les subventions aux mutuelles-bétail, aux caisses de réassurance, aux mutuelles-incendie et à toutes les œuvres de solidarité, de coopération et de crédit agricole ;

2° De voter à l'occasion de la discussion du projet d'amélioration de la loi sur les retraites ouvrières ce qui a été demandé tout à l'heure : l'inscription des fermières qui veulent y adhérer et qui, actuellement, ne le peuvent pas ;

3° De permettre aux cultivateurs et fermiers très nombreux, aux petits propriétaires très nombreux aussi qui ont eu toute l'année deux domestiques, on pourrait peut-être aller jusqu'à trois, mais pas plus, de profiter de la loi alors qu'actuellement ils se trouvent placés au dehors.

Dans le Morbihan, je fais des conférences aux masses ouvrières dans les campagnes ; là où nous pouvons causer, nous entraînons à peu près la masse des paysans. Dans une journée, j'ai fait inscrire 400 paysans aux retraites comme obligatoires ou facultatifs. J'en suis cependant exclu parce que ma ferme est plus importante et parce que j'occupe deux domestiques.

J'ai également à prier nos députés et sénateurs de faire le nécessaire pour que soit voté et mis en application, après le vote des règlements d'administration publique, le projet excellent dans ses grandes lignes de l'enseignement horticole et agricole avec le concours des instituteurs, sous la direction des professeurs départementaux d'agriculture, avec le concours de personnalités notables de la localité. Nous sommes très en retard sur les pays étrangers, sur le Danemark entre autres ; il faut qu'en 1913 nous établissions l'enseignement technique pour les campagnes de France. (*Applaudissements.*)

Je termine en vous remerciant de m'avoir écouté.

Je demande que notre Commission soit permanente, son œuvre apportera une force considérable à la République, malgré les cléricaux, car nous voulons rivaliser avec les cléricaux sur le terrain agricole. (*Vifs applaudissements.*)

M. F. CAHEN. — Mes chers collègues, quelle que soit la confiance que nous puissions accorder aux travaux de la Commission dont nous reconnaissons la compétence, il ne me paraît pas possible que nous puissions voter en bloc, au pied levé, un ensemble de vœux sans savoir d'abord s'ils rentrent tout à fait dans le cadre de la politique agraire de notre Parti, et aussi s'ils sont conformes aux vœux qui résultent de l'enquête qui était menée par notre ami Vollaeys. Je vous demanderai donc de vouloir bien vous rallier à la proposition que je fais du renvoi au Comité Exécutif des vœux lus tout à l'heure avec obligation, pour le Comité, de les rapporter et de les étudier dans l'une de ses plus prochaines séances. (*Très bien ! sur quelques bancs.*)

Discours de M. C. Dumont.

M. CHARLES DUMONT.

Messieurs, Citoyens,

J'ai entendu avec le plus grand plaisir le double rapport dont il vous a été donné lecture.

C'est très justement que Vollaeys disait tout à l'heure que nous ne pouvions pas distinguer la politique de l'agriculture parce qu'il y a une politique agraire essentiellement, spécifiquement démocratique.

A l'heure où nous sommes de l'histoire de notre Parti, il est tout à fait certain que c'est dans la masse rurale, dans la masse des petits propriétaires ruraux, surtout, qu'il nous faut pour le salut de la République réformatrice et la force même de la patrie chercher notre appui permanent.

Nous sommes un parti qui ne peut être ni de guerre de classes, ni de privilèges de classes. (*Très bien ! très bien !*) Nous voulons être le grand parti de tous ceux qui ont au cœur la justice, qui ont foi dans le travail pour assurer la prospérité de ce pays, et il faut bien le dire, ce sont précisément ces petits cultivateurs et propriétaires qui, apprenant du ciel, de la terre et des saisons, combien tout évolue lentement, savent aussi que, dans les sociétés humaines, ce ne sont pas seulement les idées les plus généreuses, les utopies les plus hardies qui transforment la réalité et qu'il faut attendre les plus grandes transformations d'un effort continu, vigoureux et patient.

C'est pourquoi le monde agricole est avec nous, avec nos méthodes, avec notre idéal, à condition que nous soyons attentifs à le bien servir, à pénétrer ses besoins, ses méthodes, et, d'une manière méthodique, que nous sachions adopter notre législation à ses besoins.

Notre protectionnisme, pour aucun de nous, ne doit être un dogme intangible. Il doit suivre la valeur des denrées dans le monde. Les taxes doivent s'abaisser ou s'élever suivant les enseignements de l'expérience. La barrière protectionniste s'ouvrira, à certaines crises de vie chère, pour laisser pénétrer les denrées indispensables. Ce qu'il faut à une démocratie comme la nôtre, c'est un protectionnisme souple, adapté, intelligent, mais qui, tout de même, tienne compte que la terre française est chargée d'impôts, que la main-d'œuvre est rare et insuffisamment rémunérée, que notre ouvrier agricole a droit à des conditions de vie dignes d'un homme et à un salaire rémunérateur. Le protectionnisme mesuré et souple est à la base de notre politique agraire. Pour assurer à la démocratie rurale vitalité et progrès, ce que nous avons fait de mieux cependant, c'est notre législation d'encouragement à la mutualité : mutuelle-incendie, mutuelle-bétail, toutes œuvres qui, depuis vingt ans, ont fait sortir le paysan de l'isolement, de l'individualisme soupçonneux.

Nous avons débuté dans la vie politique vers 1897 ou 1898 ; chacun était jalousement dans sa ferme, dans son hameau, on s'ignorait, et maintenant, dans de nombreuses régions de France, dans presque tous les villages, il y a deux ou trois associations mutuelles : mutuelle-bétail, mutuelle-incendie, mutuelle-maladie, caisse locale de crédit. Tous les paysans s'unissent autour de cette solidarité mutuelle qui est dans les principes mêmes de notre Parti. (*Applaudissements.*)

Eh bien ! oui, il faut, en effet, suivre attentivement ce développement des œuvres mutuelles agraires et il faut les subventionner par l'effort continu de notre budget, mais il faut surtout que nos militants, de toute manière, montrent l'importance de ce mouvement. Nous ne pouvons, à aucun prix, laisser les réactionnaires s'en emparer, car les réactionnaires ont tendance à en faire des patronages groupés autour des propriétaires. Ils en savent toute la portée. Ces sociétés mutuelles sont républicaines par l'origine de leur fondation, par leur esprit. Gardons-les. Développons-les. Qu'elles soient nos collaboratrices, notre appui, notre force.

Une des formes de cette mutualité agricole, c'est le crédit. Nos lois sur le crédit mutuel agricole sont fort belles. Le paysan français, quand il fait des coopératives laitières ou viticoles ou beurrières, peut avoir de l'argent à un taux qu'aucun grand Etat ne peut obtenir. Il a de l'argent à 1 1/2 %, et au bout de quelques années, obtenant une ristourne de 1/2 % pour renouveler par exemple son outillage, il a finalement de l'argent à 1 %.

Il faut que vous le disiez partout, à ces agriculteurs, par exemple, qui ont à lutter contre la concurrence du Danemark pour exporter leur beurre en Angleterre, qu'ils forment des coopératives beurrières, à ces vignerons qui auront besoin de créer des caves de réserve, des coopératives viticoles. Mes amis et moi, nous en avons fondé quatre autour d'Arbois et nous avons pu, au milieu des années calamiteuses, nous protéger contre l'extrême misère. De même pour la production du gruyère, des fromages de toutes sortes, des coopératives existent, depuis longtemps. Or ces coopératives, en dehors des bénéfices matériels qu'elles procurent, que font-elles donc ? Elles réalisent cette idée essentielle de notre Parti, que la classe ouvrière y fait son apprentissage économique et politique, elle y apprend à délibérer, à se conduire, à calculer ses risques et ses bénéfices.

Enfin, il y a quelque chose qui domine tout cela : Nous avons fait, mais insuffisamment, une loi de crédit à long terme qui permet aux petits d'acheter la propriété, de s'en rendre possesseurs.

J'entendais Vollaeys parler d'une agriculture qui est plutôt celle des pays de grande propriété, du Nord ; j'ai vu dans le Midi les fêtes, les joies dont vous parliez tout à l'heure. Dans notre région, le petit propriétaire lutte difficilement contre beaucoup de crises. Eh bien ! c'est lui qu'il faut aimer pour acquérir la terre, pour l'acheter, par ce moyen du crédit individuel à long terme, pour se rendre propriétaire du bien de famille incessible et insaisissable pour ainsi dire, où il faut vouloir enraciner la famille agricole.

Voilà les idées autour desquelles je crois que notre Parti peut se grouper et faire une propagande incessante. C'est vers ces idées de mutualité et d'accession à la petite propriété que toute notre politique fiscale doit être orientée ; elle doit permettre l'acquisition de la propriété, de ces grands domaines qui se morcellent et qui s'usent par les partages successoraux, l'imprévoyance, le luxe, les impôts. On s'en plaint quelquefois.

En réalité, la vente, le morcellement d'un grand domaine est souvent un bienfait quand, à côté, il y a des paysans laborieux, économes.

Les grands domaines passent entre leurs mains. C'est tout bénéfice, s'ils sont bien exploités grâce à la science agricole que les professeurs ont donnée, grâce à cet enseignement postscolaire, grâce aux ressources du syndicat, grâce au crédit mutuel. De tels faits montrent que ce que les collectivistes avaient dit devient de plus en plus l'erreur, à savoir que la grande propriété agricole se concentre chaque jour davantage, cette affirmation devient fausse tous les jours de plus en plus. (*Vifs applaudissements.*)

Etant donnée précisément cette faculté de crédit que n'avait pas jadis le petit cultivateur et qu'il possède aujourd'hui grâce aux lois de la République, cette faculté de savoir et de science qu'il n'avait pas autrefois et qu'il a aujourd'hui grâce à nos professeurs départementaux d'agriculture, étant donnée la multiplication de ces syndicats où il peut acheter en commun, le petit cultivateur réunit les avantages de l'association aux avantages de l'initiative et du labeur personnel. C'est ainsi, grâce aux lois de mutualité et d'association, que la moyenne culture égale économiquement la grande et lui est supérieure, politiquement, moralement. (*Vifs applaudissements.*)

A travers cette crise, nous avons une chance de triomphe si nous savons, avec un esprit qui ne se lassera pas, continuer ces enquêtes sur cette législation, dont le passé nous rend fiers, mais que le Comité Exécutif et sa Commission agraire ont certainement, au nom de nous tous, le devoir de poursuivre.

J'accepte le vœu de Vollaeys, mais je lui demanderai d'y ajouter quelque chose. Il a dit très justement que le programme agraire c'était un programme de transports, c'est vrai, mais ce n'est vrai qu'à demi.

Il y a deux choses qui doivent faire prospérer l'agriculture, c'est l'accroissement de sa production et le moyen de faire circuler ses produits. Pour accroître sa production, il faut souvent aussi créer et faire créer des sources nouvelles d'arrosage, c'est ainsi que ce jardin de la France, que sont les campagnes de la Durance et de Vaucluse, peut merveilleusement s'étendre. Alors que pendant le jour des forces hydrauliques feront mouvoir à des centaines de kilomètres des tramways, des chemins de fer, des usines, pendant la nuit les mêmes forces pourront pomper les rivières et donner de l'eau à cette terre ensoleillée où on peut tripler l'étendue des terres cultivées. Mais il y a bien d'autres endroits où les travaux de drainage, d'arrosage peuvent multiplier la production ; il y a des méthodes culturales nouvelles qui peuvent augmenter la production.

Accroître la production agricole, c'est le rôle du ministère de l'Agriculture, de même qu'améliorer les transports, c'est l'affaire du ministère des Travaux publics.

Pour donner toute sa force au point de vue exposé par Vollaeys, il faut demander à la Commission du Comité Exécutif de réunir, comme il le disait si bien, dans chaque région, les enquêtes qui seraient faites par les élus et les militants.

Je me permettrais, au nom de nous tous, de féliciter le citoyen Vollayes et la Commission agraire du Parti d'être entré dans une voie qui n'est pas celle d'un utilitarisme médiocre ; j'ai voulu, malgré la fatigue d'une grippe qui ne s'achève pas, montrer que notre politique agraire n'avait pas pour but de recruter une clientèle qui n'est pas la nôtre.

La politique agraire qui accroîtra le nombre, la richesse, la valeur économique de la petite propriété, elle est vraiment dans les principes, dans la tradition, dans le cœur de notre Parti.

Travailler à développer cette politique agraire, c'est favoriser l'initiative individuelle et la solidarité, c'est vouloir que le travailleur, le père de famille laborieux encouragé par l'Etat, secouru par les forces de la mutualité, sous toutes ses formes, arrive à soutenir victorieusement la concurrence de la grande propriété. Notre but, c'est donc par une législation appropriée de multiplier les petits propriétaires, libres, égaux, associés. Ils sont la condition d'une France forte militairement et moralement, forte socialement et politiquement. (*Applaudissements répétés sur tous les bancs.*)

M. VOLLAEYS. — Je n'aurais qu'un mot très bref à dire pour répondre aux observations de nos amis Rousseau, Cahen et Dumont. Nous sommes tous d'accord et je remercie particulièrement mon éminent collègue Dumont d'avoir bien voulu approuver les travaux de la Commission ; nous en sommes d'autant plus heureux que, précisément, nous avons dit nous-mêmes, dans notre rapport, qu'il fallait utiliser les chutes d'eau pour l'éclairage, pour les forces motrices, le dessèchement et les petites industries à domicile.

En ce qui concerne les vœux présentés par notre ami Rousseau, je vous demanderais conformément à la tradition de bien vouloir les renvoyer à la Commission, tout en prenant acte de ces vœux et en félicitant leur auteur de son initiative. Pour répondre à l'observation de notre ami Cahen, je vous demanderais, en raison de l'importance de la question traitée à la Commission du Congrès, de vouloir bien prendre en bloc tous les vœux émis autant ceux adoptés par la Commission que ceux émis par Rousseau, et de les renvoyer tous à la Commission du Comité Exécutif de façon à ce que nous puissions en étudier la réalisation pratique. Il y a dans ces vœux trop de bonnes intentions pour que nous ne puissions pas en faire quelque chose de vivant. Il faut que nous les mettions en harmonie avec notre législation actuelle et que nous en préparions une rapide réalisation. (*Applaudissements.*)

LE PRÉSIDENT. — Je vous demande de donner à ce débat une conclusion en adoptant l'ordre du jour suivant proposé par nos amis Vollaeys et Leroux :

Le Congrès donne mandat au Comité exécutif de poursuivre l'enquête agraire, afin de rechercher et préciser les besoins de chaque région et d'en provoquer la réalisation, d'accord avec les élus, les militants et les organisations du parti ;

Le Congrès prend acte des vœux relatifs à la politique agraire du parti qui ont été émis, en félicite les auteurs, et, en raison de l'importance des questions qu'ils soulèvent, les renvoie à la commission du Comité exécutif pour en étudier la réalisation pratique.

(*Adopté à l'unanimité.*)
La séance est levée à midi.

QUATRIEME SÉANCE

Samedi 12 octobre, après-midi.

———

La séance est ouverte à 2 heures, par M. René Renoult, qui invite l'assemblée à nommer son bureau.

Le bureau est ainsi constitué :

Président. — M. Albert Dalimier, député de Seine-et-Oise ;

Vice-présidents. — MM. Richard, sénateur de Saône-et-Loire ; Perchot, sénateur des Basses-Alpes ; Franklin-Bouillon, député de Seine-et-Oise ; Henri Rousselle, conseiller général de la Seine ; Jules Gariel, (Hérault) ; G. Fabius de Champville (Orne) ; Ebstein (Bouches-du-Rhône) ; Hemmerschmidt (Seine-et-Oise).

Secrétaires. — MM. Renard, député de la Nièvre ; Cosnier, député de l'Indre ; Félix Chautemps, député de la Savoie ; Dauthy (Indre) ; Seveau (Seine) ; Hayem (Nord) ; Jehenne (Manche) ; François Combes (Tarn) ; Chazot, conseiller général de la Seine ; Larué (Seine-et-Oise) ; Reneux (Seine).

M. ALBERT DALIMIER, *président.*

Citoyens,

L'heure tardive à laquelle s'ouvre cette séance dispense celui qui a l'honneur de la présider de prononcer ici un discours. Je vous demande simplement de vouloir bien faciliter sa tâche afin qu'au travers des discussions, où chacun défend ses affirmations, on ait la conviction profonde que le Parti radical sait rester aujourd'hui plus uni que jamais. (*Applaudissements.*)

Je donne la parole au citoyen Hemmerschmidt, rapporteur de la Commission des finances.

RAPPORT DE LA COMMISSION
DES FINANCES.

M. Hemmerschmidt, *rapporteur.*

Citoyens,

Votre Commission des finances s'est réunie hier matin pour procéder à l'accomplissement de la mission dont vous l'aviez investie.

Notre ami Lévy-Ullmann a été choisi pour président.

Le citoyen Balans, qui a acquis par une pratique déjà longue, une connaissance approfondie du service financier de notre Comité Exécutif, a bien voulu, aidé du chef comptable, nous donner tous les éclaircissements que nous avons sollicités.

Un examen minutieux des écritures particulièrement bien tenues, le contrôle avec toutes les pièces comptables qui ont été placées sous les yeux de la Commission nous ont permis de constater que tout était en ordre.

A toute réquisition et au hasard de notre demande, nous avons immédiatement obtenu satisfaction.

Les situations mensuelles, établies et signées par les membres de la Commission des finances du Comité Exécutif, nous ont permis de constater que les membres de cette Commission accomplissaient leur devoir en conscience, tâche qui leur est d'ailleurs facilitée par les dispositions d'un registre à colonnes particulièrement bien aménagées pour un contrôle rapide et certain.

L'ensemble des recettes et des dépenses s'est maintenu à un taux normal, nul événement sensationnel n'étant venu nous apporter une forte recette exceptionnelle ou nous ayant occasionné une dépense extraordinaire.

D'ailleurs, nous avons besoin qu'il en soit ainsi dans les années normales, afin de nous permettre, dans des années d'élection générale, de pouvoir donner un appui à nos amis, dans la limite de nos faibles ressources bien entendu.

Nous avons remarqué, *côté recettes*, sous la rubrique : dons divers, une somme de 137 fr. 50, qui nous a semblé bien modeste. Ce chapitre pourrait sans crainte s'enfler un peu, et certains de nos amis fortunés pourraient (en dehors de leurs cotisations réglementaires) faire un effort qui serait le bien reçu et nous permettrait d'agir pour la propagande d'une façon plus étendue que nous le faisons aujourd'hui.

Les cotisations des parlementaires adhérents sont régulièrement versées, sauf de très rares exceptions. A ce sujet, et pour un cas spécial, un membre de la Commission a demandé que les parlementaires non adhérents, ou non à jour (sans motif sérieux) de leur cotisation, ne soient pas autorisés à représenter un groupe local au Congrès.

La Commission a aussi examiné la question de la quotité du montant des cotisations des groupes. On avait pris la détermination d'en diminuer le prix, afin de favoriser le recrutement de nouveaux adhérents. Cette éventualité prévue ne s'étant pas réalisée, la Commission se demande s'il ne serait pas sage de revenir à l'ancienne taxation afin de créer des ressources un peu plus fortes, il appartiendra au Congrès de décider ce qui devra être fait, il s'agit, ne l'oublions pas, de groupements, l'augmentation n'occasionnera pas aux individualités une charge trop forte, et il serait possible, en tous cas, de proportionner la cotisation d'un groupe à son importance numérique.

Du côté des dépenses, voici les quelques remarques qui ont été faites et que la Commission a cru bon de signaler :

Pour les dépenses de propagande, on s'est demandé si l'effort qui a été tenté jusqu'ici dans un seul sens et regardant seulement les électeurs par le moyen de la brochure, du bulletin et de la conférence, ne pourrait pas être étendu davantage et s'appliquer à l'œuvre des patronages. Il ne peut pour le moment, et en raison de nos modestes ressources, être question d'une subvention, mais une modification pourrait être donnée par un geste qui aurait une signification précise.

L'effort de nos adversaires porte sur des œuvres de cette nature et donne d'heures résultats, nous pouvons faire comme eux.

Des conférenciers pour les fêtes de patronages, des publications spéciales pour les enfants, voilà la forme que pourrait revêtir notre action, quand on tient les enfants, on est près d'avoir les parents.

Pour la propagande par brochure, la Commission

estime qu'il faudrait, de préférence, adopter le type de tract, très court, contenant quelques pages et rapidement lu, c'est le meilleur moyen d'obtenir la pénétration dans les campagnes. La brochure très documentée est utile pour les militants mais non pour la masse, qui ne lit pas ce qui est trop volumineux. Il y a peut-être de ce chef une dépense insuffisamment productive.

Un membre de la Commission ayant questionné au sujet de certains frais de rédaction au bulletin du Parti, il a demandé que tous les articles y paraissant puissent être reproduits par les feuilles régionales de notre opinion, sans être tenues de payer un droit de reproduction.

Notre sympathique secrétaire général, M. Reynard, a entretenu la Commission d'une carte fédérale de laquelle il a déjà été question, la dépense à engager de ce chef est nulle, il ne nous a pas semblé que cette question nous regardait, elle sera examinée avec beaucoup plus d'utilité par la Commission de règlement ou de propagande.

Voilà, citoyens, l'ensemble des remarques qui ont été faites par votre Commission des finances.

Pour conclure, nous vous proposons : 1° d'adopter les comptes de l'année 1911-1912 ; 2° de féliciter notre dévoué secrétaire administratif et notre sympathique personnel pour son dévouement et sa bonne administration, et de leur accorder, suivant l'usage, un mois d'appointements supplémentaires à l'occasion du travail du Congrès. (*Applaudissements répétés.*)

Le Président. — Quelqu'un demande-t-il la parole ?

Je mets le rapport aux voix. (*Adopté à l'unanimité.*)

Le Président. — L'ordre du jour appelle le rapport de la Commission de l'enseignement. Je donne la parole à M. Hemmerschmidt, rapporteur.

L'ENSEIGNEMENT ET LA DÉFENSE LAIQUE.

Rapport de M. Hemmerschmidt.

M. HEMMERSCHMIDT, *rapporteur.*

Citoyens,

La Commission d'enseignement et de défense laïque a tenu, sous la présidence de M. le sénateur Beauvisage, plusieurs séances au cours desquelles de nombreuses questions ont été traitées, dont je vais vous donner un bref résumé afin de ménager vos instants.

Après avoir maintenu dans leur entier les vœux de l'an dernier au Congrès de Nîmes sur les œuvres postscolaires et complémentaires de l'école envisagées dans le rapport de notre collègue André, qui a été remis à tous les membres du Congrès, en insistant particulièrement sur les patronages laïques, dont la nécessité s'impose davantage de jour en jour en raison de l'effort réalisé dans ce sens sur les organisations confessionnelles, la Commission a discuté à nouveau la question du monopole de l'enseignement.

Les arguments que partisans et adversaires de cette mesure avaient fait valoir dans les Congrès antérieurs ont de nouveau été exposés en cette circonstance puisque le projet d'organisation d'un service national d'enseignement était le morceau principal soumis à l'examen du Congrès.

Tous les membres de la Commission étaient d'avis qu'il y avait une mesure à prendre, et, dans un but de conciliation, les partisans du monopole (mot reconnu d'ailleurs impropre) se sont en grande partie ralliés à ce projet d'organisation d'un service national d'enseignement, comme mesure transitoire et d'expérience.

La Commission a tenu d'ailleurs à bien affirmer, afin de repousser d'avance tout reproche de tyrannie et d'intolérance, qu'elle considérait que l'école essentiellement neutre ne devait donner aucune instruction religieuse, ce genre d'enseignement étant réservé pour l'église, le temple ou la synagogue.

Grâce à la collaboration de nos amis Beauvisage et Rousseau et à l'initiative du secrétaire de la Commission, M. Livet, le texte suivant a été voté à l'unanimité par la Commission et nous le soumettons à votre approbation :

Le Congrès,

Considérant que l'enseignement primaire est une fonction de l'Etat démocratique ; que l'Etat est ,donc seul responsable de toute école ; que l'Etat, en raison de sa responsabilité, a le droit et le devoir d'exiger des maîtres de l'enseignement primaire les garanties pédagogiques morales et laïques qui justifieront la confiance de la nation ;

Que l'Etat a le droit de contrôler l'enseignement donné dans toutes les écoles ;

Que l'Etat a le droit d'assurer l'éducation rationnelle de l'enfant en écartant de lui dans l'école toute influence confessionnelle ;

Considérant, d'autre part, que l'Etat, expression juridique de la société, ne doit pas outrepasser ses droits et méconnaître ses devoirs ;

Que les éducateurs de la nation ont droit à la liberté de penser ; que les libres initiatives en matière de méthodes pédagogiques doivent être favorisées ; que l'éducation des jeunes générations est une grande tâche à laquelle tous les citoyens instruits devraient avoir à honneur de participer ; que la diversité des méthodes d'enseignement et l'émulation des maîtres ne peuvent que favoriser le développement intellectuel du peuple ;

Invite le Parlement à poursuivre l'organisation nationale de l'enseignement laïque, sur les bases suivantes :

L'Etat doit assurer l'instruction primaire à tous les enfants d'âge scolaire ; l'école est sous le contrôle incessant de l'Etat, qui en a la responsabilité, en autorise l'ouverture sous des conditions déterminées ; l'Etat exerce sa fonction d'enseignement directement ou par délégation à des maîtres dûment agréés par le conseil départemental et toujours révocables ;

Les instituteurs publics recevront des émoluments qui leur permettront d'exercer leur fonction avec dignité ;

Les éducateurs enseignant en vertu d'une délégation de l'Etat n'auront droit à aucune rémunération des pouvoirs publics ; l'enseignement primaire sera complété par l'instruction postscolaire obligatoire, organisée d'après les mêmes principes, mais avec une grande variété d'applications pour répondre aux divers besoins de l'éducation civique, physique et professionnelle de l'enfance populaire. *(Applaudissements.)*

M. Rousseau. — En vous remerciant au nom d'un

grand nombre d'instituteurs et de militants républicains qui ne sont pas ici mais dont nous connaissons les sentiments d'avoir approuvé par avance par vos applaudissements ce que nous appelons le service national de l'enseignement, permettez à un militant de vous apporter rapidement un développement sur deux passages essentiels de cette déclaration. Ce n'est pas en mon nom personnel, c'est au nom du général Godart, officier de la Légion d'honneur, président de la Fédération de Meurthe-et-Mosèlle, c'est au nom de nos amis de l'Ouest, au nom des militants commerçants, industriels, fonctionnaires de diverses régions, au nom du citoyen Estier, président de la Fédération régionale du sud-ouest, c'est au nom de bien d'autres personnalités encore que je ne cite pas, que je voudrais vous lire un ordre du jour complémentaire. Je vous propose donc la formule suivante comme indication à donner à nos sénateurs et députés :

Aucun établissement d'enseignement privé de toute catégorie ne pourra être ouvert ou ne pourra continuer sans une autorisation personnelle temporaire ou annuelle donnée par le conseil départemental de l'enseignement primaire délibérant au scrutin secret après l'audition du rapport de l'inspecteur primaire et du préfet.

Le conseil départemental pourra fermer tel ou tel établissement ou interdire à telle ou telle personne l'enseignement par délégation pendant un certain temps ou définitivement, mais pourra également par forme et modalité demander à subventionner les établissements privés laïques, les écoles comme la Martinière à Lyon, qui existent et sont des établissements auxiliaires précieux au point de vue de l'amélioration pédagogique.

L'enseignement par délégation, c'est un peu vague ; nous désirons que tous les établissements soient autorisés et fermés en cas de nécessité. (*Applaudissements.*)

J'ajoute, et c'est l'esprit de la proposition, que nous disparaissons, nous, militants, devant les députés et sénateurs qui sauront fort bien combiner ces propositions et faire un tout qui sera proposé prochainement à la Commission de l'enseignement, laquelle, dans l'intérêt de la République, devra vous donner une solution, avant un an, le plus rapidement possible. (*Vifs applaudissements.*)

Le Président. — Je mets aux voix les conclusions présentées par le citoyen Hemmerschmidt.

M. May. — On doit revenir aux propositions de l'année dernière.

Le Président consulte l'assemblée. *(Les conclusions sont adoptées à l'unanimité.)*

M. Hemmerschmidt, *rapporteur*. — Nous abordons la question des programmes d'enseignement.

La question des programmes d'enseignement de laquelle notre collègue André vous a entretenu dans son substantiel rapport, et pour l'établissement desquels il s'est inspiré des principes exposés par notre président, M. le sénateur Beauvisage.

Ces programmes, d'ailleurs, ne sont que l'application des idées de Montaigne, qui préférait une tête bien faite à une tête bien pleine ; ils consistent à faire travailler plus encore les facultés de l'enfant, surtout la raison et le cœur, que la mémoire.

Nous vous proposons le vœu suivant : en ce qui concerne l'enseignement primaire.

Le Congrès demande :

En ce qui concerne les programmes de l'enseignement laïque primaire, le congrès demande qu'au lieu de s'efforcer d'entasser des notions abstraites dans des mémoires surmenées, l'école s'occupe d'exercer les sens et l'activité des enfants, et, graduellement, toutes leurs facultés physiques, intellectuelles et morales en les habituant par l'observation concrète des réalités sensibles à la recherche, à la découverte et à la démonstration de la vérité, pour en faire des hommes libres, des travailleurs capables et des citoyens éclairés.

Le Congrès émet le vœu que, pour symboliser cette nouvelle orientation, le ministère de l'Instruction publique prenne le titre de « ministère de l'éducation nationale ».

M. le Dr Pottevin. — J'avais lu avec vif intérêt le rapport de notre Commission de l'enseignement et j'avais goûté, comme elles le méritent, les conceptions si originales et si justes de M. le sénateur Beauvisage en matière d'éducation. Mais je m'étais demandé, et je me demande encore, si ces questions de pédagogie pure doivent bien venir devant notre Congrès, et si elles ne sont pas plutôt du ressort des conseils techniques de l'enseignement public.

Qu'il y ait beaucoup à réformer dans nos pro-

grammes et dans nos méthodes d'enseignement :
j'y contredirai moins que personne. On a beaucoup
parlé de l'enseignement primaire, mais que dire
de l'enseignement secondaire, qui n'est pas encore
sorti des voies tracées par les grands éducateurs
du xviiᵉ siècle ? Elles étaient, je le veux bien, tracées de main de maîtres, et conduisaient très directement au but qu'on se proposait alors d'atteindre :
former de beaux esprits. Elles ne correspondent
plus aux besoins de nos démocraties modernes, qui
demandent tout autre chose.

Mais, encore une fois, peut-on dire que l'heure et
le lieu soient bien choisis pour discuter ces questions, alors que, sans sortir du domaine de l'enseignement public, nous voyons se dresser devant nous
des problèmes certainement plus graves et dans la
solution desquels est engagé l'honneur même de
notre Parti ?

Quand j'avais entendu parler d'enseignement national, j'avais eu la vision que nous allions tout de
suite proclamer la nécessité, et étudier l'organisation d'un vaste système, s'élevant par degrés successifs depuis l'enseignement primaire jusqu'au
plus haut faîte de l'enseignement supérieur. A chaque degré correspondant un aboutissant pratique
pour ceux qui ne peuvent aller plus haut, et tous
les degrés restant accessibles au même titre, à tous
les enfants, sans autre condition que la justification
de leur aptitude à en profiter. (*Très bien !*)

Nous nous indignons contre ceux qui parlent de
classes et de lutte de classes, tandis que nous main-
tenons entre nos enfants la classification la plus
injuste et la plus déconcertante. Notre enseignement supérieur n'est abordable qu'avec les diplômes
de l'enseignement secondaire. Mais l'enseignement secondaire lui-même n'est abordable qu'aux
privilégiés de la fortune. Je sais qu'il y a les
bourses, mais tout le monde me concédera qu'elles
constituent l'exception, juste suffisantes pour souli-
gner l'immense généralité de la règle.

Le moment est venu de faire cesser cet état de
choses, et ce peut être l'honneur de notre Parti.
Qu'il prenne à son compte la devise de Pasteur,
qu'en fait de lumière à répandre le devoir ne cesse
que là où le pouvoir manque. Et le pouvoir ne manque vraiment que là où s'arrêtent les facultés récep-
tives de l'enfant.

Voilà sous quel jour je voudrais demander que
fût présenté, devant nos Congrès, le problème de
l'enseignement national. Les questions de méthode
et de programme y pourront avoir leur place, mais
à leur rang seulement. En faisant d'elles tout
l'objet de nos délibérations, j'estime que nous pourrions être accusés de n'avoir aperçu que le petit
côté d'un grand problème. L'accusation serait sou-
verainement injuste certes, s'adressant à des hommes comme M. le sénateur Beauvisage, mais raison
de plus pour ne pas y prêter. (*Applaudissements.*)

M. LE Dr BEAUVISAGE. — Je veux protester contre
certaines paroles qui viennent d'être dites. On nous
a qualifié de châtrés, ce n'est pas vrai. (*Hilarité,
applaudissements.*)

Dans la formule de vœu que j'ai présentée à la
Commission, comme un résumé très condensé des
doctrines exposées avec plus de développement
dans le rapport de la Commission du Comité Exécutif, j'ai la prétention d'avoir répondu précisément
à la préoccupation qui vient de vous être soumise,
à savoir : préparer la base solide de l'éducation
nationale. J'ai commencé l'esquisse d'un programme
d'éducation qui devrait se continuer depuis le berceau jusqu'au service militaire.

Professeur de l'enseignement supérieur, j'ai souf-
fert, pendant toute ma carrière, d'avoir à instruire
des élèves mal préparés à recevoir l'enseignement
que je devais leur donner ; je suis arrivé à me préoccuper, après l'enseignement supérieur, de l'enseignement secondaire, de l'enseignement primaire. Je
m'inquiète aussi d'autre chose que vous pourriez,
avec plus de raison peut-être, considérer comme
étant un haut idéal, hors de notre programme politique, la puériculture, l'enfant au berceau, mais
n'en parlons pas, ce n'est pas notre affaire.

Il importe que l'enseignement primaire soit fondé
de telle façon que l'esprit de l'enfant ne soit pas
déformé par l'école, mais au contraire harmonieusement développé ; l'enfant a le droit... (*Une voix :
Et le monopole ?*) Je ne sais pas pourquoi vous
m'interrompez... Ce qu'il faut, c'est donner satisfaction au droit de l'enfant ; il a le droit de devenir
un adulte harmonieusement développé ; il faut laisser se développer toutes les facultés en germe dans
sa petite nature ; il faut encourager toutes ses ap-

titudes dans leur développement, et ne pas les entraver comme on le fait actuellement.

Nous devons avoir, comme but social, de former, pour l'âge électoral, des citoyens francais qui soient en pleine possession de leurs facultés. Pendant la période d'éducation, il faut suffisamment les développer pour en faire les citoyens d'une République, des hommes libres, et non pas des esclaves obligés, chaque fois qu'ils auront quelque chose à faire, d'écouter un meneur ou un confesseur, quelqu'un qui sera leur volonté, alors même qu'ils ne seront que des pantins dont on tire les ficelles.

Pour atteindre ce but, il faut absolument entrer dans le domaine des méthodes pédagogiques ; en particulier, il faut renoncer aux vieilles traditions d'enseignement livresque des frères ignorantins, que nos instituteurs, bien à contre-cœur, sont obligés de continuer. Beaucoup voudraient faire autrement, mais ils sont liés par les règlements, par les programmes, par les directions de leurs chefs. J'ai confiance dans les instituteurs ; si on leur montrait cette voie, si on les laissait libres de s'y engager, il y aurait déjà un énorme progrès accompli.

Il faut que l'on renonce, je le répète, à entasser des notions dans des mémoires ; il faut qu'on exerce des facultés. Actuellement, c'est le contraire qu'on fait, aussi bien dans les écoles laïques que dans les écoles cléricales.

Nous sommes sous l'influence des vieilles doctrines du péché originel. Nous avons à les combattre dans la pratique : leur principe est que les enfants naissent mauvais, que tous leurs instincts sont mauvais et que toute l'éducation consiste à les dompter par des punitions. Les règlements d'école ne sont faits que pour refréner l'enfant. Ils ont besoin de mouvement, on les condamne à l'immobilité ; ils ont besoin de crier, on les condamne au silence ; ils ont besoin de poser des questions, on leur interdit la curiosité, cette grande vertu, mère de toutes les sciences et de tous les progrès.

Eh bien ! c'est cela qu'il ne faut plus ; il faut, au contraire, encourager leur développement spontané par une série de programmes détaillés dont j'ai laissé entrevoir les grandes lignes. J'ai essayé de résumer l'esprit qui animerait les programmes nouveaux, auxquels il s'agirait de donner du moins un commencement d'exécution, pour commencer l'éducation sociale de l'enfance. (*Vifs applaudissements.*)

M. LE Dr POTTEVIN. — Je demande que la question soit renvoyée au Comité Exécutif. Elle pourrait revenir devant nos Congrès, lorsque le problème de l'Enseignement National s'y trouvera posé, dans toute son ampleur. (*Très bien ! applaudissements.*)

LE PRÉSIDENT. — Nous sommes saisis d'une demande de renvoi au Comité Exécutif. Je donne la parole au rapporteur.

M. HEMMERSCHMIDT. — Au cours de nombreuses séances, la Commission spéciale du Comité Exécutif s'est occupée de toutes ces questions, qu'elle a étudiées sous la présidence de compétences aussi illustres que celle de notre ami Beauvisage. La première chose que fera le Comité Exécutif, c'est de renvoyer l'étude de ces mêmes questions à la commission de l'enseignement. Il vaut mieux que l'affaire soit solutionnée séance tenante.

M. LE Dr POTTEVIN. — Je m'incline devant les compétences illustres, mais je demande qu'on divise les questions d'ordre pédagogique, qui ne rentrent pas dans le domaine de notre mandat.

M. HEMMERSCHMIDT. — Nous allons, si vous le voulez, diviser les conclusions en deux parties, une première qui a un caractère un peu politique, et la deuxième, qui est d'ordre éducatif. Nous vous aurons ainsi, mon cher collègue, donné satisfaction.

M. LE Dr POTTEVIN. — Pas tout à fait. On a parlé tout à l'heure de patronages illustres. (*Exclamations.*) Ah ! je vous assure, je ne fais pas d'ironie, mais il y en a une à laquelle on pourrait faire appel, c'est celle d'Herriot. Je serais étonné si, après un de ses discours très clairs, nous n'étions pas tous d'accord. (*Vifs applaudissements.*)

M. HERRIOT. — L'observation que je veux faire est simple et je suis sûr que, moins par amitié pour moi que par déférence pour la logique, M. le Dr Pottevin s'y ralliera. Il aurait tout à fait tort de ne pas renoncer à son amendement et de ne pas adopter les conclusions de la Commission qui paraissent marquer un effort intéressant pour orienter notre Parti vers une direction nouvelle. Nous commettrions une grande erreur si nous laissions aux professionnels, aux pédagogues, le soin de discuter des questions qui touchent de si près à la question même de l'éducation nationale ; peut-être, un certain nombre des difficultés que nous éprouvons chaque jour pour trouver parmi les hommes adultes des esprits capables de raisonner et de discuter, viennent-elles de la négligence avec laquelle nous avons jusqu'à ce jour relégué ces questions hors de notre compétence. La vérité, c'est qu'il est impossible à un grand Parti de se désintéresser des questions d'enseignement. (*Applaudissements.*) Je n'ai pas besoin d'évoquer le souvenir de la Convention ; elle n'a rien de plus pressé que d'instituer sur ces questions de grands débats qui, lorsqu'on les relit aujourd'hui, nous paraissent remplis d'idées et de prévisions. La Convention a étudié ces questions et vous savez avec quel soin Condorcet a précisé le programme d'instruction. Nous avons eu le plus grand tort de ne pas reprendre cette étude. On a raison quand on vous dit que nous avons négligé jusqu'à ce jour cette grande question : l'organisation d'un enseignement démocratique en France.

J'ai soutenu devant vous, toutes les fois que vous m'avez permis de le faire, qu'il n'y avait rien de plus urgent, au point de vue social, que d'établir l'accord qui a manqué jusqu'à ce jour entre nos intentions démocratiques et le statut de l'enseignement, puisque nous avons un statut de l'enseignement qui va directement à l'encontre des principes de la démocratie. (*Applaudissements.*)

Nous pouvons dire que les socialistes ont raison quand ils déclarent que nous, qui sommes les ennemis de la théorie des classes, nous avons maintenu un système de classes dans l'enseignement. Je dis donc, et je crois très fermement, que la solution de ce problème emporte une partie de la solution du problème social. Alors que la République, jusqu'à ce jour, a fait de grands efforts pour créer des établissements d'enseignement, le grand effort de demain et des hommes d'Etat appelés à s'occuper de ce problème, ce sera de réaliser un enseignement national, démocratique, hiérarchisé selon les principes tout à l'heure indiqués par M. Pottevin et qui, au lieu de laisser fonder des distinctions dans l'enseignement sur les distinctions d'origine de l'enfant et par suite sur des distinctions de fortune, ne laissera pas d'autres distinctions entre les enfants que celle de leur effort et de leur bonne volonté. (*Très bien ! applaudissements.*)

Nous avons fait beaucoup de révoltés qui, à l'heure actuelle, nous attaquent. Nous avons souvent laissé sortir de l'école primaire, sans leur donner un enseignement complémentaire, un grand nombre de jeunes intelligences qui ne demandaient qu'à se laisser cultiver et qui, ensuite, se sont révoltées contre nous, contre la société, parce qu'elle n'a pas permis l'usage légitime de leurs facultés et de leur bonne volonté. (*Applaudissements.*) Donc, Pottevin a tout à fait raison, et nous pourrions faire une grande œuvre, le Parlement pourrait en faire une très grande, si le gouvernement voulait bien diriger cet effort, il pourrait nous conduire dans le sens du progrès nécessaire et essayer de donner au pays un système d'enseignement fondé non pas sur la perpétration de la théorie des classes sociales, mais sur la seule distinction du mérite et de l'intelligence.

Le désir que j'ai de voir cette théorie mise à l'étude ne doit pas faire du tort à la sage motion qui vous est proposée. Il est inexact que l'on doive laisser aux seuls professionnels, et par exemple au Conseil supérieur de l'enseignement public, le soin de chercher une direction. La meilleure preuve, c'est que le gouvernement lui-même l'a senti, quand il a fait la réforme de l'enseignement secondaire. Il a créé alors une Commission dans laquelle il a eu soin d'appeler non pas seulement des professionnels, mais des représentants de la nation, pour dire quelle était la direction qu'on devait donner à l'enseignement secondaire.

Notre devoir envers l'école primaire est le même.

Si nous avons tant de difficultés aujourd'hui, avec les maîtres ou les élèves, c'est que le verbe joue dans nos discussions électorales une part considérable ; ce qui amène les 3/4 de ces incidents, c'est l'excès de verbalisme, on attache aux mots trop d'importance et pas assez aux faits. (*Vifs applaudissements.*)

Si nous avions une éducation mieux fondée sur l'instruction et l'expérience, on n'arriverait pas aux résultats auxquels on est arrivé. J'approuve que le Congrès manifeste son désir de voir l'école primaire s'écarter de ces tendances pour s'appuyer sur l'observation ; ce sera rompre avec les anciens programmes. Nous avons hérité des méthodes d'enseignement de l'ancien régime, qui avait bien compris qu'à une forme de gouvernement correspondait une forme d'instruction. A la fin du XVIIIe siècle, les livres étaient faits pour le Dauphin ; aujourd'hui, les livres sont toujours inspirés par les mêmes procédés.

Voulez-vous me permettre un exemple ? (*Cris : Oui, oui.*)

Je veux vous montrer combien nous avons tort de nous désintéresser des questions de programme et combien cela nous vicie notre culture nationale. Prenons l'enseignement de l'histoire. Pottevin va me dire que la façon dont on enseigne l'histoire de France ne nous intéresse pas ; au contraire, c'est l'affaire de nos Congrès de discuter ces questions qui touchent à la vie même de la nation. Permettez-moi d'attirer votre attention sur ceci : qu'est-ce qu'on fait dans la France entière quand on enseigne l'histoire aux enfants des écoles primaires ou secondaires, aux élèves des Facultés, car l'enseignement supérieur consiste souvent à superposer une culture supérieure à une culture qui n'existe pas ; on établit des étages supérieurs sur une maison qui n'a pas été bien construite. Il est entendu que c'est l'histoire qui est la sagesse des peuples ; nous l'enseignons comme au temps de l'ancien régime. On enseigne l'histoire en commençant par un certain Pharamond, puis par un certain nombre de personnages non moins incertains. Le professeur explique l'histoire du moyen âge ; l'élève n'y comprend rien, le professeur souvent pas grand'chose. On arrive à l'histoire des temps modernes ; on s'épanouit sur l'histoire de Louis XIV ; on gagne la Révolution, là, il y a de la politique, l'Université recommande à ses professeurs de ne pas trop y insister. On atteint le XIXe siècle, on apprend les guerres de Napoléon, je ne m'en plains pas, c'est un sujet admirable. Mais aux trois quarts, à la moitié des Français, à vous peut-être, à moi sûrement, on a enseigné beaucoup plus l'inutile que le nécessaire. (*Applau-dissements.*)

Toute l'histoire récente, toute la création des institutions modernes, tout cet admirable mouvement d'idées qui, au premier Empire, essayait de se constituer, toutes ces institutions sur lesquelles nous vivons encore, l'origine de la liberté de la presse, de la liberté de ces grands débats de la Restauration qui, aujourd'hui encore nous dominent, des faits comme le Coup d Etat sur lequel beaucoup de personnes parlent sans en connaître les détails, les luttes des républicains sous l'Empire, nos alternatives de succès et d'échecs, toute cette période moderne, qui la connaît ? Nous sommes à peu près renseignés sur Louis XIV, sur le traité de Westphalie, mais l'histoire contemporaine, nous ne la connaissons pas.

Croyez-vous qu'on n'a pas raison quand on dit parfois : « On devrait enseigner l'histoire à l'envers au lieu de l'enseigner à l'endroit. » (*Vifs applaudissements.*) Demandez autour de vous, à des gens cultivés, la succession des régimes pendant le XIXe siècle. Beaucoup ne la connaissent pas. Beauvisage a raison quand il vous dit : « On devrait commencer par les temps présents. Un enfant ne peut-il recevoir qu'une culture restreinte, très courte ? Apprenez-lui l'histoire de son temps, et, s'il est plus apte à s'instruire, remontez plus loin dans le passé. » Ne croyez-vous pas, citoyens, que le jour où cet ensemble de réformes de bon sens aurait été imposé, l'éducation nationale s'en trouverait mieux, que le corps électoral serait mieux préparé à toutes les discussions que nous lui proposons et qui n'ont aucun lien dans son esprit avec le passé le plus immédiat ? Je supplie le citoyen Pottevin, puisque je demande avec lui que soit institué un grand débat pour fonder l'enseignement national, de ne pas se désintéresser des programmes ; une démocratie doit avoir des notions sur l'enseignement comme elle devrait en avoir sur les rapports de l'armée avec la nation. (*Vifs applaudissements.*)

Une démocratie est un grand système où tout est lié. Les programmes de l'enseignement, mais rien ne nous intéresse davantage, et notre Parti fera un singulier progrès le jour où il s'écartera de l'attention trop grande qu'il donne aux questions de formule pure pour imposer sa volonté et son bon sens sur les questions de fond dont la solution touche à ce qu'il y a de plus utile, de plus vivant dans l'âme même de la nation et de la République. Voilà les modestes observations que je voulais faire en réponse aux observations de mon collègue Pottevin. (*Vifs applaudissements.*)

M. LE Dr POTTEVIN. — Tout à l'heure, quand j'ai pris la parole, je vous ai dit que c'était un mauvais tour que m'avait joué Dalimier : après le discours que vous venez d'entendre, je déclare que je n'ai plus de regrets et que je me félicite de l'avoir provoqué. (*Applaudissements.*) Je pense que personne ne m'accusera maintenant de faire de l'ironie si je déclare m'associer sans réserves aux observations du citoyen Herriot. (*Applaudissements.*)

LE PRÉSIDENT. — Je mets aux voix les conclusions de la Commission. (*Adoptées à l'unanimité.*)

M ROUSSEAU. — Je vais vous lire un deuxième ordre du jour dont j'avais cité quelques-uns des signataires :

« Considérant que le surcroît de travail, etc... »

UN DÉLÉGUÉ. — Ce sont des questions de détail.

M. HEMMERSCHMIDT. — Notre collègue Rousseau parle en son nom personnel mais pas au nom de la Commission. (*Bruit.*)

M. ROUSSEAU. — C'est au nom de signataires nombreux. (*Bruit.*)

LE PRÉSIDENT. — Ne seriez-vous pas d'avis que l'on discute d'abord les conclusions de la Commission et, ensuite, on discuterait les additions ? (*Cris : Oui, oui.*)

LES SYNDICATS D'INSTITUTEURS.

M. HEMMERSCHMIDT. — L'importante question des instituteurs syndicalistes et des poursuites exercées contre certains d'entre eux à la suite du Congrès de Chambéry ne pouvait laisser la Commission de l'enseignement indifférente, tout ce qui touche nos éducateurs nationaux nous intéresse.

Aussi, après avoir entendu les explications de notre collègue, M. Ferdinand Buisson, et de M. Rousseau, instituteur, ce dernier a procédé personnellement à une enquête près des instituteurs intéressés, la Commission ayant reconnu qu'à aucun moment les instituteurs n'avaient tenu le langage ni professé les idées qui leur avaient été prêtées, que les accusations portées contre eux n'étaient que la continuation du système de dénigrement que la réaction poursuit contre l'école laïque et ses maîtres. La Commission vous propose de voter la résolution suivante :

Le Congrès,

Constatant que des instituteurs publics ont été accusés de professer des opinions antimilitaristes et antipatriotiques, alors que ce fait n'a jamais été prouvé, que les instituteurs ont toujours protesté avec la dernière énergie contre cette imputation, affirme sa confiance entière dans le corps enseignant dont il apprécie le sincère attachement à la République et l'amour profond de la patrie ;

Et exprime le vœu que toutes les mesures disciplinaires, motivées par l'adhésion d'instituteurs au manifeste qui exprimait simplement l'opinion de leurs collègues sur leur droit syndical, soient suspendues jusqu'à ce que le Parlement et les tribunaux se soient prononcés ;

Il émet en outre le vœu que les instituteurs ne puissent s'affilier à la C. G. T., dont les tendances actuelles sont la négation même du patriotisme et une perpétuelle tentative d'anarchie et de désorganisation nationale.

Discours de M. Teissier.

M. TEISSIER. — Le citoyen rapporteur nous a déclaré qu'il estimait devoir prendre ses conclusions au nom de la Commission de l'enseignement. A un point de vue particulier, il a plaidé les circonstances atténuantes en faveur des instituteurs syndiqués. Il vous a dit qu'il n'était pas en effet prouvé que les instituteurs syndiqués aient pris à Chambéry la motion antimilitariste et antipatriotique telle qu'elle a été rapportée dans la presse et contre laquelle le gouvernement a cru devoir s'élever. Eh bien ! je me place avec les républicains stéphanois à un autre point de vue,

Quand bien même les instituteurs syndiqués auraient tenu à Chambéry le langage que vous connaissez, le Congrès devra s'élever néanmoins contre l'attitude du gouvernement et voici pourquoi. (*Interruptions, quelques applaudissements, exclamations sur d'autres bancs, bruit prolongé.*)

Les mouvements qui se sont manifestés dans la salle, à la suite de mes dernières paroles, démontrent qu'on ne connaît pas la suite de ce que je vais dire ; il est regrettable que, dans une assemblée, on condamne un orateur avant de l'avoir complètement entendu. Je dis et je maintiens que quand bien même la décision de Chambéry serait absolument exacte, l'attitude gouvernementale devrait être condamnée. (*Quelques applaudissements, bruit.*) Laissez-moi finir, voulez-vous me laisser continuer ? Je veux vous mettre à l'aise immédiatement. Je suis un de ceux, — et je l'ai dit dernièrement au sein de la section stéphanoise de la Ligue des Droits de l'homme, en présence d'instituteurs syndiqués, — un de ceux qui s'élèvent d'une façon énergique contre les tendances antimilitaristes et antipatriotiques de certains instituteurs. (*Plusieurs voix : Et alors ?*) Et alors, me voici dans la question. Le pouvoir exécutif représenté par le gouvernement est chargé de faire respecter les lois, et comme tel, il est tenu le premier de les respecter lui-même. (*Quelques applaudissements.*) Je fais appel à ceux qui, dans cette assemblée, connaissent la loi du 21 mars 1884. La loi de 1884 dit que lorsqu'un syndicat quelconque, à un titre quelconque, est irrégulier, dans un article que vous connaissez au moins par ouï-dire, la loi de 1884 stipule que c'est au pouvoir judiciaire qu'il appartient de provoquer la dissolution du syndicat irrégulier, et je dis... (*M. Gros, de sa place, interrompt sans qu'on entende ses paroles : M. Dalimier l'invite au silence.*) Je dis que la loi de 1884 met entre les mains du pouvoir judiciaire la faculté de dissoudre les syndicats d'instituteurs dans l'espèce. Si le gouvernement estimait que les syndicats d'instituteurs étaient irréguliers, il avait le devoir impérieux de faire provoquer leur dissolution par le pouvoir judiciaire, et on aurait plaidé.

On aurait plaidé qu'il ressortait des débats parlementaires que les syndicats de fonctionnaires devaient rester dans le *statu quo*, qu'en tous cas ils n'étaient pas irréguliers. Quoi qu'il en soit, il appartenait au pouvoir judiciaire, et mieux, au pouvoir parlementaire, de trancher cette délicate et irritante question. Le gouvernement a cru devoir faire un coup de force et à une époque où les instituteurs étaient séparés, alors qu'ils étaient chacun dans leurs foyers paisiblement chez eux, les pieds dans leurs pantoufles, il a cru devoir prendre cette résolution grave de provoquer de son propre chef la dissolution immédiate, dans les huit jours, des syndicats d'instituteurs. Nous radicaux-socialistes, nous démocrates sincères, quand bien même nous regrettons les paroles prononcées à Chambéry, quand bien même nous regrettons l'attitude de certains membres de l'enseignement qui se laissent entraîner par de vaines et dangereuses chimères, nous ne pouvons pas donner notre approbation, signer un blanc-seing au gouvernement qui, chargé de faire respecter la loi, est le premier à la violer. (*Applaudissements.*)

J'ai terminé. Vous le voyez, mon intention est très claire et nette. Je suis fils d'instituteur et suis en contact permanent avec le corps enseignant de la Loire. Je suis donc, à certains titres, autorisé à parler en son nom.

En résumé, nous blâmons les quelques membres de l'enseignement qui, oubliant la dignité de leur fonction, vont jusqu'à s'élever contre l'idée de patrie et pactisent avec les anarchistes de la C. G. T. (*Applaudissements.*), mais, respectueux de la légalité, nous voulons que le gouvernement donne le premier l'exemple et nous désirons que le gouvernement, lié par un vote solennel du Parlement, ne prenne pas de décisions vis-à-vis des syndicats d'instituteurs avant que le Parlement lui-même se soit prononcé. Il faut que ce soit la nation elle-même, chargée du service de l'enseignement, qui, par l'organe de ses représentants autorisés, soit appelée à se prononcer. C'est pourquoi je vous invite à blâmer l'attitude du gouvernement. J'espère que ma proposition, qui satisfait à toutes les opinions, devra être partagée, sinon par l'unanimité, au moins par la grande majorité des démocrates sincères, des profonds républicains qui composent cette assemblée. (*Applaudissements.*)

Discours de M. G. Robert.

M. GEORGES ROBERT. — Je suis prêt, pour ma part, à voter l'ordre du jour qui vous a été proposé par la Commission, parce que je pense que c'est un ordre du jour de conciliation et d'apaisement. Je pense que nous donnerons par cet ordre du jour, aux instituteurs de France, même à ceux dont nous ne pouvons pas approuver la conduite et certaines de leurs résolutions, un nouveau témoignage de notre sympathie profonde et de notre dévouement à l'enseignement laïque. Car, citoyens, s'il est un Parti qui peut revendiquer bien haut le dévouement à l'enseignement laïque et aux instituteurs, c'est certainement le Parti radical. Ce n'est pas seulement par des paroles et des flatteries que nous avons prouvé ce dévouement, c'est par des faits, c'est par nos actes de tous les jours, c'est par l'action législative de nos élus ; et ce n'est pas dans notre Parti que l'on trouvera, comme nous le voyons en ce moment dans le Pas-de-Calais, à Boulogne, des élus municipaux socialistes prêts à réaliser, avec les réactionnaires, la R. P. scolaire au grand préjudice de notre enseignement laïque. (*Vifs applaudissements.*) Mais, citoyens, si nous sommes les amis convaincus et dévoués des instituteurs, même des instituteurs syndicalistes, nous ne sommes ni leurs flatteurs, ni leurs courtisans ; et c'est pourquoi, lorsque nous trouvons qu'ils ont tort, nous avons le courage de leur dire.

Dans cette affaire de Chambéry, quels sont les faits qui nous ont émus ? C'est que nous avons vu des syndicats d'instituteurs s'affilier à la C. G. T. ; c'est qu'au lieu de constituer entre eux une œuvre autonome du Sou du Soldat, dans un but généreux de solidarité confraternelle, ces instituteurs décidèrent que cette organisation adhérerait aux œuvres similaires des Bourses du travail. Toute la question est là. Il s'agit de savoir si la place des instituteurs français est à la C. G. T. (*Cris répétés : Non, non.*) Il s'agit de savoir si vous les approuvez et les encouragez. Ne l'oubliez pas, un ordre du jour, conçu dans le sens de celui proposé par le citoyen Teissier, serait un encouragement à la résistance, à l'insubordination, à l'indiscipline (car enfin il faut une réglementation et une discipline), et, au lieu d'avoir fait l'apaisement que nous cherchons, nous n'aurions qu'aggravé les luttes et les-déchirements. (*Bruit, mouvements divers.*) Nous ne devons pas avoir l'air d'approuver l'attitude de M. Chalopin allant présider une séance de la C. G. T. (*Bruit.*), et il est heureux que Chalopin n'ait pas présidé la séance du lendemain, car il aurait entendu des discours qui se terminaient par les cris de : « A bas la patrie et à bas l'armée ! » Voilà ce que nous ne voulons pas, nous sommes animés de sentiments de sincère conciliation, mais nous disons à nos instituteurs qu'ils doivent bien sentir que c'est le meilleur moyen de discréditer l'école laïque et de fournir des armes à la réaction que de s'affilier à la C. G. T. et d'aller présider des réunions de cette organisation. (*Applaudissements.*) Je conclus : dans une pensée d'apaisement... (*Exclamations.*)

Le Président. — Ne donnez pas au mot un sens qu'il n'a plus.

M. Robert. — C'est dans une pensée d'apaisement vis-à-vis des instituteurs syndicalistes que je suis prêt à voter l'amendement de la Commission, mais à la condition qu'il ne soit pas interprété comme un blâme au gouvernement (*Cris divers : Si, si ! Non, non !*) et qu'il soit bien entendu que le Congrès ne trouve pas que la place des instituteurs de France soit à la C. G. T. (*Applaudissements, mouvements divers.*)

Discours de M. L. Salmon.

M. Léon Salmon (3e arrondissement de Paris). — Je serai très bref, d'autant plus que Robert a développé de façon merveilleuse ce que je voulais dire (*Plusieurs voix : Alors, ce n'est pas la peine de parler !*), cependant, je tiens à ajouter deux mots pour appuyer ce qu'il a dit. Nous prendrons un exemple, si vous voulez bien. Tous nos comités ont une certaine autonomie, nous faisons tous partie d'une fédération régionale, puis d'un Parti national ; si aujourd'hui l'organisation nationale prend une décision, nous sommes trop disciplinés pour ne pas tâcher de l'appliquer demain dans nos Comités, et alors, si les instituteurs, je ne conteste même pas leur droit de se syndiquer...

M. LÉON SALMON (3e arrondissement). — Je dis
que je ne leur conteste pas le droit de se syndiquer tant que cela ne leur a pas été défendu, mais
leurs syndicats étant affiliés à la C. G. T., il est
certain que leurs syndicats seront obligés de
suivre les décisions de la C. G. T., or la C. G. T.
étant nettement antimilitariste et antipatriote, les
instituteurs syndiqués seront obligés, qu'ils le
veuillent ou non, de se considérer comme antimilitaristes ou antipatriotes. (*Applaudissements.*)

UN DÉLÉGUÉ. — En quoi la dissolution des syndicats les empêcherait-il de penser autrement ?

M. LÉON SALMON (3e arrondissement). — Je vous
donne mon opinion personnelle. Jusqu'au vote d'une
nouvelle loi rectifiant celle de 1884, j'estime qu'on
ne peut pas leur empêcher de se syndiquer. Je
vous ai expliqué la raison que j'estime être suffisante de ne pas s'affilier à la C. G. T. Je rends
hommage à l'éducation et à l'intelligence des instituteurs, quant à moi, et certainement, dans nos
Comités, nous ne connaissons pas d'instituteurs
antipatriotes et antimilitaristes. (*Bruit, cris :
Conclusion !*) Le gouvernement, à mon avis, a pris
des mesures vis-à-vis des instituteurs, mesures
bien anodines en somme (*Bruit.*), je n'en demande
pas de supérieures...

UNE VOIX. — Elles sont inégales.

M. LÉON SALMON (3e arrondissement). — Je considère les conclusions du rapporteur comme un
minimum. Je vous propose de passer à l'ordre
du jour. (*Exclamations diverses.*)

LE PRÉSIDENT. — La parole est à M. F. Buisson.
(*Vifs applaudissements.*)

Discours de M. F. Buisson.

M. FERDINAND BUISSON. — Malgré votre bienveil-
lance, j'aurai beaucoup de peine à me faire entendre. Je veux être aussi bref que je pourrai.
Je vous demande de vouloir bien voter, tel qu'il
est, sans plus et sans moins, l'ordre du jour que

votre Commission de l'enseignement vous présente. (*Très bien !*)

Cette Commission s'est réunie deux fois hier ;
elle a étudié, et à fond, les questions qu'elle vous
soumet.

Il y a, citoyens, dans l'affaire dite des instituteurs, deux questions tout à fait différentes, et il
importe, il est de la dernière gravité politique,
que le Congrès connaisse bien ces deux questions
et qu'il applique à chacune d'elles la solution qui
y convient. (*On crie : Plus haut ! Plus fort !*)

M. DALIMIER. — C'est l'inconvénient de casser la
voix d'un homme un jour quand on a le plaisir
de l'entendre le lendemain. (*Applaudissements.*)

M. FERDINAND BUISSON. — Il faut savoir comment
les choses se sont passées au Congrès de Chambéry. Je ne le raconte pas. Hemmerschmidt pourra
vous en faire le récit si vous le désirez. Quoi qu'il
en soit, le gouvernement a été ému de ce qu'une
certaine presse, qui n'est pas la presse radicale, a
signalé avec la dernière violence le fait que des
instituteurs publics auraient fait « une manifestation impudente d'antipatriotisme ». C'est ainsi que
les faits ont été présentés au gouvernement. Par
qui ? Non pas par un rapport officiel, non pas par
un inspecteur, non par des témoins, ni par des
instituteurs, mais par des journalistes qui n'ont
rien su que de seconde main, puisqu'ils n'avaient
pas accès au Congrès, c'est de là qu'est parti un
mouvement d'indignation que l'ancien ministre de
la Guerre, avec trop de précipitation à mon sens,
a accueilli et propagé et auquel le gouvernement
a cru devoir se rallier. (*Applaudissements.*)

Je ne veux pas, dans ce moment, faire le procès
du gouvernement. Il se peut qu'il ait cru, il est
même certain qu'il a cru être en face d'une explo-
sion d'énormités révolutionnaires et anarchistes.
Il a donc cru de son devoir, comme gouvernement, de mettre le pied sur ce « scandale ».

Citoyens, mettons-nous un instant dans l'hypothèse d'un scandale. Et examinons. Voici comment
raisonne le gouvernement : « Ce sont les syndicats d'instituteurs réunis à Chambéry qui ont eu
une attitude intolérable. L'intolérable ne peut pas
être toléré. Il faut donc frapper en bloc tous ces
syndicats, « foyers de désagrégation nationale ».

Il est bien vrai qu'en novembre 1905 ils avaient déjà été menacés de poursuites par le gouvernement d'alors, où M. Bienvenu-Martin était ministre de l'Instruction publique. Et la Chambre, après débat, a décidé de surseoir aux poursuites. Mais le mal est si grand, il dort depuis si longtemps que nous ne pouvons pas attendre davantage. Il faut en finir. »

Soit. Mais, partant de là, que fait le gouvernement ? Une chose que je ne blâme pas en elle-même. (*Exclamations sur quelques bancs.*)

M. DALIMIER. — Il y aura autant de malentendus qu'à la Chambre si vous n'écoutez pas.

M. FERDINAND BUISSON. — La question est très délicate, il faut avoir la patience d'entendre quelques détails précis. Je ne le blâme pas, dis-je, d'avoir fait un appel à ces syndicats, de les avoir invités à se dissoudre volontairement.

Deux solutions pouvaient se produire. S'ils se soumettent, tout est fini. S'ils ne le font pas, qu'arrivera-t-il ? La question, disait le gouvernement, sera portée devant les tribunaux comme elle l'aurait été le 7 novembre 1905, sans l'intervention moratoire de la Chambre. Mais vous avez bien compris, citoyens. Le gouvernement n'a pas écrit aux instituteurs en tant qu'instituteurs : « Vous allez individuellement donner votre démission, faire tel ou tel acte de soumission professionnelle que moi, votre chef, je vous prescris. » Non. Il prescrit à ces syndicats de se dissoudre dans la forme statutaire. Or, les statuts fixent les conditions et les formes de la dissolution : il y faut la présence d'un certain nombre de membres et le vote à la majorité des deux tiers. Il était matériellement impossible, dans les huit jours, de réunir des instituteurs dispersés en vacances. Une dissolution votée par une poignée d'instituteurs obéissant à l'ordre ministériel eût été un simulacre, pour ne pas dire une jonglerie.

Quoi qu'il en soit, il s'est trouvé au moins un syndicat, celui de la Seine, pour soutenir en 1912 la même prétention du droit syndical qu'il soutenait depuis 1905, et qui n'a pas encore été jugé par les tribunaux, interprètes de la loi de 1884.

Soutenir cette thèse de droit, bien ou mal fondée, était-ce un acte de révolte ? Je vous le demande, à vous tous. La réponse a été faite par le gouvernement lui-même. Il a si peu vu dans cette résistance un mouvement insurrectionnel qu'il a parfaitement accepté de déférer la question aux tribunaux. M. Chalopin, secrétaire du syndicat de la Seine, a reçu du papier timbré, il a répondu par du papier timbré. L'affaire suit son cours et le ministre de l'Instruction publique, je puis l'affirmer, est à cent lieues d'avoir la pensée de poursuivre M. Chalopin. Il y a une question judiciaire, elle suivra son cours, voilà tout.

Le Congrès doit-il, peut-il intervenir dans cette affaire ? (*Non ! Non !*) Je dis non avec vous sans hésiter pour ce qui est de la partie judiciaire. Quant au point de vue parlementaire, ce n'est pas non plus ici, c'est à la Chambre qu'on pourra examiner s'il était indispensable d'interrompre si précipitamment le régime de tolérance qui dure depuis sept ans, et si l'importance donnée par le gouvernement au Congrès de Chambéry n'a pas causé une agitation plus préjudiciable peut-être à l'école laïque que le fameux manifeste des évêques.

Pour nous ici, messieurs, une autre question se pose, dont je parle avec douleur, il s'est passé un fait pour moi inexplicable. Le voici.

Quelques jours après la date fixée par le ministre pour la dissolution prescrite, le 15 septembre, paraît un manifeste des instituteurs syndiqués. Ce manifeste se borne à répliquer sur deux points.

Le premier : c'est l'accusation d'antipatriotisme. Ils déclarent qu'ils n'ont rien dit à Chambéry qui permette de leur adresser un reproche qu'ils répudient avec indignation. Ils expliquent bien ou mal, ce n'est pas là question, leurs actes, leurs votes, leurs décisions qu'on a, disent-ils, dénaturés. Bref, ils se défendent ! Citoyens, je ne suppose pas que personne puisse faire grief à des instituteurs dénoncés à la méfiance publique sans qu'il y ait eu ni enquête ni débat contradictoires d'avoir essayé de se défendre et d'expliquer leur conduite. (*Vifs applaudissements.*) C'est le droit de tout citoyen, c'était le devoir des instituteurs de faire ce qu'ils ont fait. (*Applaudissements.*)

Le deuxième point, c'est le point de droit. Ils maintiennent que ceux-là même qui se sont inclinés, qui ont prononcé la dissolution de leurs syndicats, ils maintiennent qu'ils n'en croient pas

moins au droit d'association professionnelle. Ils
rappellent que c'est leur doctrine, non pas d'aujourd'hui, mais depuis 1884 ; ils rappellent que
cette doctrine, condamnée par certains juriscon-
sultes, a été défendue par d'autres, qu'il y a eu des
jugements en sens contradictoire. Ils attendent
donc que le tribunal suprême ait prononcé, alors
ils s'inclineront ; jusque-là, ils sont des plaideurs
qui maintiennent le bien-fondé de leurs prétentions. (*Très bien, très bien !*)

Voilà les deux parties du manifeste. La première n'est pas un crime, c'est plutôt une déclaration dont nous tous, républicains, nous leur
sommes reconnaissants, puisque c'est une énergique protestation contre l'odieuse accusation d'antipatriotisme.

La seconde, c'est l'affirmation maintenue d'un
droit qu'on peut leur contester, mais qui n'est pas
insoutenable puisqu'en 1894 la Chambre a ren-
versé le ministère Casimir-Périer précisément
pour affirmer le droit qu'ils réclament, l'application de la loi de 1884 aux fonctionnaires. C'est un
précédent qu'il est permis de retenir tant que ni
le Parlement, ni la Cour de cassation n'ont prononcé la sentence définitive.

Citoyens, ce manifeste a été signé à la fois par
les instituteurs syndiqués qui résistent, par ceux
qui se sont soumis, et enfin par un nombre considérable d'instituteurs qui n'ont jamais été syndiqués et qui ne veulent pas l'être, qui appartiennent
aux Amicales, mais qui se solidarisent avec leurs
collègues pour la défense d'une opinion différente
de la leur. Le manifeste, une fois publié quelques
centaines d'instituteurs ont adhéré par lettre publique. De qui venaient ces adhésions ? De quelques hurluberlus, de quelques cerveaux brûlés, de
quelques agités ? Non, messieurs, il faut pourtant
savoir ce qui se passe. Ceux qui y ont adhéré c'est
le président de la Fédération des Amicales, le secrétaire général de cette Fédération qui compte
90,000 membres, c'est tout le bureau de la Fédération, ce sont des instituteurs élus par leurs collègues soit dans les Amicales de province, soit
dans les conseils départementaux dans une soixan-
taine de départements, ce sont des hommes d'âge
et d'expérience qui sont l'honneur du corps enseignant, c'est une femme, une institutrice du Nord,

qui a été élue il y a six mois au conseil supérieur de l'Instruction publique par la totalité des inspecteurs, directeurs et instituteurs de France. (*Applaudissements.*)

Voilà les gens qui ont adhéré à ce manifeste comme j'y aurais adhéré, comme vous y auriez tous adhéré quand même vous donneriez dix fois tort aux syndicalistes, parce qu'il ne s'agit que d'une seule chose : reconnaître à des fonctionnaires calomniés la faculté de se disculper, reconnaître à des fonctionnaires traduits en justice le droit de se défendre. Eh bien ! voilà l'inexplicable. De quel sous-ordre est venue la folle idée de poursuivre ces gens-là et de les poursuivre comment ? Il ne s'agit plus de poursuites judiciaires. Chalopin et les autres syndiqués qui refusent de se dissoudre, on ne les poursuit pas. Et c'est bien naturel. Il serait trop fort qu'un ministre puisse en même temps plaider devant les tribunaux contre des fonctionnaires et commencer par les punir de plaider contre lui. M. Guist'hau ne songe donc pas à sévir contre les instituteurs qui lui résistent, mais il sévit contre des instituteurs des plus honorables qui seraient plutôt dignes de son respect. (*Vifs applaudissements.*) Car ils ont commencé par se soumettre, et ils ne revendiquent que le droit de garder leur opinion jusqu'à ce que la justice l'ait condamné.

Ce n'est pas seulement de leur part acte de camaraderie et de solidarité. Ils l'ont fait par principe. Et c'est parce qu'une question de principe est engagée qu'à notre tour, citoyens, nous avons à nous prononcer.

Si nous ne nous associons pas à la défense de ce principe, si nous admettons qu'un gouvernement, qu'une administration puisse, sous prétexte d'insubordination, frapper pour délit d'opinion les fonctionnaires qui usent correctement de leur droit, nous ne sommes plus le Parti radical. (*Vifs applaudissements.*)

Les choses en sont là. Le gouvernement a d'abord déclaré qu'il allait renvoyer l'affaire aux préfets ou aux inspecteurs d'académie, les chargeant d'examiner cas par cas les culpabilités de ces grands criminels. Etrange idée puisque, s'il y a une faute, c'est la même pour tous, identiquement, la même de Dunkerque à Perpignan !

S'il y a faute, le gouvernement n'a à sa disposition qu'une seule mesure disciplinaire qu'il puisse appliquer, notre ami Robert disait tout à l'heure, je crois : il n'est question que de peines anodines, c'est la réprimande.

Mais mettez-vous à la place des instituteurs dont je viens de vous parler ; voilà des hommes et des femmes qui ont 20, 30 ans de services, et quels services, honorés de la confiance de leurs collègues, et vous admettrez qu'ils se laissent infliger comme à des gamins une réprimande pour une peccadille. Plus la peine est anodine, plus elle est inacceptable, car elle ne prouve qu'une chose, c'est l'impuissance du gouvernement à faire davantage. *(Vifs applaudissements.)*

Le gouvernement l'a si bien compris qu'aux dernières nouvelles nous apprenons qu'il a décidé, pour certains, le renvoi de l'affaire devant les conseils départementaux. Voyez-vous dans quelle aventure nous nous engageons ! Et tout cela pour ménager ce qu'on appelle l'amour-propre de l'administration, qui croit par là servir le principe d'autorité. Elle le compromet étrangement, au contraire. Et elle risque de retourner contre nous, je ne dis pas seulement contre notre Parti, mais contre le régime lui-même, des milliers de braves gens qui ont pu se tromper ici ou là mais qui n'en sont pas moins les plus fidèles et les plus sûrs défenseurs de la République et de la patrie. Pouvons-nous laisser faire cela ? *(Applaudissements.)*

Je vous demande d'accepter la résolution que la Commission vous propose. Cette résolution a été longuement étudiée par la Commission ; elle laisse de côté le point de vue judiciaire qui ne nous regarde pas, elle se borne à demander qu'aucune poursuite, qu'aucune mesure disciplinaire ne soit prise contre les instituteurs coupables seulement d'avoir adhéré au manifeste théorique du 16 septembre dernier, c'est-à-dire d'avoir soutenu des opinions que jusqu'ici il a été licite de soutenir. Voilà ce que nous vous proposons. En le faisant, nous ne tranchons pas les questions de fond, celle par exemple de l'adhésion à la C. G. T. Ceux même qui sont les adversaires passionnés de l'adhésion des instituteurs à la C. G. T. doivent voter avec nous. *(Applaudissements, bruit sur quelques bancs, exclamations.)*

Nous savons tout ce qu'on peut dire, et je l'ai dit moi-même plus d'une fois, contre la C. G. T., telle qu'elle se manifeste depuis quelques années. Mais nous savons aussi que la question est en suspens devant la Chambre depuis sept ans, qu'il ne faut pas croire qu'elle a éclaté comme une bombe à Chambéry. Si les motions, même répréhensibles, de Chambéry, doivent être poursuivies et châtiées, ce n'est pas aujourd'hui qu'il faut les découvrir, il fallait agir en 1906, en 1907 ; il fallait sévir en 1910, lorsqu'au Congrès de Marseille, les mêmes syndicats ont adopté et publié les mêmes résolutions ; il n'a été rien fait de nouveau à Chambéry. Ce n'est donc pas aujourd'hui de la C. G. T. qu'il s'agit. Le gouvernement saisira, quand il le voudra, le Parlement des mesures qu'il jugera nécessaires. Pour le moment, il ne s'agit que d'une chose qui est aussi simple qu'elle est grave : ne pas permettre que le gouvernement, après avoir autorisé les syndicats d'instituteurs à plaider contre lui, frappe de peines disciplinaires des instituteurs et des institutrices qui, n'étant même pas syndiqués, se bornent à élever la voix pour défendre la liberté de leurs collègues. La juste question qui nous soit posée ici, c'est celle de savoir si les droits de l'homme et du citoyen existent pour tous les Français, à l'exception des fonctionnnaires. (*Longs et vifs applaudissements.*)

Discours de M. Schmidt.

M. SCHMIDT. — Je suis l'auteur de vœux déposés à la Commission et je voudrais en quelques mots rapides faire l'historique de la question. Il y a un fait, c'est qu'à l'heure actuelle, l'unanimité des instituteurs, soit syndicalistes, soit amicalistes, marchent ensemble, solidairement, et qu'il y a quelque chose que vous ne soupçonnez peut-être pas. Il faut connaître la source des incidents de Chambéry. Un jour du Congrès et en dehors de lui, une conférence était faite par la citoyenne Petit, à laquelle assistaient la plupart des congressistes. Cette citoyenne, très violente, traita du malthusianisme et de l'antimilitarisme et souleva les applaudissements de la salle. Ce fut fort remarqué par le directeur du journal *La Croix*, qui était dans la salle. Le lendemain paraissait dans

La Croix un compte rendu où on disait : « Voilà
les sentiments des instituteurs réunis à Chambéry. » Sans prendre d'autres informations, une
campagne s'organisa ; l'enquête sérieuse qui aurait
dû être faite à la suite de cette accusation n'a pas
été complètement faite. C'est pourquoi, sur ce
point même, l'unanimité des instituteurs fait ce que
fit autrefois l'unanimité des républicains, ils demandent une enquête et ils ne veulent pas que les
instituteurs soient condamnés sans avoir été entendus. Il serait nécessaire qu'un Congrès républicain ne prenne pas à son compte les calomnies
de *La Croix*, qu'il fasse confiance aux instituteurs
républicains et qu'il vote l'ordre du jour que nous
présentons. Il peut présenter un blâme implicite
au gouvernement dans sa deuxième partie pour
les poursuites intentées après le manifeste, mais
qui dit surtout que les républicains font confiance
au corps tout entier des instituteurs, réunis soit
dans les syndicats (*Cris nombreux : Non, non !*).
soit dans les amicales, puisque tous ont témoigné
de façon profonde qu'ils étaient imprégnés de
l'amour de la République et de la patrie. (*Applaudissements.*)

Discours de M. C. Dumont.

M. CHARLES DUMONT. — Depuis l'affaire Dreyfus,
nous n'avons pas eu de débat plus grave, non seulement parce qu'il intéresse le droit des consciences
mais parce qu'il touche aussi à ce que nous considérons comme le fond même à la fois des traditions de ce Parti et de celles de la République.

A Chambéry, au lendemain des incidents, nous
avons tous lu, sans rien savoir de ce qui s'était
passé, un ordre du jour où il était dit que les instituteurs fondaient un Sou du Soldat et que, dans
les villes où les Bourses du travail avaient fondé le
Sou du Soldat, les instituteurs y adhéreraient.
L'émotion a été profonde, j'en appelle à tous ceux
qui sont ici restés fidèles aux traditions de nôtre
Parti et qui ne sépareront jamais la République
de la patrie. (*Vifs applaudissements.*)

L'émotion a été profonde, non seulement parce
qu'il s'agissait d'une œuvre que nous connaissons,
car nous avions lu dans les journaux les circulaires adressées par la Fédération du Bâtiment; et

sous l'aspect d'une œuvre de mutualité qui y était présentée, nous avions vu que le Sou du Soldat consistait à fomenter dans les régiments un point d'appui contre l'autorité des chefs soit dans les graves crises qui se produisent à l'intérieur du pays, soit même en cas de danger extérieur.

Notre émotion a été d'autant plus profonde que cet ordre du jour venait de l'école laïque, de cette école laïque pour laquelle vous, maires de villages, vous, militants, vous avez si souvent sacrifié vos intérêts, vos affections, des relations ou des habitudes qui vous tenaient au cœur, vous avez sacrifié tout cela pour rester autour de cette école dans laquelle vous considérez qu'est l'espoir de la nation. L'école laïque, à qui est-elle ? Rien qu'à la nation. Pour quoi est-elle ? Pour le bien de tous les enfants de France, sans distinction de classes, d'origines, de fortune, pour qu'ils puissent y venir apprendre ce qui sera dans la vie l'essentiel de leurs devoirs envers eux-mêmes. L'école laïque, telle que nous la concevons, ce n'est pas encore une réalité, c'est un acte de foi, c'est l'acte de foi qui est au fondement même de la République, de la laïcité, de la raison et du suffrage universel.

Nous la voulons digne par la valeur de ses maîtres, la variété et la précision assouplie de ses programmes, selon les régions, la propreté de ses locaux, la politesse de sa tenue, prête à recevoir tous les enfants de ce pays. Ce qui est le trait d'union des républicains, c'est d'essayer d'organiser cet enseignement de raison, de liberté, de civisme, qui pénètre jusque dans le cœur de l'enfant. Or, voici que nous apprenons que des instituteurs, tout à coup, meurtrissant cette espérance et cette foi, est venu un ordre du jour nous apprenant que les maîtres laïques avaient adhéré au Sou du Soldat. (Applaudissements.) Eh bien ! j'avoue avoir éprouvé ce jour-là une déception cruelle, une véritable douleur. Que fallait-il faire ? Je crois qu'il ne fallait pas faire ce que le gouvernement a fait. (Applaudissements.) Je crois que pour cela même qu'on aimait mieux l'école laïque, il fallait songer d'abord à la laver... de l'injure que lui faisait cet ordre du jour. Si cela était possible, il fallait faire venir le bureau de la réunion de Chambéry et s'expliquer tout de suite pour savoir si on avait devant soi des hommes qui, systématiquement, allaient

ainsi compromettre l'école laïque devant tous les
patriotes de France, aggraver toutes les difficultés
que nous avions à la défendre, ou si on était en
présence de quelque malentendu, d'un égarement
d'une heure. On ne l'a pas fait, je le regrette.
Quant à Messimy, on l'a blâmé tout à l'heure. Je le
regrette, Messimy a fait son devoir. Comme lui,
j'ai vu, dans la cour du château de Heidelberg, se
dérouler le pèlerinage ininterrompu des écoles et
des sociétés scolaires allemandes. Comme lui, je
sais que l'enseignement de la grandeur allemande
fait le fond de l'enseignement primaire allemand.
Notre patriotisme est autre. Il est pénétré de foi
dans le progrès et la justice. Tel que le ressent
le peuple français, ce patriotisme doit être au
fond du cœur des maîtres. Messimy a traduit ces
sentiments par éloquence. Sa tâche n'était pas
celle du gouvernement. Mais dit-on, l'ordre du jour
de Chambéry a été expliqué, désavoué. Nous avons
appris, je le dis comme Buisson, je le pense comme
lui, nous avons appris au bout de deux ou trois
jours, avec beaucoup de joie, — joie, le mot n'est
pas exact, — nous avons été consolés en apprenant
que la dernière partie de l'ordre du jour de Chambéry, ayant trait à l'adhésion du Sou du Soldat des
Bourses, n'était pas préméditée, que c'était à la
suite d'une conférence qui s'était faite à côté, qu'é-
chauffés, en hâte, les congressistes avaient impro-
visé cette dernière partie de l'ordre du jour.

Puis les incidents se sont développés : circulaire, manifestes, manifestations de solidarité,
procès. Les apprécier au point de vue de la responsabilité du gouvernement n'est pas l'affaire capitale pour le Congrès. Il y a la question de droit,
Buisson l'a posée tout à l'heure, il y a la question
du droit syndical. Est-elle particulièrement posée
par le Congrès de Chambéry ? j'en doute, pour la
raison bien simple que notre émotion aurait été la
même si c'eût été une Amicale qui eût fait l'ordre
du jour incriminé. La question de droit est un
à-côté du débat. Le fait, c'est que les instituteurs
réunis s'étaient laissés aller à une imprudence que
personne ici n'a même tenté de justifier. L'explication donnée par l'orateur qui m'a précédé n'est pas
faite pour l'excuser. Quand on est éducateur, on
doit être maître de soi pour être maître des autres
(*Vifs applaudissements.*), et ce n'est pas parce qu'on

respire l'atmosphère irrité d'un Congrès, ce n'est pas parce qu'on a des griefs contre le Parlement, ce n'est pas parce qu'on sort d'une conférence où ces griefs ont été excités, ce n'est pas pour cela qu'on commet la faute commise. (*Nouveaux et vifs applaudissements.*) Expliquons-nous là-dessus nettement.

La liberté des fonctionnaires doit être entière, elle n'est limitée que par les obligations qu'ils ont envers leur fonction. Voilà ce que proclame le bon sens et l'honnêteté. J'ai été pour ma part professeur de philosophie.

J'ai eu pendant des années de grands jeunes gens de 19 et 20 ans à enseigner. Pas un moment je n'ai cru, parmi tous mes camarades je n'ai pas connu de sophiste pour essayer de nous faire croire que, notre classe terminée, nous avions toute licence d'agir et de parler à notre guise, sans souci de notre responsabilité de celle de notre exemple, de celle de nos paroles. (*Vifs applaudissements.*) Non, personne n'a osé nous dire que, sous prétexte de je ne sais quelle liberté, nous avions ce droit de bafouer à sept heures du soir ce que nous enseignions jusqu'à 4 heures. (*Applaudissements répétés.*)

Prenons garde, mes chers amis, par des scrupules dont je vais tout à l'heure montrer la gravité, prenons garde par des raisons d'à-côté, de tromper les hommes, de répandre autour de nous des idées fausses. Non, le fonctionnaire n'est pas complètement libre, non, le fonctionnaire, dans sa conscience, ne peut pas se séparer de sa fonction. Il est l'homme de sa fonction, et cette fonction variable implique la variété de ses obligations et de ses devoirs. Est-ce que je demande au cantonnier la même dépendance ? Est-ce que je demande à l'ouvrier des postes et des télégraphes, au facteur ? Ouvriers, tous ceux-là ont une liberté bien plus grande que l'éducateur de pensée, de langage, de vie. Pour chaque fonctionnaire la limite et la nature de la liberté compatible avec elle. D'autant plus haute est la fonction, d'autant la limitation volontaire de la liberté doit être plus grande. (*Vifs applaudissements.*)

Eh bien ! c'est ce qu'on n'a pas dit aux instituteurs, aux jeunes instituteurs surtout. Ils sont des éducateurs d'abord. Ils doivent penser, réfléchir, étudier pour chercher la vérité bienfaisante et utile aux enfants de France, aux enfants de 8 à 12 ans qu'ils doivent instruire. Les vieux maîtres sont là-dessus plus fermes. Ils savent qu'ils ont autant de devoirs que de droits. Ils ont tous les droits qu'il faut pour exercer leur fonction avec dignité et indépendance à l'égard de ceux qui voudraient abaisser leur enseignement, l'empêcher d'être vivifiant, sincère et moderne, mais ils ont aussi le sentiment de tous les devoirs que comporte une fonction librement consentie. (*Très bien.*)

Je le répète : Plus les instituteurs ont une fonction élevée, plus leur conduite est délicate.

UNE VOIX. — Et les grands professeurs qui écrivent dans les journaux cléricaux.

M. CH. DUMONT. — Vous savez très bien que j'ai moi-même déposé une interpellation sur le cas Guiraud.

En ce qui concerne les professeurs de Faculté, je ne vois aucune grave difficulté à ce qu'ils écrivent ce qu'ils veulent, enseignent en toute liberté, mais les professeurs, à l'égard de l'Université, doivent être tenus aux mêmes réserves que les instituteurs. Je blâmerais le gouvernement s'il avait deux poids et deux mesures. (*Applaudissements.*)

M. CH. DUMONT. — Voilà pour les instituteurs. Regardons maintenant du côté des pouvoirs publics. Nul doute que le Parlement n'ait manqué à son devoir. Il n'a pas fait le statut des fonctionnaires, ce statut qu'il avait promis d'urgence en 1906. Mais ceci dit, quelle est la question exacte ? La loi de 1884 est-elle applicable aux fonctionnaires ? Non, a dit la Cour de cassation. La loi de 1901 est-elle la loi de défense des intérêts professionnels ? Jamais la loi de 1901 n'a été faite pour la défense d'intérêts professionnels ; elle a été faite pour unir les citoyens en vue de répandre leurs idées, leurs goûts, leur culture. La loi de 1884 demeure la loi de défense des intérêts professionnels ; avant 1901, la Cour de cassation avait déclaré que cette loi ne s'appliquait pas aux fonctionnaires. Lorsque la loi de 1901 a été votée, on s'est emparé de la loi de 1901 pour tourner la loi de 1884. Le gouvernement a reconnu ces associations par une tolérance dont je le loue. Pour ma part, j'ai toujours demandé qu'on fît une application aussi

large que possible de l'association. Il s'est trouvé
que la loi de 1901 a pu servir d'abri légal à l'association professionnelle. Les différences entre les
deux lois sont, au premier aspect, insignifiantes :
sur la faculté de recevoir des dons et legs, sur l'emploi des cotisations. De pareilles différences n'expliquent pas la passion que mettent les syndicalistes à réclamer la loi de 1884. Ou'y a-t-il au
fond ? On l'a beaucoup cherché. Buisson est là.
Il a pris part aux discussions qui avaient lieu, sur
ce sujet, à « l'Union pour la Vérité ».

Parmi les philosophes, les hommes politiques,
les juristes qui puisent la parole, qui ont été les
plus éloquents, les plus émouvants, qui ont pris
les choses à la fois en politiques et en hommes
de cœur, il y avait Ferdinand Buisson. (*Vifs applaudissements.*) Il a dit à ce moment, il y a 5 ou
6 ans, un mot qui m'est resté dan l'esprit. Il a
dit : « Oui, c'est tout pareil au fond, syndicat ou
association ; mais on ne réclame le syndicat que
lorsqu'on veut manifester davantage ses sympathies pour la classe ouvrière, dire et montrer qu'on
veut rester du peuple et avec lui. »

Si c'est là toute la différence, il y a ici une immense majorité en faveur des syndicats.

Tel était en effet l'état moral et politique du problème lorsqu'il s'est posé à l'époque du ministère
Rouvier. Nous sommes en 1906 : aucun syndicat
de fonctionnaires n'a adhéré à la C. G. T., mais
quelques instituteurs ont fondé des syndicats. Des
poursuites furent décidées. Un débat s'engage à la
tribune. M. Renoult, qui a été particulièrement
bien inspiré ce jour-là. demande à M. Rouvier si,
à une majorité républicaine élargie. il allait répondre par des lois républicaines rétrécies. Il n'y
à aucune espèce de raison de distinguer association
et syndicat. La Chambre pense : Vraiment, pourquoi des poursuites alors que syndicat et association, c'est la même chose ? attendons le statut des
fonctionnaires. Il le faudra faire d'urgence.
J'ajoute qu'au cours de la discussion de cette interpellation quelqu'un dit à Renoult : Et le droit de
grève ? et Renoult de répondre : Mais il n'en est
pas question. Personne ne peut admettre que des
instituteurs fassent grève.

M. Ferdinand Buisson. — Le manifeste dont vous
parlez, celui de 1905, contenait en toutes lettres

et très longuement la proposition d'adhésion à la
C. G. T. Il n'y avait donc, en 1905, que le crime,
si c'est un crime d'adhérer à la C. G. T., et c'est
là-dessus que les débats ont porté.

M. Ch. Dumont. — Je ne connais pas le manifeste
dont vous parlez, mais j'ai une mémoire assez
sûre d'elle-même pour pouvoir vous affirmer que
dans le discours de M. Renoult il n'en fut pas
question, et la seule allusion qui fut faite, c'est une
interruption de M. Dejeante, disant simplement :
qu'au point de vue économique, il était impossible de dénier le droit de grève aux uns plutôt
qu'aux autres parmi des salariés. La question de
l'adhésion à la C. G. T. n'a pas été posée devant
la Chambre. Et j'ajoute qu'à ce moment-là la
C. G. T. n'a pas été posée devant la Chambre. Et
j'ajoute qu'à ce moment-là la C. G. T. n'avait pas
pris devant le pays, contre l'ordre républicain,
l'attitude définitive qu'elle a prise aujourd'hui.
(*M. Buisson fait un signe d'assentiment.*)

Qu'est-ce donc que nos anciens, au Parlement,
avaient voulu par la loi de 1884 et en autorisant
les syndicats de toutes sortes de métiers ? Waldeck-Rousseau avait dit : « Nous voulons que
toutes les corporations puissent s'unir pour examiner ce qu'il peut y avoir de commun dans leurs
revendications et pour pouvoir défendre leurs intérêts professionnels solidaires. Le mouvement a
débordé : il a dépassé de loin le but qu'avait prévu
Waldeck-Rousseau. Est-ce que nous allons essayer,
en réactionnaires, d'arrêter les événements et de
leur imposer la mesure de nos conceptions ? Pour
ma part, je n'en suis pas, jusqu'ici, partisan. Je
pense que la leçon de l'expérience parviendra à
éduquer les ouvriers soumis à la loi de la concurrence et qui feront d'abord du tort à eux-mêmes
par leurs doctrines outrancières. La C. G. T.,
cependant, viole la loi. En mettant dans ses statuts que son but essentiel, primordial, c'est la préparation systématique à la grève générale, elle se
donne un but politique. Bien qu'à certains moments, elle croit opportun de se donner quelque
apparence de modération, la C. G. T. a toujours
déclaré que contre la politique et les politiciens,
contre le suffrage universel, elle pensait qu'il fallait organiser les fédérations de métiers, la coalition des corporations, et préparer par la ruine

du patronat, par l'action directe, par le sabotage, par l'antipatriotisme, par la grève générale, la substitution d'un ordre fondé sur la libre organisation des syndicats à celui qui est fondé sur le suffrage universel. Là on prétend pouvoir se défier de la loi, des pouvoirs publics, du suffrage universel. Vous avez entendu l'autre jour Broutchoux, à l'occasion d'un Congrès syndical où on demandait un ordre du jour d'approbation pour les socialistes de Belgique qui se préparent à livrer une âpre bataille pour la conquête du suffrage universel. Broutchoux a déclaré que c'était une fadaise et que, pour les syndicalistes, le suffrage universel ne valait rien. Voilà ce qu'est devenue la C. G. T. Je ne pose le problème que comme on doit le poser. Dans ces conditions de fait, je le demande : les fonctionnaires en doivent-ils faire partie ? On ne peut comparer les ouvriers qui n'ont pas de retraites, qui connaissent le chômage, qui ont une situation incertaine avec les fonctionnaires qui ne connaissent pas ces aléas. En ce qui me concerne, ce qui a déterminé définitivement mon opinion, c'est la conviction faite en moi tardivement, malgré moi, que la C. G. T. était définitivement dressée contre toute la politique des réformes, contre le suffrage universel, contre la République issue du suffrage universel et de la loi, contre la Patrie. Pour les purs de la C. G. T., Jules Guesde ou nous, c'est la même chose. Socialistes unifiés, radicaux, nous sommes tous des politiciens inutiles ou malfaisants parce que nous croyons à la souveraineté du suffrage universel. Pour eux, il faut détruire le suffrage universel, supprimer la représentation nationale par la coalition des corporations, préparer la grève générale par le sabotage et l'antimilitarisme, tels sont leurs moyens de tactique. (Vifs applaudissements.)

A vous, Buisson, je demande s'il est possible que l'instituteur, à qui, dans l'école nationale, nous confions ce qui nous est le plus cher, ce qui est l'espoir même de la nation de demain, l'enfant, si cet homme, qui a charge d'enseigner la nation, ses gloires, ses revers, ses principes, qui reçoit, pour cette œuvre de tradition et de création, délégation du peuple, a sa place à la C. G. T., dont l'action est connue et qui est devenue l'organisation de la coalition des corporations contre la souveraineté du suffrage universel ; je vous demande, à vous, Buisson, en toute sincérité, en toute conscience, si la place de l'instituteur, en tant qu'instituteur, en tant que fonctionnaire, est dans une coalition qui doit renverser la République et le suffrage universel, je vous demande si sa place est là. (*Applaudissements nourris et prolongés.*)

M. F. BUISSON. — Non, elle n'y est pas... (*Bruit.*)

M. CH. DUMONT. — Très bien ! Avec vous, je réponds : « Non ! » Donc, il ne faut pas d'équivoque. Il faut que le statut dise aux instituteurs que leur place n'est pas à la C. G. T. Nous sommes d'accord, n'est-ce pas ? avec notre conscience, avec notre amour de l'école laïque, avec notre conscience d'universitaire, avec notre conscience de républicains. (*Vifs applaudissements.*)

Je suis tout prêt à dire aux instituteurs : Je vous donne acte de vos imprudences de Chambéry. J'accepte que l'ordre du jour de Chambéry n'a pas été prémédité ; je veux bien croire — oh ! ce n'est pas commode à croire — que les instituteurs de Chambéry ont oublié, dans l'excitation de leurs colères, toutes mesures, et même que le Sou du Soldat leur a paru une œuvre de mutualité. J'aurais voulu qu'avant toute procédure, on obtînt des instituteurs syndicalistes qu'ils retirassent une matière si dommageable à l'école laïque, qui va rendre plus difficiles encore à faire accepter les lois de défense laïque que nous avons à voter ; j'aurais voulu montrer aux instituteurs que les mêmes améliorations de traitements qu'ils réclament, ou, du moins, les plus importantes d'entre elles, la Commission du budget les exigeait, que Viviani, que moi, nous avons, dans les dernières séances de la Commission, déclaré qu'il était intolérable que le ministre de l'Instruction publique n'ait pas rempli encore quelques-unes des promesses faites depuis 2 ans ; j'aurais voulu montrer aux syndicalistes qu'ils s'exposaient à ce que le Parlement ne donne pas tout ce qu'il allait donner pour ne pas céder à l'action directe et à l'antipatriotisme. (*Vifs applaudissements.*)

Voilà pourquoi j'aurais voulu qu'on causât d'abord avec les instituteurs. Je l'ai dit. Je l'ai répété encore. Mais là n'est pas le problème de fond, au moins ici. Les actes du ministre relèvent du Parlement. Ce que le Congrès doit décider, c'est deux choses : si la liberté de l'instituteur n'est pas limitée par sa fonction d'éducateur ; si l'association professionnelle des instituteurs peut adhérer à la C. G. T.

J'ai défendu autrefois le droit syndical contre Clémenceau lorsqu'il était l'usage de la liberté politique, même excessif, mais ne touchait pas à la fonction. Lorsque j'ai eu l'honneur d'être ministre des Travaux publics, la question s'est posée pour moi. Depuis longtemps, je connaissais le syndicat des sous-agents des postes et, pendant les deux années où je fus rapporteur du budget des P. T. T., c'est pendant des heures et des heures que j'essayais de pénétrer jusqu'au fond de leur pensée et d'agir sur leurs convictions. Aussi, quand ils m'ont demandé comme ministre de reconnaître leur syndicat, je leur ai dit : « Quand vous voudrez, à partir du jour où vous ne serez plus à la C. G. T. » (*Vifs applaudissements*.) Ils savent là-dessus mon opinion. Syndicat de sus-agents, vous ne pouvez pas participer à l'organisation de la grève générale. Le syndicat refusa de quitter la C. G. T. Un ordre du jour, plus ou moins injurieux pour moi, fut publié le lendemain dans la *Bataille syndicaliste*. Ayant fait mon devoir, je m'en suis peu préoccupé. Je souhaite à tous les hommes publics d'être assez maîtres d'eux-mêmes pour laisser les fonctionnaires libres, jusqu'à la licence, dans l'expression de leur opinion, tant que ce n'est pas leur fonction qui est en cause. De nous, ministres et députés, qu'on dise ce que l'on veut, mais qu'on ne touche pas au service, à la fonction.

Quand l'instituteur critique ses ministres ou le Parlement, libre à lui. S'il le fait grossièrement ou à tort, c'est l'opinion qui le condamnera. Cette sanction sera souvent plus efficace qu'une mesure disciplinaire. Mais dès que le fonctionnaire, postier ou instituteur, prétend mal s'acquitter de sa fonction dans une pensée de révolte, de revendication ou dans un dessein politique, après avoir éclairé et prévenu, nous devons savoir agir et punir. Nous avons à être de véritables démocrates qui veulent élever le peuple et non de ces vils démagogues qui flattent et abaissent. (*Applaudissements prolongés.*)

Vos élus au Parlement, dont vous connaissez

l'attachement à l'école laïque, discuteront avec le gouvernement. Ils voteront selon leur conscience. Je crois avoir touché le fond de la question syndicale. Il ne nous reste qu'une chose que le Congrès doit dire. Il votera l'ordre du jour proposé, si on veut, il doit s'inspirer...

UN DÉLÉGUÉ. — Il doit s'inspirer de la justice.

M. CH. DUMONT. — Mais votre ordre du jour ne serait pas compris et il ne rassurerait pas les amis de l'école laïque, s'il n'était complété. Tous les républicains veulent que tous les progrès soient obtenus du suffrage universel par la propagande libre des idées ; ils ne veulent pas accepter, considérer comme des moyens de progrès le coup de force plus ou moins sournois, la violence, l'émeute. Pour tous ceux qui crient à la propagande libre des idées et au suffrage universel, il faut une satisfaction. Nous vous demandons de dire que, dans le futur statut, nous serons tous unis pour déclarer qu'aucun fonctionnaire ne peut faire partie d'une association qui a pour but la grève générale et par conséquent l'arrêt de la fonction à lui confiée, qu'aucun fonctionnaire, et l'instituteur moins que tout autre, ne peut s'affilier à la C. G. T., telle qu'elle est en ce moment.

M. FERDINAND BUISSON. — Ah ! telle qu'elle est.

M. CH. DUMONT. — Je ne suis pas un théoricien, je ne sais pas ce qu'elle sera dans 15 ans, mais j'ai le temps de m'apercevoir du mal qu'elle fait en ce moment-ci. (Très bien ! applaudissements.) Je sais que dans l'état actuel de l'Europe, désarmer nos bras, fomenter l'indiscipline, c'est un crime, et lorsque cette association prêche le sabotage, ce n'est pas seulement quelques millions qu'elle fait perdre à l'industrie, c'est la malhonnêteté qu'elle encourage, c'est la haine qu'elle fomente partout, c'est l'ouvrier à qui elle fait perdre ce qui est sa vraie noblesse, l'orgueil de son travail. (Vifs applaudissements.) Je sais tout cela, c'est parce que le public sait tout cela comme nous, c'est pour qu'il n'y ait pas ou qu'il n'y ait plus de malentendus, qu'il faut que nous soyons, enfin, clairs et précis et que l'ordre du jour du Congrès déclare, tout net, qu'à la C. G. T., telle qu'elle est, nous ne voulons qu'aille aucun fonctionnaire, aucun instituteur. Salves répétées d'applaudissements.)

Le Président. — La parole est à M. Michel.
M. Michel est un instituteur. Il ne serait pas mauvais, ce me semble, qu'un instituteur puisse prendre la parole dans ce débat. (*Très bien ! Bruit.*)

Discours de M. Michel.

M. Michel. — Citoyens, dans ce débat où l'on cause tant des instituteurs, quand un instituteur se présente, voudriez-vous lui refuser la parole ? (*Plusieurs voix : Mais non !*) Je parle non seulement en mon nom, mais au nom de l'amicale de mon département, dont je suis le président, et aussi au nom d'un grand nombre d'instituteurs de France qui m'ont nommé membre de la Commission permanente de la Fédération des amicales. Il est évident que je ne peux pas me mesurer avec les brillants orateurs que vous venez d'entendre, mais cependant j'ai quelques observations à présenter et, croyez-le bien, il faut que je sois poussé par la force de mes convictions pour oser me présenter ici maintenant après les orateurs que vous avez entendus. Je me présente quand même : je serai très court d'ailleurs, les poursuites contre les syndicats nous émeuvent, certes. mais nous les acceptons, et nous laissons aux tribunaux le soin de se prononcer. Voici un point réglé.

Un Délégué. — Il ne fallait pas les encourir. (*Applaudissements.*)

M. Michel. — Mais ce que nous n'acceptons pas, c'est qu'on vienne parler des ravages de l'antipatriotisme et de l'antimilitarisme. et quand bien même tous les ministres eux-mêmes viendraient dire ici qu'il y a des instituteurs ou plutôt que les instituteurs sont antipatriotes. je dirais. moi. qu'il n'y a pas d'instituteurs antipatriotes. (*Applaudissements nombreux, protestations, mouvements.*) J'entends des citoyens qui disent : « Si. si. il y en a... » Est-ce que je ne suis pas qualifié aussi bien que d'autres pour savoir s'il y en a ? (*Applaudissements.*) Je veux vous rappeler à ce sujet l'ordre du jour que j'ai présenté à Lille en 1905 au sujet de la crise de l'antipatriotisme ; c'était l'époque de Boquillon et d'Hervé, on nous accusait d'antipatriotisme. Cet ordre du jour a été voté à l'unanimité et il disait que les instituteurs sont éner-

giquement attachés à la paix ; ils ont pour devise :
« Guerre à la guerre », mais ils n'en sont que plus
résolus pour la défense de leur pays. (*Applaudissements.*) Et c'est à nous, et c'est à moi, qui ai
proposé cet ordre du jour, que vous viendrez dire
que nous sommes des antipatriotes ? Le Parti
radical doit bannir ce mot de son vocabulaire : il
n'y a pas d'instituteurs antipatriotes : je vous mets
au défi d'en citer, je n'en ai vu nulle part. Y en
aurait-il un, y en aurait-il dix, vous n'avez pas le
droit de dire que nous sommes antipatriotes,
laissez ces accusations à la presse réactionnaire,
un républicain digne de ce nom n'a pas le droit
de venir dire et surtout de faire état dans une
séance comme celle d'aujourd'hui ou dans des
journaux de l'antipatriotisme des instituteurs. Je
me révolte contre cela. (*Applaudissements.*) Je me
révolte contre les paroles qui pourraient faire
croire que nous sommes des antipatriotes. (*Bruit.*)
et, pour bien marquer mon sentiment, j'accepte
et je voterai tel qu'il est l'ordre du jour proposé
par la Commission, et je prie le président, si quelqu'un vient apporter encore une accusation contre
les instituteurs, de me donner la parole pour y
répondre encore. (*Applaudissements. Cris : Aux
voix ! La clôture !*)

Le Président. — Je mets la clôture aux voix. (*La
clôture est votée à l'unanimité.*)

Le Président. — J'ai reçu une motion préjudi-
cielle signé de M. Gérard .

Le Congrès, profondément attaché à l'œuvre merveilleuse de l'école laïque, persuadé que les instituteurs sont
de respectueux mandataires du peuple, n'ayant pas à intervenir dans la question de principe engagée dans la question des instituteurs et à se mettre en opposition avec le
gouvernement et la loi, passe à l'ordre du jour. (*Bruit
prolongé.*)

Le Président. — La parole est à M. Gérard.
(*Bruit.*) Vous ne pouvez pas empêcher un orateur
de défendre son projet.

M. Gérard. — Je n'interviendrai que pendant
quelques minutes. Il me semble que le Congrès
réuni ici, profondément respectueux de la justice,
n'a as à s'instituer en tribunal suprême au-dessus

du gouvernement et de la loi. (*Violentes exclamations sur la majorité des bancs.*) Si mon observation, en ce qui concerne le gouvernement, vous choque, je dirai simplement au-dessus de la loi. Les instituteurs, qui sont de parfaits et loyaux citoyens, nous le reconnaissons, ont signé avec l'Etat, c'est-à-dire avec le peuple, un pacte solennel. (*Bruit. Violentes et nombreuses interruptions.*)

LE PRÉSIDENT. — La séance d'aujourd'hui est une des plus belles que nous ayons connue de tous nos Congrès. Vous ne la gâterez pas.

M. GÉRARD. — Vous admettrez bien que lorsqu'ils ont signé ce pacte, ils se sont mis au-dessous de la loi. (*Nouvelles et bruyantes interruptions. Cris : Ce n'est pas la question !*)

M. GÉRARD *quitte la tribune.*

LE PRÉSIDENT. — Je mets aux voix la motion Gérard. (*La motion Gérard est repoussée à une grosse majorité.*)

M. TISSIER. — Il faut qu'on ajoute dans l'ordre du jour...

M. HEMMERSCHMIDT. — Il y a quelque chose qui vous donnera satisfaction, je vais vous lire un nouveau texte.

M. ROUSSEAU *veut prendre la parole. De tous côtés on proteste. On crie : Non ! Non !*)

M. HEMMERSCHMIDT. — Pour donner satisfaction à notre ami Dumont (*Plusieurs voix : Au Congrès !*), la Commission vous propose d'émettre en outre le vœu que les instituteurs ne puissent s'affilier à la C. G. T., dont les tendances actuelles sont la négation même du patriotisme et une perpétuelle tentative d'anarchie et de désorganisation nationale. (*Vifs applaudissements.*)

M. F. BUISSON. — J'accepte que, dans notre ordre du jour, l'on émette le vœu que le prochain statut des fonctionnaires ne permette pas aux instituteurs d'adhérer à la C. G. T. aussi longtemps que ses tendances... (*Bruit.*)

LE PRÉSIDENT. — Je demande au citoyen Buisson si les mots « tendance actuelle » ne lui donnent pas satisfaction. (*Bruit.*

M. F. Buisson. — Alors, vous prononcez la défense aux instituteurs d'aspirer à une union avec la classe ouvrière ? (*Exclamations nombreuses et diverses.*)

M. Ch. Dumont. — Ne faites pas de sophisme. (*Bruit.*)

M. F. Buisson *proteste dans le bruit.*

M. Ch. Dumont. — J'ai essayé de réduire au minimum absolu ce que je croyais pouvoir répondre aux sentiments de tout le Congrès. Ce ne sont pas les seules nuances que nous avons à discuter. Nous serons au Parlement pour cela. Il y aura des questions différentes qui seront posées. Nous n'aspirons pas, quand nous sommes ici entre militants, à gouverner, à légiférer dans le détail. Nous avons une émotion et nous voulons essayer de la traduire dans un ordre du jour qui puisse dire partout : Voilà ce que nous pensons. Je ne peux pas sérieusement entendre qu'interdire l'affiliation à la C. G. T., c'est interdire aux instituteurs de s'occuper de la classe ouvrière. Est-ce que la C. G. T. c'est la classe ouvrière ? Est-ce que nous avons la pensée d'aller interdire à l'instituteur de se mêler à la classe ouvrière dans les cours du soir, dans les œuvres post-scolaires ? (*Applaudissements.*) Vous ne pouvez pas faire que toute autre interprétation ne soit qu'un lamentable sophisme. Il ne faut pas confondre l'homme qui, sa raison le lui disant, se groupe dans un Parti, Parti radical ou Parti socialiste unifié, c'est sa liberté, avec l'instituteur qui, en tant que fonctionnaire, vient ajouter son concours de fonctionnaire à une affiliation de corporations, ah ! cela, non ! (*Vifs applaudissements.*) il ne peut pas entrer dans une association dont les statuts sont faits pour préparer la grève générale, cela non ! non ! non ! (*Longs et vifs applaudissements. Cris : Aux voix. Aux voix !*)

Le Président. — Le citoyen Buisson, après les explications du citoyen Dumont, n'insiste pas ; je vais mettre aux voix l'ordre du jour avec l'adjonction Dumont.

On réclame la division.

Nous allons voter par division.

(*La première partie de l'ordre du jour est adoptée à l'unanimité.*)

(L'adjonction Dumont est adoptée à l'unanimité moins cinq voix.)

Un Délégué. — Vous avez cette attitude parce que vous n'êtes plus ministre. *(Bruit.)*

M. Ch. Dumont. — Si je suis un ancien ministre, je n'ai pas varié, et si je ne le suis plus, c'est que j'ai toujours eu les mêmes idées contre toutes les puissances d'argent. *(Vifs applaudissements.)*

Le Président. — Le citoyen Dumont n'a même pas besoin de faire des formes contre des attaques pareilles. *(Bruit, applaudissements.)* Nous ne sommes pas au bout des conclusions de la Commission de l'enseignement. Nous avons encore une série de rapports qui vous obligeront à avoir une séance de nuit. Je vous supplie, étant donné l'importance et la gravité du problème qui se débat ici, de garder la dignité qu'il convient. *(Applaudissements.)*

M. Hemmerschmidt. — Nous avons reçu le vœu suivant concernant l'initiative en matière pédagogique :

Le Congrès,

Considérant que les éducateurs de la nation ont droit à la liberté de penser en tant que citoyens, sous leur responsabilité ;

Émet le vœu que les libres initiatives en matière de méthodes pédagogiques et pour les œuvres postscolaires doivent être favorisées à la condition qu'elles ne portent aucune atteinte aux lois et aux droits de la nation républicaine.

(Adopté à l'unanimité.)

M. Hemmerschmidt. — La Commission, saisie de divers incidents qui lui ont été signalés par M. Wouters, de l'association radicale-socialiste de l'arrondissement de Fontainebleau, relativement à une délibération du Conseil municipal de Chomérac (Ardèche), par M. Robelin, secrétaire général de la Ligue de l'Enseignement, et par de nombreuses personnalités de la région bretonne et vendéenne, tendant à prouver que la R. P. scolaire, dont on nous menace et qui fonctionnerait dans certains pays, aurait des chances de se propager, vous propose d'émettre le vœu suivant, proposé par M. Robelin :

Le Congrès, devant les prétentions du parti clérical réclamant la répartition proportionnelle des sommes inscrites au budget de l'Etat entre toutes les écoles publiques et privées, et au prorata des élèves les fréquentant, affirme que jamais le parti républicain ne pourra autoriser d'aussi téméraires espérances et renouvelle une fois de plus son attachement indéfectible à l'école laïque et à ses maîtres.

Le Président. — Vous êtes unanimes à repousser la représentation proportionnelle scolaire qui ne pourra jamais se poser à l'esprit d'un républicain. (Applaudissements.)
(Le vœu est adopté à l'unanimité.)

M. Hemmerschmidt. — Nous avons reçu les propositions suivantes du citoyen Rousseau :

Et exprime le vœu que le gouvernement veille à ce que les écoles privées ne reçoivent pas de fournitures classiques ni aucune subvention déguisée sur les ressources communales.
(Adopté à l'unanimité.)

Le Congrès demande au gouvernement de veiller à l'application stricte de la législation concernant les écoles et cours privés, en attendant l'oganisation du service national de l'enseignement.
(Adopté à l'unanimité.)

Ainsi que l'adjonction suivante du citoyen Ch. Cointe :

Et que la surveillance et le contrôle soient assurés non seulement par les inspecteurs primaires, mais aussi par les délégués cantonaux, soigneusement choisis et dont il conviendrait d'étendre les attributions.
(Adopté à l'unanimité.)

M. Rousseau présente un certain nombre de vœux qui, d'un commun accord, sont renvoyés au Comité Exécutif.

Le Président donne lecture des résultats de l'élection du bureau du Comité Exécutif.
Sont élus :
Président : M. Emile Combes.
Vice-présidents parlementaires : MM. Perchot, Trouillot, Bouffandeau et Bepmale.
Vice-présidents non parlementaires : MM. Michel Milhaud, Lefranc, Paul Feuga et Lucien Victor-Meunier.

6

Secrétaires parlementaires : MM. Binet, F. Chautemps, Peytral, Ternois et Viard.

Secrétaires non parlementaires : MM. Lièvre, François Combes et Albert Livet.

La séance est levée à 7 heures.

CINQUIÈME SÉANCE

Samedi soir, 12 octobre (*Séance de nuit*).

La séance est ouverte à 9 heures.
Le bureau est ainsi constitué :

Président. — M. Jean Javal, député de l'Yonne ;
Vice-présidents. — MM. Peytral, député des Bouches-du-Rhône ; Louis Tissier, député de Vaucluse ; Gorjus (Rhône) ; Natalini (Finistère) ; Ch. Péronnet (Allier) ; Georges Robert (Pas-de-Calais) ; Bonnafous (Tarn-et-Garonne) ; Labroue (Dordogne) ;
Secrétaires. — MM. Le Rouzic, député du Morbihan ; Viel (Loire-Inférieure) ; Labatut (Meurthe-et-Moselle) ; Jacquin (Rhône) ; Rousseau (Morbihan) ; Manne (Seine) ; Petit (Nord) ; Bizardel (Charente) ; Peyre (Drôme).

M. JEAN JAVAL, *Député, Président*,

Citoyens,

Votre président éphémère de ce soir est un de ceux qui ont bataillé avec le plus d'ardeur et le plus de véhémence pour une idée, une très belle idée, qui — la séance d'hier le prouve — est celle de l'immense majorité de ce Congrès.

Il n'en éprouve que plus de satisfaction à constater que la séance de tout à l'heure a été en quelque sorte une revanche pour ceux de nos amis qui, dans la grave question à laquelle je fais allusion, ne partagent pas notre pensée.

Notre ami Dalimier a eu l'honneur de présider tout à l'heure une des plus belles et des plus réconfortantes séances du Congrès et vous avez particulièrement fêté et applaudi deux autres de nos amis dont la haute conscience fait honneur à notre Parti et pour lesquels je professe personnellement non seulement des sentiments d'amitié mais des sentiments de la plus vive affection, j'ai nommé Ferdinand Buisson et Charles Dumont. (*Vifs applaudissements.*)

Citoyens,

Ce n'est pas là notre seul sujet de joie et de réconfort.

D'une manière plus générale, les débats de ce Congrès ont été dominés par les idées qui sont les plus essentielles de notre Parti et que je peux résumer en deux mots.

La première, il faut le dire bien haut, s'inspire d'un sentiment profondément national ; vous avez prouvé et prouverez encore dans un instant qu'aucun Parti ne désire plus passionnément que le nôtre, *dans les questions extérieures, l'Union de tous les Français.*

Et la deuxième idée, qui domine tout ce Congrès comme elle domine notre Parti, vient d'un sentiment profondément républicain et laïque qui fait que nous nous honorons de désirer passionnément aussi, *dans les questions intérieures, l'Union de tous les républicains. (Vifs applaudissements.)*

L'ordre du jour appelle le rapport de la Commission des Vœux. La parole est à notre ami Chaligné.

RAPPORT DE LA COMMISSION DES VŒUX.

M. CHALIGNÉ, *rapporteur.* — Votre Commission des vœux s'est réunie ce matin et, conformément à la tradition et au règlement, sans méconnaître l'intérêt des vœux présentés, n'a retenu que les principaux, ceux sur lesquels nous allons vous demander de vous prononcer.

Le premier de ces vœux, je ne l'accompagnerai d'aucun commentaire, émane de notre président, le citoyen Javal.

Le Congrès,

En présence du conflit soulevé dans les Balkans, et qui menace d'ensanglanter l'Europe, émet le vœu que les gouvernements des grandes puissances continuent à intervenir énergiquement pour le maintien ou le rétablissement de la paix.

Et déclare qu'aucune querelle de partis ne saurait faire obstacle à l'union de tous les Français dans les questions d'ordre extérieur. *(Applaudissements unanimes.)*

LE PRÉSIDENT. — Je crois que vos applaudissements ont manifesté suffisamment votre sentiment. Je mets cependant le vœu aux voix. (*Adopté à l'unanimité.*)

M. CHALIGNÉ. — Dans le même ordre d'idées, votre Commission a retenu le vœu suivant présenté par la Fédération de l'arrondissement de Bergerac :

La Fédération émet le vœu qu'en 1913 un débat soit institué sur la politique extérieure de la République.
(Adopté à l'unanimité.)

Vœu présenté par M. Wouter, au nom de la Fédération de l'arrondissement de Fontainebleau :

Au Congrès national de Libre-Pensée qui s'est tenu à Lille en Août 1912 les citoyens Daube et Barthe ont présenté la résolution suivante qui a été acceptée :

« *Le Congrès affirme que toute tentative de rétablissement des relations diplomatiques entre la papauté et la République serait un exemple de haute immoralité politique de la part des hommes qui ont contribué à réaliser la séparation des Eglises et de l'Etat.* »

Comme pour justifier cette résolution, voici, d'après *La libre Pensée Internationale* du 5 octobre, ce qui est prévu dans l'accord franco-espagnol :

« En ce qui concerne les missions franciscaines, l'Espagne s'engage à prier le supérieur de cet ordre d'envoyer un nombre suffisant de franciscains français au Maroc, afin d'y assurer l'administration régulière des établissements catholiques français, tout en maintenant les moines espagnols en nombre suffisant pour répondre aux besoins des nombreux catholiques espagnols répandus dans tout l'empire marocain.

« Au cas où la création de nouveaux diocèses deviendrait nécessaire, le Saint-Siège est reconnu comme étant la seule autorité compétente, et toute négociation à ce sujet devra se poursuivre directement entre chacune des parties intéressées et Rome. »

Déjà, au lendemain même du vote de la loi de Séparation ; et avant même que fût prononcé le trop fameux mot d'*apaisement* — prononcez : aplatissement — le bruit courait, et l'on imprima même, pour jeter un cri d'alarme! — que le principal artisan de la Loi de Séparation rêvait d'une prochaine entente, d'un accord officieux sinon diplomatique avec la papauté.

En conséquence :

Le Congrès Radical et Radical-Socialiste fait suivre la résolution votée par le Congrès national des libres Penseurs de France :

« *Le Congrès affirme que toute tentative de rétablissement des relations diplomatiques entre la papauté et la République serait un exemple de haute immoralité politique de la part des hommes qui ont contribué à réaliser la séparation des Eglises et de l'Etat.* »

(Adopté.)

Vœu présenté par M. Lavignon, au nom des Comités de la 2e du 13e de Paris :

Le Congrès émet le vœu que tous les candidats investis par le Comité Exécutif soient obligés d'afficher le programme du Parti sous la responsabilité des fédérations départementales intéressées.

(Adopté.)

Vœu présenté par M. Gérard, du 9e arrondissement :

Le Congrès émet le vœu qu'on procède par voie d'extinction à la limitation du nombre des fonctionnaires, ce qui permettra d'améliorer le sort des petits fonctionnaires de toutes les administrations sans augmenter la charge budgétaire qui pèse sur les contribuables.

(Adopté.)

Vœu présenté par l'Union radicale des Chemins de fer de l'Etat :

Le Congrès invite :

Les parlementaires, les élus et les militants du Parti à seconder de tous leurs efforts l'œuvre de républicanisation interposée auprès du personnel de tous les réseaux du Chemin de fer.

(Adopté.)

Vœu présenté par M. Feuga, au nom de la délégation de la Haute-Garonne :

MOTION FEUGA :
Le Congrès émet le vœu que l'Etat et les administrations publiques fassent leurs achats en appareils, matériaux, produits divers, aux commerçants et aux industriels français.

(Adopté.)

Vœu présenté par M. Bressot :

Le Congrès émet le vœu :

Que des instructions précises soient données aux fonctionnaires de l'ordre administratif pour éviter leur intervention arbitraire lors des consultations électorales.

Il regrette que le gouvernement ne prenne pas des mesures efficaces pour protéger les groupements républicains contre certains abus préfectoraux.

(Adopté.)

Vœu déposé par MM. Louis Martin, sénateur du Var, et Emmanuel Mabille, conseiller général d'Indre-et-Loire :

Le Congrès radical et radical-socialiste émet le vœu que les désirs des secrétaires et employés de mairie soient l'objet et dans le plus bref délai possible d'un examen bienveillant de la part des pouvoirs publics.

M. Petit. — Il ne sera pas mauvais de manifester ce désir.

Le Président. — Si on croit qu'il y ait quelque inconvénient à adopter ce vœu, on peut le renvoyer au Comité Exécutif.

(Approbations. Il en est ainsi ordonné.)

M. le Général Godart. — Il y a un vœu dont on n'a pas parlé. Il y a trois ans que cela dure.

Le Président. — De quel vœu désirez-vous parler ?

M. le Général Godart. — Voilà trois années successives que nous avons eu l'honneur de présenter un vœu dans lequel nous nous plaignons, pour notre département, de l'ingérance directe et journalière de l'Administration préfectorale contre la Fédération radicale.

Un seul groupe existe en Meurthe-et-Moselle, c'est celui dont j'ai l'honneur et la fierté d'être le président. Il comprend 58 sections, 5,000 adhérents et 5,000 cotisants. (Vifs applaudissements.)

Ce groupe appartient au grand Parti radical.

En ce moment, la situation est intenable pour nous. Je vais vous citer un exemple de la mentalité de certains fonctionnaires. Il y a un an, un maire d'une certaine commune a été révoqué car il retenait l'argent qu'on donnait mensuellement pour l'assistance aux vieillards ; ceux-ci ne recevaient pas un sou. Une enquête a montré qu'il y avait eu faute de la part de ce maire ; il a été révoqué avec des considérants et des motifs excessivement sévères qui engagent profondément un homme. Eh bien ! cet homme siégeait encore la semaine dernière dans la Commission pour l'assistance aux vieillards !

Ce scandale vous donne une idée de la situation !

Vous comprendrez que cela nous paraisse fantastique de trouver encore un homme semblable dans une telle Commission après en avoir violé toutes les lois et en avoir pris l'argent dont il n'a jamais pu expliquer l'emploi. Cet homme est délégué cantonal, et il va encore voir les écoles et parler aux jeunes gens ! ! !

Nous demandons une répression sévère de la part de l'autorité préfectorale.

Avec un de nos camarades, il se trouve ici, c'est un délégué des Alpes-Maritimes, nous étions chargés de présenter une demande similaire comme sanction à cet état de chose.

Je vous demande de prendre en considération cette plainte amère qui part du cœur d'une Fédération, et de voter tout au moins notre demande pour des répressions futures.

M. JAVAL. — Si j'ai bien compris notre ami, M. le général Godard, il ne s'oppose pas à l'adoption du vœu qui a été présenté, et que je vais relire.

Si nous avons bien compris votre pensée, vous désiriez une addition à ce vœu.

Il semble, d'autre part, que vos explications ont été claires et que vous auriez satisfaction si le Congrès adoptait ce vœu général sur les explications fournies, et par le rapporteur, et par le général Godart.

Si le général Godart insiste pour une addition supplémentaire, il faudrait qu'il l'ait entre les mains et nous la communique.

M. CHALIGNÉ. — Toutes les questions qui nous ont été soumises n'ont pas été négligées, elles ont été renvoyées au Comité Exécutif ; aussi les vœux du général Godart et de certains autres de nos collègues seront transmis au Comité Exécutif.

M. LE GÉNÉRAL GODART. — Voilà trois années que nous faisons la même observation !

M. CHALIGNÉ. — Je tiens à dégager les responsabilités de notre Commission, elle ne pouvait pas rentrer dans le détail des vœux soumis.

M. LE GÉNÉRAL GODART. — C'est la troisième année que nous déposons un vœu semblable et chaque fois il m'a été répondu que le vœu était renvoyé à l'étude de la Commission du Comité Exécutif.

Quand on a des cheveux blancs sur la tête, on doit être indulgent et généreux, mais trois ans d'attente, c'est trop !

LE PRÉSIDENT. — Nous sommes tout de même obligés de faire un article additionnel, et nous serions enchantés d'avoir votre approbation.

M. FABIUS DE CHAMVILLE, *président de la Commission des vœux.* — M. le général Godart vous a dit que depuis trois ans il avait attendu la réalisation de ce vœu. Des officiers français avaient été maltraités en Alsace-Lorraine. Nous venons d'appliquer la même restriction aux officiers allemands. (*Exclamations.*)

UN DÉLÉGUÉ. — C'est une autre question.

M. MAY-CHARBONNEL. — C'est toujours la même chose, au Congrès de Nîmes, on nous a promis de répondre au Congrès d'Avignon de la Fédération du Sud-Est. La question a été posée. On a donné mandat au citoyen Fabiani de bien vouloir s'occuper de cette question ; il aurait pu vous faire l'historique de la situation des Alpes-Maritimes. Tout le monde connaît ce département.

Nous demandons une fois pour toutes si les préfets que nous attaquons, protégés par les gros bonnets de notre Parti, ont le droit de méconnaître les militants du Parti radical.

J'ai déposé un vœu au nom des Alpes-Maritimes et de plusieurs de nos amis.

Je ne comprends pas pourquoi la Commission exécutive des vœux ne peut pas le défendre.

M. FABIANI. — En effet, le Congrès régional du Sud-Est m'a donné le mandat d'être son interprète auprès du Comité Exécutif pour demander la défense des militants du Sud-Est contre une administration dite républicaine.

Dans mon rapport, je vous ai dit quelles étaient les relations du Comité Exécutif avec le ministère actuel.

Il est certain que ce n'est pas le ministère actuel qui pourra défendre les militants radicaux. (*Applaudissements.*)

LE PRÉSIDENT. — Le bureau rappelle qu'il ne peut mettre aux voix une motion dont il est saisi, sans que la Commission ait donné son avis. Ceux de nos amis qui veulent présenter une motion additionnelle n'ont qu'à nous la remettre.

M. MAY-CHARBONNEL. — Il y a un vœu déposé ; nous demandons qu'on nous en donne lecture.

Le Président. — La Commission a-t-elle entre ses mains ce vœu ?

M. Fabius de Chamville. — Vous savez quel est le règlement des Congrès ?

Pendant plusieurs années, vous avez toujours fait crédit à votre Commission des vœux. Vous lui avez demandé de ne pas embarrasser votre programme de travaux, et vous renvoyez à la Commission la plupart des vœux qui n'étaient pas d'une urgence absolue. Nous sommes obligés de nous plier au règlement.

Nous ne pouvons pas vous lire les très nombreux vœux dont nous sommes saisis, et qui répètent ce qui a déjà été dit depuis plusieurs années dans tous nos Congrès. On vous en donne la quintescence.

Le Président. — Il faut que nous ayons un texte pour qu'il soit mis aux voix. Néanmoins, le Congrès est souverain, c'est le devoir étroit du président de séance de soumettre au Congrès toutes motions qui lui sont remises.

Pour le bon ordre de nos discussions, il doit vous rappeler que le Congrès n'a pas émis un vote recueilli sur le dernier des vœux.

Il s'agissait d'émettre le vœu que les administrations soient invitées à coopérer avec les commerçants et industriels français.

Il n'y a pas d'opposition ?

(Adopté à l'unanimité.)

M. Dubois. — La seule objection à faire est celle-ci : en donnant un texte général, vous négligerez nécessairement la situation. Vous avez besoin de connaître les détails afin de pouvoir vous prononcer utilement.

Je demande que le vœu du général Godart, aussi bien que celui de la Dordogne et celui des Alpes-Maritimes, vous soient lus. Vous direz alors si vous êtes avec l'administration ou si, comme nous, vous êtes contre.

Le Président lit le vœu suivant, présenté par le général Godart :

Le Congrès, considérant que le gouvernement par la direction qu'il donne à l'administration préfectorale : 1° s'est écarté de la neutralité qui s'impose à lui en matière électorale ; 2° qu'en plus les interventions de l'administration se manifestent à l'encontre des traditions républicaines par un appui non dissimulé donné aux adversaires de notre parti, passe à l'ordre du jour. (*Adopté.*)

M. LIVET. — Est-ce qu'il ne serait pas possible, pour la clarté de ce débat, de grouper les vœux par ordre d'idées ? Nous venons de passer de l'ordre économique à l'ordre administratif et politique. Ne serait-il pas préférable de réunir les vœux politiques ensemble et les vœux administratifs ensemble ?

On nous plonge dans une confusion dont nous ne dégageons rien de bon !

LE PRÉSIDENT. — Le président se gardera bien de prendre part à la discussion, mais c'est précisément ce que la Commission a fait. Chacun des vœux est un résumé des décisions prises par la Commission après examen d'un nombre considérable de vœux. Par conséquent, la méthode indiquée par M. Livet est précisément celle qu'on s'est efforcé de suivre.

Je consulte le Congrès pour savoir si, pour édifier son opinion, il désire entendre la lecture des vœux dont il a été question ; l'un émane de la Fédération des Alpes-Maritimes et l'autre de la Fédération républicaine de Bergerac.

Nos amis demandent qu'on les lise. Etes-vous de cet avis ? (*Applaudissements unanimes.*)

M. MAY-CHARBONNEL lit le vœu présenté par la fédération des Alpes-Maritimes et qui est dans le même sens que celui de M. le général Godart.

(*Plusieurs délégués demandent le renvoi au Comité Exécutif.*)

LE PRÉSIDENT. — Nos amis de la Dordogne insistent-ils pour qu'on lise également leurs vœux ?

Le Congrès est souverain, mais il faut au moins qu'il respecte ses propres décisions.

M. DUBOIS. — Je vais vous donner connaissance du vœu que la Fédération de la Dordogne vous demande de voter.

Les fédérations républicaines des arrondissements de Ribérac et de Bergerac (Dordogne) représentées au Congrès de Tours :

Considérant qu'on ne saurait admettre l'immixion de l'administration préfectorale ou sous-préfectorale dans les campagnes et propagande d'un député quelle que soit sa nuance politique ;

Que des instructions ministérielles précises existent sur ce point et qu'il convient de rappeler les préfets et sous-préfets à leur stricte observation en leur enjoignant une neutralité absolue ;

Que cependant il se produit sur plusieurs points de la France des faits émanant de l'autorité préfectorale ou sous-préfectorale de nature à faire pénétrer dans l'esprit des électeurs que tel ou tel député est revêtu d'une estampille officielle ;

Qu'à Ribérac, notamment, le sous-préfet, M. Baradat, ne craint pas de suivre et accompagner, dans toutes ses tournées, le député actuel élu par 8,000 réactionnaires contre 8,500 républicains regrettablement divisés sur deux candidats nettement républicains ;

Qu'il revendique même la responsabilité de son attitude par des déclarations reproduites dans les journaux (voir : *France* et *Dépêche* du 12 septembre 1912, édition de la Dordogne) faisant ainsi passer ses sentiments personnels de camaraderie et d'amitié avant les devoirs indiscutables qu'il a envers la République et les républicains ;

Qu'il y a là un défi véritable que le parti républicain doit relever et éteindre ;

Emettent le vœu :

Qu'à la diligence du Comité Exécutif il soit fait d'urgence, auprès de qui il appartiendra les représentations nécessaires:

1º Au point de vue général : pour empêcher l'immixion de l'administration, sous quelque forme qu'elle puisse se produire dans les propagandes et tournées électorales de qui que ce soit ;

2º Au point de vue particulier : Que pour l'arrondissement de Ribérac, il soit pris au plus tôt, les sanctions que comportent les faits plus haut signalés à l'encontre de M. Baradat, sous-préfet.

(Ce vœu est adopté ainsi que celui de la fédération des Alpes-Maritimes.)

LE PRÉSIDENT. — Le Congrès voudra bien constater que la conclusion de la Commission est identique à la première conclusion de nos amis de la Dordogne ; ce n'est pas la peine d'en redonner lecture. Il y en a une deuxième, mais elle n'a pas le caractère d'un vœu puisqu'elle s'adresse au Comité Exécutif. Il n'est pas douteux que le Comité Exécutif remplira la mission dont on a voulu le charger, donc le rapporteur de la Commission a donné satisfaction intégrale aux vœux de la Dordogne.

M. May. — Je n'ai pas entendu parler, dans le rapport, d'un vœu qui a été envoyé par notre Comité.

M. Labroue demande la parole.

Le Président. — Vous voulez parler sur la même question ? La parole est au citoyen Labroue.

M. Labroue. — Permettez-moi d'apporter quelques observations très courtes dans le débat d'ordre administratif qui vient d'être soulevé.

Vous avez entendu plusieurs de nos camarades de province vous exposer ici leurs doléances, et des doléances fortement justifiées.

Dans le Parti radical, en effet, nous ressemblons souvent à M. Poirier, qui aimait beaucoup l'art, mais pas les artistes. Eh bien ! nous, nous aimons beaucoup les administrations républicaines, mais nous nous accommodons trop volontiers d'administrateurs réactionnaires. (Applaudissements.)

Cela n'a que trop duré, et, pour faire cesser une situation scandaleuse (Applaudissements. Parfaitement !), je me permets de vous indiquer ici trois procédés efficaces que vous pouvez employer tous les trois ; nous, dans la Dordogne, à Bergerac, nous y avons recouru, et ils nous ont réussi. Les voici :

Le premier, c'est de vous adresser, comme l'ont fait nos camarades, au Comité Exécutif, qui, à son tour, peut intervenir auprès des pouvoirs compétents. Cette intervention est-elle toujours très énergique ? Ou les pouvoirs opposent-ils une résistance plus énergique encore ? C'est une question d'espèces, mais il est toujours bon de passer par la voie du Comité.

Usons ce procédé, mais, comme le disait tout à l'heure M. le général Godart, ce procédé ne réussit pas toujours.

Il y en a un second : c'est ce que j'appellerai, si vous voulez, l'action directe. Il consiste d'abord à compter sur nous-mêmes. (Très bien.)

Souhaitons que le ciel du Comité Exécutif nous aide, mais commençons par nous aider. (Bravos sur quelques bancs.)

Nous étions affligés à Bergerac — permettez-moi de citer cet exemple précis — d'un sous-préfet qui avait épousé successivement les convictions de Méline, de Combes et de Clémenceau, lorsque, pour la première fois dans le Bergeracois, un candidat radical osa se présenter contre un opportuniste, aux élections législatives partielles de 1912. Ce sous-préfet s'empressa de soutenir l'opportuniste, gendre du précédent député, devenu sénateur, contre le candidat radical. Alors qu'il ne s'agissait que du salut d'une dynastie, et nullement du salut de la République, il aurait dû, au moins, rester neutre, au premier tour, entre des candidats républicains. Au contraire, il fit jouer tous les ressorts possibles ; il multiplia, en faveur de son candidat, manifestations politiques, visites à domicile, conseils discrets et même indiscrets. Cette intervention abusive ne lui réussit point ; son candidat échoua.

Mais nous, les radicaux, indignés par une telle attitude, nous avons pris alors sur nous de soulever contre lui la réprobation des citoyens libres et vraiment républicains. Nous l'avons suivi et poursuivi partout ; nous l'avons dénoncé à l'opinion, et, finalement, ce monsieur-là, quoiqu'il fût bien en cour auprès de nombreux patrons politiques, fut obligé d'évacuer les lieux. Il vient d'être expédié en Algérie. (Applaudissements.)

Il saura, citoyen, qu'un Comité représente quelque chose. Mais que représente un sous-préfet, cette survivance d'un régime bonapartiste ? Il représente le caprice ministériel qui l'a tiré du néant et qui peut l'y replonger demain. (Applaudissements.)

Songez que cent à deux cents hommes résolus, indépendants, animés d'une même foi politique, peuvent beaucoup, lorsqu'ils sont organisés, car ils incarnent, eux, d'une façon vivante et permanente, une fraction de la démocratie.

Il y a un troisième procédé. C'est le dernier, rassurez-vous. Lorsque nous voulons appeler des auxiliaires, pour mener nos campagnes d'éducation et d'action politiques, à qui devons-nous recourir de préférence ? Aux parlementaires de notre Parti, eux qui ne sont pas arrondissementiers au point...

Une Voix. — Ils s'en moquent !

M. Labroue. — Ils peuvent et doivent écouter notre appel, qu'ils soient élus radicaux ici ou dans les circonscriptions d'à côté.

Tels sont les trois procédés de défense et d'action radicale qui sont à notre portée. L'un, c'est le canal du Comité Exécutif. L'autre, c'est l'interven-

tion agissante des parlementaires de notre Parti.
Enfin, c'est notre action personnelle et celle de
nos Comités locaux, ces foyers d'éducation et d'organisation politiques, qui sont en quelque sorte
les sociétés populaires et les clubs de jadis, que
nous voulons ressusciter. (*Applaudissements.*)

M. Charles Dumont. — En ce qui concerne les
conférences, mon ami Chaligné et moi vous avons
dit que depuis longtemps nous aurions un grand
plaisir d'aller voir le pays de Bergerac.

M. Labroue. — Il n'y avait dans mes paroles
aucune allusion malveillante.

M. May. — Je n'ai pas entendu parler d'un vœu
du Comité de Seine-Inférieure envoyé au Comité
Exécutif il y a quelques 15 jours, afin qu'il donne
son opinion à la Commission des vœux.

Il s'agissait de renouveler la protestation que
j'ai faite à Rouen, à Nîmes, et que je viens faire
encore ici aujourd'hui et à laquelle vous vous
associerez tous.

Nos Comités manquent souvent de matière pour
leur travail, il serait bon de leur en fournir quand
on peut. Ce moyen, en même temps, permet de
donner aux délégués au Congrès un mandat impé-
ratif sur certaines questions.

Il faut pour cela leur envoyer en temps voulu les
rapports qui doivent être distribués.

Cette année, il y en a eu une partie de publiée
dans le *Radical*. La veille de mon départ de Rouen,
j'en ai reçu 2 ou 3.

Je demande qu'à l'avenir le Comité Exécutif fasse
son possible auprès des rapporteurs, afin que les
rapports soient envoyés dans nos Comités un mois
avant le Congrès, de façon à ce que l'on sache quel
vote on doit émettre ici. (*Applaudissements et
Bruit.*)

Je réclame un vote sur ma proposition.

Le Président. — L'assemblée sera unanime à
adopter cette proposition. (*Adopté à l'unanimité.*)

Le Président fait connaître qu'il est saisi de la
motion suivante :

Le Congrès regrette que le Gouvernement ne prenne
pas des mesures efficaces pour protéger les groupements
républicains contre certains abus préfectoraux.
(*Adopté à l'unanimité.*)

Le Président. — L'ordre du jour appelle le rapport de la Commission des réformes sociales. Vous avez à statuer aussi sur le choix de la ville où siégera le prochain Congrès. Vous avez certainement le désir qu'on statue sur cette dernière question au moment où l'assemblée sera la plus nombreuse.

Nous allons engager la discussion sur le rapport de la Commission des réformes sociales et, avant qu'aucun de nos collègues quitte cette salle, nous procéderons au choix de la ville où se tiendra le prochain Congrès.

Plusieurs Délégués. — On peut discuter cette question à la fin.

Le Président. — S'il n'y a pas d'opposition, je donne la parole à M. Bokanowski, rapporteur de la Commission des réformes sociales.

LES RÉFORMES SOCIALES

Rapport de M. Bokanowski

M. Bokanowski, *rapporteur*. — Citoyens, la Commission des réformes sociales a chargé un unique rapporteur de vous indiquer brièvement les conclusions de ses travaux, puis, de vous demander instamment, quand les vœux qui ont été rédigés par elle auront reçu votre approbation, de décider qu'une séance spéciale sera réservée dès le début du Congrès prochain pour les questions que, d'une façon générale, nous désignons sous le nom « d'Assurances sociales ».

La Commission se félicite que ce débat vienne à cette heure devant vous, quand sont éliminées les questions qui pouvaient nous diviser. Après cette grande et féconde journée, où nous avons étudié les questions agricoles qui unissent tous les représentants du pays, nous en arrivons, enfin, à cette heure tardive, à examiner des questions, à poser des problèmes, à prendre des positions, qui doivent nettement nous séparer des doctrines économiques et sociales des Partis opposés au nôtre.

A l'heure où le scrutin d'arrondissement paraît condamné, — quelles que soient les modalités dont s'accompagnera le scrutin de liste, — nous allons être appelés à proclamer plus énergiquement, plus nettement la doctrine de notre Parti.

Nos adversaires nous font constamment le reproche de n'avoir pas une doctrine précise, qui puisse rallier les partisans du progrès social. Nous devons dissiper définitivement l'erreur qui nous représente comme n'osant pas aborder de front les problèmes sociaux de crainte tantôt de tomber dans le socialisme, tantôt de rester dans la stagnation en laquelle se complaisent les progressistes.

Il faut que nos avis se pénètrent de plus en plus de ce qui est l'essence de la politique sociale de notre Parti, et qu'ils sachent dire, à l'heure où le bloc paraît être devenu impossible, ce que nous sommes exactement, ce qui est notre frontière, à gauche et à droite. (*Applaudissements.*)

A ce point de vue, il apparaît que les discussions sur les Réformes sociales nous permettront de limiter nettement le terrain de notre action et de situer avec précision notre doctrine.

Nous nous séparons des individualistes et tout autant des socialistes collectivistes.

Les individualistes tiennent avant tout à la liberté économique ; ils se laissent fasciner par le problème de la production, et font graviter tous leurs efforts, toute leur doctrine, autour de cette idée qu'il n'y a pas de production abondante sans liberté économique entière. Ils veulent que la liberté, comme les risques de l'individu, soient absolus, et peu leur importe si la faiblesse de l'individu l'expose à succomber sous le poids de certains risques. La loi de la concurrence, loi cruelle mais nécessaire, veut que le faible soit éliminé, s'il ne peut résister !

A l'opposé des individualistes, nous nous heurtons aux collectivistes. Pour ceux-ci, le problème de la production économique est secondaire ; le problème de la justice, de l'égalité dans la répartition des richesses prime tous les autres. Avant tout, disent-ils, l'homme a le droit de vivre sa vie, d'obtenir de la société tout ce qui est nécessaire à sa subsistance, tous les secours dont il a besoin. La société doit, en tout cas, secourir les faibles.

Nous ne sommes pas des socialistes. Nous ne pensons pas à subordonner l'individu à un grand rouage social où il n'aurait choisi ni sa place, ni le sens de son activité. Nous ne voulons pas l'embrigader dans des institutions de caporalisme, dont toute liberté serait, par la force des choses, entièrement bannie.

Nous sommes de ceux qui pensent que l'énergie de l'individu est nécessaire au progrès social et que, dans la limite possible, l'homme doit agir, sans entrave, dans la liberté la plus grande. Mais nous ne voulons pas que, sous prétexte de liberté, les forts, les puissants, puissent écraser les faibles qui ont droit à la justice. Nous introduisons cette justice par la notion du quasi-contrat, que M. Léon Bourgeois a si heureusement définie dans son ouvrage *Solidarité*; le quasi-contrat, qui établit les devoirs réciproques entre l'homme et la société. C'est par déduction de ce principe que s'est développé dans notre législation, peu à peu, trop lentement peut-être, ce bienfaisant réseau, auquel chaque jour ajoute une maille, de nos lois sociales. Quel en est le principe ? Le principe en pourrait s'exprimer comme le dicton populaire : Aide-toi, le ciel t'aidera. Fais un effort pour améliorer ta condition, la société te viendra en aide.

C'est à encourager l'assurance que la législation sociale doit tendre, en supprimant, dès que faire se pourra, les secours d'assistance.

Les lois d'assistance, — celle, par exemple, d'assistance aux vieillards, infirmes et incurables, de 1905, — sont inférieures au point de vue moral : elles vont au plus pressé ; elles secourent l'individu, mais ne l'enlèvent pas à la claire conscience de son devoir. Ces lois seront peu à peu remplacées par des lois d'assurances sociales comme celle des Retraites ouvrières, de l'Assurance contre l'invalidité, etc.

C'est dans ce cadre que nous voudrions instaurer l'année prochaine un large débat auquel plusieurs séances, 2 ou 3 pour le moins, seraient consacrées. Cela nous permettrait d'affirmer, à quelques mois des élections législatives, que notre grand Parti est le seul capable d'apporter à ceux qui travaillent et qui peinent un ensemble de réformes sociales pratiques et fondées sur l'Idéal démocratique.

Cette grande manifestation de notre intérêt pour les problèmes économiques et sociaux nous évitera le reproche qui nous est trop souvent injustement fait de perdre notre temps aux questions politiques secondaires et de ne pas assez nous tenir en contact avec les foules ouvrières, avec la démocratie laborieuse.

Après cette préface un peu longue, et dont je m'excuse, mais dont la Commission m'avait demandé de faire précéder l'examen de ses vœux, nous allons, si vous le voulez bien, parcourir rapidement les grandes lignes du rapport de votre Commission.

La première question rapportée est celle des habitations ouvrières. En cette matière, notre doctrine trouvera son application parfaite. Alors que certains veulent que la société n'intervienne en aucune façon sur ce point, et que d'autres désirent voir la collectivité édifier de toutes pierres des habitations ouvertes à tous ceux qui seraient chargés d'une nombreuse famille, nous avons, nous, une position, intermédiaire. Nous disons : « Il faut que l'initiative privée se donne le plus large cours possible, mais que les collectivités interviennent au moment où la loi de l'offre et de la demande, de la concurrence, sera faussée au point de constituer un véritable monopole de fait pour les propriétaires. » Les premières lois qui se préoccupèrent du problème des habitations à bon marché ont été contresignées par nos amis. C'est M. le sénateur Strauss qui a amélioré la loi de 1894 et fait voter les dispositions de la loi de 1906 ; un projet récent a été signé par René Renoult, défendu par Ch. Dumont, et on connaît l'œuvre de nos amis Roussel, Desvaux, Salmon, Virot, au Conseil municipal de Paris. Les socialistes exagèrent donc quelque peu lorsqu'ils se donnent aujourd'hui pour les initiateurs de la législation des habitations ouvrières et nous, nous n'avons pas assez dit au pays qu'en cet ordre d'idées nul plus que le Parti radical n'a contribué à l'adoption de projets réalisables. (Applaudissements.)

Cette question a été de nouveau posée avec acuité ces temps derniers ; des vœux nombreux ont été déposés dans les Comités de province aussi bien qu'au sein du Comité Exécutif. Ce sont ces vœux que nous avons résumés dans diverses propositions que je vais vous lire maintenant en vous donnant, au fur et à mesure, les brèves explications qu'elles comportent.

(Lecture, bruit.)

Nous vous proposons tout d'abord le vœu suivant :

Le Congrès,

Considérant que la loi de 1902 sur la santé publique, principalement des articles qui visent l'interdiction des logis malsains et les prescriptions d'hygiène obligatoire pour les maisons neuves est la base nécessaire pour l'amélioration du logement ouvrier,

Adopte le vœu suivant :

Que les Maires soient déchargés de l'obligation de faire appliquer la loi de 1902 sur la santé publique et que le soin en incombe aux agents de l'administration.

M. BOKANOWSKI. — Il nous a paru qu'il importait avant tout de rechercher des solutions rapides et qu'il ne fallait pas perdre en délibérations un temps qu'il est nécessaire d'employer à l'action ; il fallait aller au plus pressé, sans penser, comme certains collègues de la Commission nous y conviaient, à entrer dans de nombreux détails. Nous n'avons donc abordé que quelques points essentiels. Nous avons dit d'abord que nous voulions continuer de compter sur l'initiative privée. Les lois de 1894 et de 1906 seront élargies et accorderont à l'initiative privée, individuelle ou collective, plus de facilités pour remédier à l'entassement dont souffrent les habitants pauvres dans les grandes villes. Mais l'initiative des individus sera insuffisante devant les besoins actuels et nous avons voulu que les communes puissent immédiatement trouver les autorisations et les moyens pour élever les constructions indispensables. Nous avons ajouté cette idée neuve et hardie que contenait le projet de loi de notre ami, M. R. Renoult, qu'au besoin les villes devaient être contraintes à bâtir dans les quartiers où les conditions d'hygiène, de salubrité, ou plutôt d'insalubrité, en feront un devoir urgent ; nous avons également formulé le vœu que, pour faciliter les efforts des communes ou des particuliers, plus nombreuses, plus abondantes, plus faciles d'accès, soient les caisses auxquelles pourraient être empruntés les capitaux utiles à l'édification des maisons à bon marché. Enfin, étant données les conditions actuelles de la construction, il nous a paru impossible de donner dans les villes une habitation suffisante en espace et en salubrité, à une famille de cinq à six enfants, à une famille

d'ouvriers au gain modeste, sans que la munici-
palité ou le groupement propriétaire fasse une
mauvaise opération financière. Nous demandons
alors que l'Etat intervienne en faisant l'appoint,
qu'il aide les communes pauvres à supporter le sa-
crifice nécessaire sur ces loyers improductifs.

Comme vous le voyez, nous ne sommes pas
écartés dans les nombreux chemins où la com-
plexité de la question nous sollicitait ; nous avons
voulu, avant tout, qu'apparaisse l'idée de l'urgence
des textes essentiels à voter. Voici le vœu résu-
mant nos principaux désirs :

Le Congrès,

En présence du renchérissement et de la raréfaction des
logements, si pénibles aux familles nombreuses dans les
grandes villes ;
Considérant que le problème est urgent, que sa solution importe au premier chef à la santé publique, qu'elle
s'impose comme une véritable mesure de défense nationale ;

Emet le vœu :

1° Que le Parlement vote définitivement sans tarder les
modifications proposées à la loi du 12 avril 1906, notamment par le projet Renoult, dans le sens d'une plus grande
initiative laissée tant aux particuliers et aux sociétés privées qu'aux communes et aux départements pour la construction d'habitations mises à la disposition des familles
d'ouvriers nombreuses et à salaires restreints ;

Que les villes où la nécessité s'en fait sentir soient autorisées sans délai — contraintes, au besoin, à emprunter les
sommes nécessaires à l'aménagement de logements sa-
lubres et à bon marché et soient en mesure de conju-
rer une crise sans cesse accrue dont sont victimes de
nombreuses familles de travailleurs ;

2° Que les maisons ouvrières baties par les villes soient
exploitées en régie intéressée ou par des instituts autonomes ;

Que les caisses de crédit immobilier soient multipliées,
leur création et leur accès facilités ;

Que les Caisses d'Etat, celles des établissements publics et celles qui capitalisent les versements des retraites
ouvrières soient, dans la plus large mesure, autorisées
et encouragées à consentir des prêts à taux réduit pour
la construction d'habitations à bon marché ;

Que l'Etat vienne en aide aux communes qui ne pourraient, par leurs seules ressources, réaliser l'effort financier nécessité par les besoins actuels.

M. CHARLES DUMONT. — En ce moment-ci, citoyen

Bokanowski, vous ne pouvez plus demander qu'une chose : c'est que le Sénat vote rapidement tout ce que vous nous demandez. Deux mois ne se sont pas passés que deux projets de loi ont été discutés et votés : Le premier, par lequel nous avons fait une exception aux règles ordinaires de l'expropriation pour les maisons insalubres avec diminution de l'indemnité aux propriétaires ; le second, sur le rapport de quelqu'un qui n'est pas de nos amis, de M. Bonnevay ; la Chambre a voté, après une très complète discussion, tout ce que vous venez de nous demander. La loi actuelle n'a pas voulu que les conseils municipaux soient les gérants des maisons ouvrières parce qu'elle a considéré que les conseils municipaux pouvaient être trop préoccupés de questions électorales. (*Applaudissements.*)

Les idées dont la Commission de législation sociale veut se faire l'écho ne sont plus seulement des vœux, elles sont, grâce à l'action du Parlement, grâce à l'action concertée du groupe radical-socialiste de la Chambre et du Conseil municipal de Paris, des réalités. Nous n'avons qu'une chose à demander au Sénat, c'est qu'il vote, dès la rentrée, la double loi qui intéresse les habitations et qui ont été votées par la Chambre. (*Vifs applaudissements.*)

M. PETIT. — Si j'ai demandé la parole, c'est d'abord pour m'associer complètement à la conférence si intéressante qui vient d'être faite par notre ami Bokanowski, qui, en termes élevés et d'une façon documentée, nous a fait la théorie de la solidarité que vous avez certainement retenue et dont vous reporterez, dans vos Comités, l'expression.

Il a demandé qu'une loi soit faite, permettant aux villes de contracter des emprunts dans de bonnes conditions auprès de l'Etat pour la construction des maisons à bon marché et Charles Dumont a bien voulu nous apporter l'assurance que cette loi, discutée par la Chambre et adoptée par elle, serait prochainement, et nous en sommes convaincus, adoptée par le Sénat.

Si j'ai demandé à intervenir dans ce débat, ce n'est point pour apporter à la thèse présentée si éloquemment tout à l'heure par M. Bokanowski une contribution nouvelle, mais c'est surtout pour vous

demander, avant d'ériger des lois nouvelles, votre
concours pour les lois actuellement existantes.

On a prononcé tout à l'heure le nom de Léon
Bourgeois, ce nom est indissolublement lié au problème de l'habitation à bon marché ; dans des
interventions nombreuses, il s'est occupé de ce
problème. Ma pensée se reporte aussi vers notre
ami Renoult, avec lequel j'ai eu l'honneur modeste-
ment de collaborer ; il a demandé notamment que
des capitaux immobilisés des sociétés de secours
mutuels 25 % soient versés pour la construction des
maisons à bon marché. La Chambre, dans la loi
de finance de 1912, a voté, sur la preposition de
MM. Bonnevay et Lerolle, une proposition de loi
permettant l'inaliénabilité du fonds commun.

Il y a aussi une loi intéressante qui met à notre
disposition des capitaux considérables pour la
construction des habitations à bon marché : c'est
la loi du 5 avril 1910, qui permet, en fait, la constitution de caisses autonomes de retraites, que ces
caisses soient syndicales, qu'elles soient patronales
ou mutualistes. Cette loi permet qu'une partie des
capitaux constitués ainsi par les versements patro-
naux et ouvriers dans une proportion de 10 %
puissent être employés à la construction des habitations à bon marché ; elle permet aussi que ces
sociétés emploient leurs capitaux en prêts hypo-
thécaires ou de toute nature aux départements ou
aux communes. Vous vous rendez compte que ces
prêts pourront être faits à ces administrations à
condition qu'ils soient employés à la construction
de maisons à bon marché.

Je me demande s'il est nécessaire de faire des
lois nouvelles ; Dumont nous disait qu'il y avait
peut-être un danger à autoriser les villes à faire
des prêts de cette nature parce qu'elles auraient
une tendance à distribuer plus tard ces maisons
dans des conditions électorales que nous pourrions
regretter.

L'initiative privée, au contraire, permettra que
ces capitaux fussent employés plus judicieusement.

Tout en m'associant complètement aux conclusions de notre rapporteur, je vous demande d'intervenir auprès des organisations républicaines
pour qu'elles fondent, en vertu de la loi du 4 avril
1910, dans leur département, des caisses autonomes
de retraites, leur permettant ainsi d'employer une

partie de leurs capitaux à la construction des maisons à bon marché. Je demanderai aussi que le Congrès invite le Sénat à voter, sans plus tarder, la loi déjà votée par la Chambre permettant l'inaliénabilité du fonds commun des sociétés mutuelles qui représente plusieurs centaines de millions.

Il y a des solutions rapides qui ne demandent pas de grandes études et qu'on pourra aborder presque instantanément pour la réalisation de ce problème, qui sera demain pour la République un des problèmes des plus intéressants parce qu'il servira le mieux à l'affranchissement de la démocratie. (*Applaudissements*.)

M. GORJUS. — Je voudrais faire une simple remarque, ou plutôt demander qu'on fasse une addition au vœu émis tout à l'heure.

Vous savez que la loi permet aux villes de faire plusieurs opérations, de prendre des actions, de faire une garantie d'intérêt ou de donner des intérêts à 50 % meilleur marché que le prix d'évaluation. J'ai cherché vainement pourquoi l'Etat ne ferait pas de même, car, pour avoir des maisons à bon marché, il faut d'abord avoir un terrain à bon marché.

Voici l'addition que je propose :

Qu'il soit permis à l'Etat de concéder aux sociétés de constructions à bon marché les terrains des Domaines aux mêmes conditions que peuvent le faire les communes, c'est-à-dire à 50 0/0 du prix d'estimation.

Que les avantages donnés aux constructeurs d'habitations à bon marché soient accordés aux sociétés prévues par la loi, qui acquerraient d'anciens immeubles pour les transformer en logements ouvriers remplissant les conditions nécessaires.

Je demande donc que partout où l'Etat a des intérêts, il lui soit permis de faire ce que les villes font.

A Lyon, nous avons de très bonnes maisons déjà existantes, mais elles ne sont pas hygiéniques, ou du moins elles ne sont pas disposées en alignement.

Nous avons beaucoup de maisons qui pourraient être transformées, nous en transformerons une partie.

Nous n'avons pas, pour ces maisons, les mêmes avantages que pour les maisons nouvelles.

Je demande que l'extension dont bénéficient les maisons nouvelles soit donnée à toutes les maisons qui ne répondraient pas au type d'une maison hygiénique.

M. Bokanowski. — Sur le deuxième vœu que notre collègue vient de nous soumettre, je crois qu'il serait difficile de procéder à un vote immédiat.

Notre collègue demande que les propriétaires de maisons à petits loyers servant de logements aux familles ouvrières, dans les villes, puissent mettre ces maisons en état de salubrité avec l'aide pécuniaire des communes ou de l'Etat. Dans la plupart des cas, quelle sera la situation ? A Lyon, comme à Paris, la plupart des maisons où loge la population ouvrière sont d'immenses bâtisses où s'entassent les locataires. Les capitalistes trouvent à ces locations un intérêt énorme. Vous voudriez encore leur venir en aide ?

Il faudrait au moins introduire dans votre vœu certaines modalités qui permettent de différencier les petits propriétaires intéressants des riches possesseurs de nombreuses maisons à gros rapport, dont la salubrité est imparfaite.

Sans cette précaution, vous vous exposeriez à donner, à des taux réduits, des capitaux à des propriétaires que l'on devrait, avant tout, contraindre à observer les prescriptions visant la salubrité publique.

M. Gorjus. — J'ai dit qu'il faudrait concéder des capitaux à des sociétés qui achètent des maisons en déclarant vouloir les rendre hygiéniques.

Nous demandons qu'on accorde pendant dix ans l'exemption d'impôt aux maisons vieilles que l'on transforme.

Je n'ai jamais demandé que l'on prête à des propriétaires, mais à des sociétés.

Nous venons, à Lyon, de fonder la société des Ateliers-Logis, il a fallu que nous fassions des demandes à l'Etat parce que le mot d'atelier y était pour être considéré comme une société d'habitations à bon marché.

C'est pour les sociétés qui déclareront faire acte de salubrité que nous demandons le bénéfice des avantages de la loi.

M. Bokanowski. — J'avais raison de demander des précisions, car, ainsi limitée, je crois que votre motion doit être adoptée par le Congrès.

M. Gorjus. — Nous achèterons des maisons bâties en pierre de la même façon que nous achèterons des mauvaises maisons.

Le Président. — Il résulte de cette discussion que M. Gorjus est d'accord avec la Commission, mais il s'agit d'une matière très intéressante et très délicate, il ne reste donc qu'à rédiger d'une façon précise vos vues.

M. Gorjus. — Mais nous demandons aussi que l'Etat...

Le Président. — C'est une règle ferme, le président ne peut mettre aux voix que des motions écrites ; du reste, laissez-moi vous faire observer qu'il y a d'autres vœux différents qui se réfèrent encore aux habitations insalubres. Peut-être pourriez-vous vous mettre d'accord avec notre ami Bokanowski. Sur ces vœux, pour le moment, nous n'avons qu'à statuer sur le rapport de la Commission, qui contient des observations de MM. Charles Dumont et Petit.

Les explications qu'a fournies le citoyen Charles Dumont vous ont donné, je crois, satisfaction. La Chambre a voté la plus grande partie des dispositions de la Commission, il suffira donc de mettre en tête des vœux : « Que le Parlement vote définitivement et sans tarder ».

M. Charles Dumont. — Je ne réponds pas que toutes les parties des vœux aient été votées sous la forme que vous donnez.

Le Président. — Je mets aux voix les conclusions de la Commission et le vœu additionnel de M. Gorjus. (Adopté à l'unanimité.)

M. Bokanowski. — Notre collègue Petit a dû voir que j'avais inséré une de ses propositions dans les vœux présentés.

M. Petit. — J'ai expliqué deux choses : la première c'est qu'il y avait intérêt à ce que le Parlement votât sans retard l'inaliénabilité du fonds commun, pour les maisons à bon marché.

La deuxième, que le Congrès émette un vœu que les organisations républicaines se préoccupent sans retard de la constitution de sociétés anonymes et de bénéficier de la loi du 5 avril 1910 afin d'employer certains capitaux à la construction d'habitations à bon marché.

LE PRÉSIDENT. — Il reste différentes motions relatives à la même question. Le Congrès statuera ultérieurement sur cette question.

On a manifesté le désir de choisir dès maintenant la ville où se tiendra le prochain Congrès. Nous interrompons donc momentanément la discussion. (*Approbations.*)

LE PROCHAIN CONGRÈS

LE PRÉSIDENT. — *(Plusieurs délégués crient : Pau ! Nice ! Toulon ! etc...)* Il m'est interdit de mettre le nom d'une ville aux voix avant que la question ait été posée.

J'apprends à l'instant, et vous apprendrez avec un vif regret, le décès d'un conseiller municipal de Tours, d'un ami des hôtes qui nous ont reçus d'une manière si charmante et dont nous garderons un inoubliable souvenir, M. Henry. M. Henry était le premier fondateur des patronages laïques de Tours.

Nous avons, grâce à nos amis de Tours, éprouvé trop de joie et passé avec eux trop de moments délicieux pour ne pas nous associer du plus profond de notre cœur à leur tristesse et à leur deuil. (*Applaudissements.*)

Les obsèques de M. Henry seront purement civiles et auront lieu demain à 8 h. 1/2, 128, rue Victor-Hugo.

Je donne la parole à M. Féron, rapporteur de la Commission du règlement.

M. FÉRON. — Je désire développer en deux mots les raisons pour lesquelles votre Commission du règlement a cru à l'unanimité de ses membres décider sans hésitation que c'était à Pau que devait se tenir le prochain Congrès.

Et tout d'abord, je n'essaierai pas de vous séduire par des arguments purement matériels en vous faisant entrevoir les sites charmants qui nous environnent, ni les hôtels vastes et nombreux qui, à cette saison, seront alors à votre disposition.

Je vous dirai d'abord que votre Commission a cru de plano devoir écarter toutes les villes dans lesquelles les Congrès s'étaient déjà réunis, parce qu'il nous a semblé, à nous qui n'avons pas encore eu le bonheur de recevoir les congressistes, que, si l'on admettait une ville qui avait déjà eu le Congrès, ce serait établir une sorte de roulement de préférence et vous verriez peut-être renoncer à tout jamais à certaines Fédérations de voir le Parti radical venir par ces Congrès réchauffer les militants éloignés. (*Applaudissements.*)

Mais une deuxième raison, une raison d'ordre politique, nous a décidé. La Fédération des Basses-Pyrénées nous a exposé jusqu'à quel point il serait nécessaire pour elle que le Parti radical vienne saluer certaines victoires et aussi réconforter certains vaincus.

Dans ce département, l'idée radicale et radicale-socialiste, qu'il y a 2 ou 3 ans on ne connaissait pas encore, subit un mouvement admirable qui a eu pour siège principal Bayonne. Nous avons assisté à ce magnifique réveil des Basques bayonnais qui ont pu, à la suite des victoires municipales et législatives que vous savez, installer les écoles publiques des enfants du peuple dans l'évêché où siégeait naguère un prélat batailleur que vous connaissez tous.

Et enfin, ce qui a emporté la décision de votre Commission, c'est une pétition recouverte de 152 signatures.

Et citoyens, vous avez compris que le dernier argument est plus réel, plus vrai : A cette époque d'octobre, on voit seulement à Pau d'innombrables pèlerinages qui se rendent à la grotte miraculeuse. En face de ces pèlerinages, nous avons décidé, et vous nous approuverez, de faire un pèlerinage laïque. (*Applaudissements.*)

Il y a 4 ou 5 ans, toute la Libre Pensée française s'est rendue à Rome, dans la Rome des papes, afin d'affirmer la force de la pensée libre. En France, nous avons notre Rome, c'est Lourdes. En face de Lourdes, vous viendrez tenir le drapeau de la libre pensée. (*Applaudissements. Cris : Aux voix ! Cris divers.*)

LE PRÉSIDENT. — Le Congrès a été impressionné par la chaleur de la conviction de notre ami, et il est certain que, devant la belle ligne des Pyrénées, nous saurons prendre des décisions superbes !

UNE VOIX. — Il n'y a plus de Pyrénées !

Le Président. — Il n'y a plus de Pyrénées avec nos amis, et la ville du Béarnais, où il a tant de souvenirs, ne saurait engendrer la mélancolie. Mais j'ai le devoir de donner la parole à d'autres amis.

M. Boveris. — S'il manquait une fleur à la couronne de Pau, je m'empresserais de la lui offrir.

J'apprécie l'argument porté par le précédent orateur, qui a dit qu'il fallait opposer aux pèlerinages de Lourdes un Congrès radical, mais cet argument, quelque valeur qu'il ait, n'empêcherait pas les calotins d'aller à Lourdes, le 14, si le 13 nous allions à Pau. Ils iraient quand même. Je puis vous dire, dans tous les cas, que nous irions à Pau avec plaisir. (*Bruit, interruptions.*)

Le Président. — Je ne peux donner la parole qu'à ceux de nos amis qui font une autre proposition. Veuillez formuler la vôtre.

M. Boveris. — Je voudrais me permettre de vous inviter à tenir le Congrès de 1913 à Toulon. (*Bruit.*) Il y a un caractère d'urgence qui milite en faveur de ma proposition. Je ne m'opposerais pas, par la suite, aux arguments en faveur de Pau, les uns et les autres ont leur valeur, mais à Toulon, nous réussissons maintenant à former une Fédération radicale. Dans le Var, les esprits sont très ardents et il y a eu des divisions qui cessent maintenant. Je prétends que nous verrons cesser tous les errements qui ont eu lieu et que les deux ou trois écoles du Var se confondront en une seule dans le courant de l'année prochaine ; cette préface serait de belle augure pour les succès du Parti radical aux élections de 1914. (*Applaudissements.*)

M. Salmon. — En principe, je ne suis pas d'avis de refuser n'importe quelle ville de France, mais quel que soit le plaisir que nous aurions d'aller à Pau ou à Toulon ou dans la ville que vous désignerez, je désire attirer votre attention sur l'époque des élections générales de 1914. Il est certain qu'à la veille de telles élections, où la bataille sera générale, on est obligé de se sentir un peu les coudes et d'aller très nombreux dans les prochains Congrès, et c'est pour cela que je crois qu'en 1913 il y aurait beaucoup plus de congressistes à Paris. (*Exclamations, bruit.*), où il n'y a pas eu de Congrès depuis huit ans. (*Bruit.*) Je propose Paris.

M. J.-B. MORIN. — Quelle que soit la ville que vous choisirez, je vous demande simplement de décider que ces assises auront lieu dans la dernière quinzaine de septembre. Il y a des employés, des travailleurs qui n'ont plus la liberté de venir après le 30 septembre. Je vous invite à décider que les Congrès auront lieu avant la fin septembre. On m'a objecté que les parlementaires ne seront pas libres. J'estime que c'est aux parlementaires à venir et non aux militants qui gagnent leur pain. (*Bruit.*)

LE PRÉSIDENT. — Le Congrès ne peut être que satisfait et flatté qu'on le réclame de différents côtés, mais on ne peut prolonger ce débat outre mesure.

M. BEPMALE. — Il faut que vous décidiez de venir à Paris l'année prochaine. Vous avez établi entre les diverses régions de la France un roulement. L'année dernière, on est allé à Nîmes, l'année prochaine nous vous demandons de venir à Pau. Dans la région pyrénéenne, nous luttons depuis longtemps avec quelque succès, et dans ce département des Basses-Pyrénées, c'est à peine si notre Parti a pu trouver depuis quelques années des encouragements comme celui du Congrès, qui serait de nature à nous affermir dans toute notre région. Je suis certain que nos amis de Toulon, auxquels nous promettons notre concours dans un avenir très prochain, voudront bien renoncer à leur proposition et se rallier à la nôtre. (*Applaudissements, bruit.*)

M. PEYTRAL. — Je suis persuadé que votre opinion est déjà faite, mais j'estime que la question n'a peut-être pas été envisagée de façon exacte, car les orateurs entendus jusqu'à présent me paraissent avoir des intérêts plutôt personnels. (*Nombreuses exclamations, protestations.*) Vous me comprenez bien...

LE PRÉSIDENT. — Les intérêts personnels en l'espèce se confondent avec l'intérêt du Parti. (*Très bien !*)

M. PEYTRAL. — Je vous demande la permission de vous présenter une simple observation. Je crois qu'il y a intérêt à ce que nos Congrès alternent dans des régions où l'on puisse se rendre facilement et je m'explique. Lorsqu'un Congrès se tient à Tours, tous les militants de la région du Sud-Ouest, de l'Ouest, de la région parisienne, peuvent y venir facilement ; ceux de la région du Sud-Est, ceux des Alpes-Maritimes, des Hautes-Alpes, des Basses-Alpes, des Bouches-du-Rhône et ceux de la région de l'Est y viennent beaucoup plus difficilement. Il faut donc s'arranger de façon à ce que dans l'alternance on desserve à la fois plusieurs régions et non pas une seule. Il ne faut pas dire que le Congrès se tiendra dans le Sud-Ouest et après dans l'Est ; il faut choisir la ville qui desserve plusieurs régions à la fois. Je crois que vous serez d'avis que la région du Sud-Ouest a été cette année desservie d'une façon relativement suffisante par le Congrès de Tours. (*Exclamations.*) Vous ne pouvez pas contester qu'au point de vue de la facilité des communications, il était plus facile à nos collègues du Sud-Ouest de venir ici qu'à ceux de la région du Sud-Est. Par conséquent, il serait, je crois, logique de faire le prochain Congrès dans une région qui desservira le Sud-Est de la France et l'année suivante nous reviendrons à une région qui desservirait encore le Sud-Ouest. Nous pourrons, je crois, très bien nous entendre, si vous le voulez bien, les arguments donnés pour Pau sont des arguments auxquels je me rallie très volontiers, mais nous pourrions très bien tenir notre prochain Congrès à Toulon et celui de l'année suivante à Pau. (*Exclamations.*)

Le Président. — Il y a trois propositions, mais, si je comprends bien, la proposition pour Paris n'a pas été maintenue. (*Cris : Si ! Non !*) La proposition de Paris est maintenue ? On nous fait observer que les Parisiens ne sont pas tous d'accord pour demander Paris et que la Fédération de la Seine n'a pas fait de demande en ce sens.

M. Alfred Dominique. — J'ai une simple observation à présenter en qualité de secrétaire de la Fédération de la Seine. M. Salmon a fait une proposition ayant un caractère personnel, il n'était pas mandaté par la Fédération de la Seine, car les militants de Paris sont trop heureux de rendre une fois par an visite aux habitants de province. (*Vifs applaudissements.*)

Le Président. — Il ne reste en présence que les villes de Pau et de Toulon. La Commission propose Pau. L'amendement à cette proposition étant celui de Toulon, c'est Toulon que je propose le premier.

(Toulon est repoussé à une grande majorité.)

LE PRÉSIDENT. — Je mets aux voix la ville de Pau.

(Adopté à une grosse majorité.)

M. GAVAUDAN. — Nous venons vous proposer un ordre du jour contre le ministre de la Guerre. *(Exclamations sur certains bancs, applaudissements.)* Jamais, depuis le boulangisme ou le nationalisme, nous n'avons eu un ministre de la Guerre aussi réactionnaire. *(Applaudissements, bruit, plusieurs délégués veulent prendre la parole.)*

LE PRÉSIDENT. — Nous devons suivre l'ordre du jour. Je suis bien obligé de rappeler que plusieurs de nos collègues ont demandé qu'on avance la date du Congrès. Je crois que tout le monde serait d'accord pour demander au Comité Exécutif qu'on avance la date du Congrès.

Le Congrès, maintenant, désire-t-il entendre la motion Gavaudan ? *(Cris nombreux : Oui ! Oui !)*

M. GAVAUDAN lit la motion suivante :

Le Congrès radical et radical-socialiste, regrettant que l'attitude politique du ministre de la Guerre provoque les félicitations des réactionnaires et même le découragement dans les rangs des officiers dévoués aux institutions républicaines, passe à l'ordre du jour.

M. LEGENDRE proteste avec violence. *(Des exclamations unanimes suivent cette interruption.)*

M. LEGENDRE. — Il me semble qu'en fin de séance, en présence de la situation où nous sommes, alors que la rente dégringole... *(Violentes protestations sur tous les bancs, le bruit continue, il est impossible à l'orateur de se faire entendre davantage.)*

LE PRÉSIDENT. — Il ne faut pas qu'il soit dit qu'un seul de nos collègues prétende qu'il y ait un coup de surprise. Vous avez trois moyens de statuer sur cette proposition : accepter, refuser, ou renvoyer à la Commission ou au bureau. Il ne faut pas qu'il soit dit que, pour une question de ce genre, il y a eu vote de surprise. J'ai le devoir de relire la motion de notre ami.

LE PRÉSIDENT relit la motion Gavaudan.

M. Legendre. — Je demande le renvoi à la Commission. (*Bruit.*)

M. Petit. — Je demande aussi le renvoi à la Commission. Vous avez nommé une Commission pour rédiger la déclaration du Parti, elle dira ce qu'elle doit dire sur l'attitude de nos ministres. (*Bruit.*)

M. Livet. — Je ne discute pas le fond de la proposition, mais avec L. Victor-Meunier, nous avons déposé depuis le premier jour un ordre du jour visant la politique extérieure et l'on nous a opposé le règlement. (*Protestations.*)

Le Président. — Je vais mettre aux voix le renvoi ; mais, dans votre intérêt à tous, il ne faut pas qu'il soit dit que le règlement soit violé ou tourné. La Commission des vœux, étant chargée de recueillir les vœux, n'a pas déposé encore son rapport. Le renvoi est de droit et ne présente d'ailleurs aucun inconvénient puisque la motion sera rapportée. Je n'ai pas le droit de refuser de mettre aux voix une motion présentée, mais je mets d'abord aux voix la motion de renvoi qui a la priorité.

M. Bourély. — Je crois que je ne serais pas suspect, car s'il y a quelqu'un qui n'a pas cessé de dire très nettement, très franchement ce qu'il pensait de certains actes du ministre de la Guerre et qui a mené récemment une ardente campagne en faveur des officiers d'administration, c'est bien certainement le camarade qui vous parle. Mais lorsqu'à cette heure on introduit une motion qui a un caractère exclusivement politique sans rapport de Commission, nous devons nous en tenir au règlement. Une règle générale, dans tous les Congrès, a voulu éviter les surprises, et toute motion est discutée d'abord en Commission : sur des motions politiques. le Congrès ne doit statuer qu'après que la Commission des vœux a apporté ses conclusions. (*Bruit, mouvements divers.*) Je ne permettrais pas qu'on essaie de donner le change sur le sens des paroles que je prononce. Je suis de ceux qui, sur toutes les questions, ont nettement pris position, je ne voudrais pas que, par vos interruptions, vous donniez à mes paroles une interprétation contraire à leur signification. (*Applaudissements.*) Nous avons défendu les officiers républicains contre les mesures prises à leur égard et nous avons même obtenu que le ministre de la Guerre renonce à certaines d'entre elles.

Quand on a mené cette campagne, on a le droit de défier toutes les insinuations. J'en appelle en ce moment à vous tous et je vous dis : « Vous êtes saisis d'une motion politique, demain vous pourrez être saisis d'une autre, vous n'aurez pas le droit de réclamer. » Je demande le respect du règlement et je suis convaincu que cet appel sera entendu par tous, quelles que soient leurs opinions au fond. (*Bruit, applaudissements. Cris : Aux voix !*)

LE PRÉSIDENT. — Il est certain que personne ne désire voter sur une motion de ce genre dans la confusion. Permettez à votre président de dire que, surtout en ce moment, il y a intérêt à ce que la décision qui sera prise le soit dans toute la sérénité qu'il convient. Votre président appuiera la volonté du Congrès, car, malgré tous les règlements, le Congrès est souverain ; pour l'élection même du président du Comité Exécutif, on a admis que lorsqu'il le fait consciemment, il a le droit de modifier les règles qu'il s'est imposées. Donc, ses droits ne sont pas contestés. S'il veut statuer tout de suite, il le fera. Cependant, un de nos amis déclare que la question de rédaction n'est pas négligeable. Le Congrès veut-il statuer au moment où tous nos collègues sont debout, prêts à partir ou veut-il statuer demain matin ? Il vaudrait mieux, surtout si le sentiment du Congrès est unanime, ne pas voter une telle motion dans un pareil moment.

M. PETIT. — J'ai demandé le renvoi à la Commission.

M. GAVAUDAN. — On peut statuer ce soir, c'est une motion facile à comprendre.

UN AUTRE DÉLÉGUÉ. — Dans une séance de nuit une telle motion paraîtrait escamotée ; il faut en remettre le vote à demain.

LE PRÉSIDENT. — On demande le renvoi à demain. (*Bruit.*) Je le mets aux voix.

M. ISRAEL. — On doit voter avec les cartes. (*Bruit.*)

M. GAVAUDAN. — Est-il nécessaire de renvoyer à demain une question que vous connaissez parfaitement ? Lorsqu'un ministre se lie avec le Parti réactionnaire, nous blâmons sa conduite. (*Bruit, interruptions. Cris : Continuez !*)

Le Président. — Il n'est permis à personne de dire que la question n'a pas été posée dans le calme.

M. Gavaudan. — L'ordre du jour a été déposé cet après-midi. (*Bruit, protestations.*)

M. Dalimier. — Je voudrais poser à la Commission des vœux une question. Un certain nombre de vœux sur la politique extérieure ont été déposés au début même de ce Congrès. Je crois qu'il serait regrettable pour notre Parti qu'à une heure où la situation extérieure est troublée, nous n'ayons pas rapporté les vœux déposés à ce sujet sur le bureau du Congrès. Si j'ai bonne mémoire, il en est un déposé par notre collègue Paul Meunier et un délégué de l'Aube. Ce vœu approuvait l'attitude prise, en dehors de toute espèce de considération politique, car la politique n'a rien à voir dans les affaires extérieures, par les représentants de la France qui ont essayé de se jeter entre des peuples qui allaient se battre. Il importe de dire que cette politique-là a été la politique traditionnelle de notre Parti et que nous restions attachés à la politique pacifique. Je regrette, à l'heure où le pays tout entier regarde ces événements extérieurs, à l'heure aussi où la situation à la Bourse de Paris est grave et inquiétante, que la Commission des vœux, qui a rapporté des vœux très intéressants, n'ait pas rapporté ceux relatifs à la politique extérieure du Parti radical.

Le Président. — Au début de cette séance, on a rapporté tous les vœux et on a voté sur le rapport de la Commission.

M. Dalimier. — Si ces vœux ont été rapportés, je n'ai plus rien à dire.

Le Président. — On a voté sur tous les vœux de politique extérieure, mais celui-ci n'a été déposé qu'après.

M. Dalimier. — Je vous fais toutes mes excuses, je n'assistais pas au début de cette séance. J'ai bien le droit d'avoir cette préoccupation de ne pas se laisser terminer ce Congrès sans avoir dit un mot sur notre politique extérieure. Quant à la motion proposée par notre ami Gavaudau, je ne voudrais pas, dans l'intérêt même du fond de la question, qu'il soit dit, étant donnée l'heure à laquelle nous sommes, qu'on a profité de cette heure tardive pour faire ce vote. (*Applaudissements.*) La Commission de rédaction de la déclaration du Parti a demandé à Dumesnil de traiter d'une façon nette et ferme la question des officiers républicains. Cette question viendra donc demain avec la déclaration du Parti. A ce moment-là, les uns et les autres, nous affirmerons que nous entendons défendre les officiers loyaux qui veulent défendre non pas un régime de faveur, mais un régime d'égalité. (*Applaudissements.*)

M. GAVAUDAN. — Je suis persuadé que l'assemblée est presque unanime à blâmer les actes du ministre de la Guerre. (*Cris : Oui ! Oui !*) Si, dans la déclaration du Parti, le blâme contre le ministre me paraît suffisant, je ne reprendrais pas ma motion, mais si elle ne donne pas sur ce point satisfaction aux républicains, je reprendrais ma motion devant le Congrès. (*Applaudissements.*)

La séance est levée à minuit.

SIXIÈME SÉANCE
Dimanche 13 octobre, matin.

La séance est ouverte à neuf heures et demie par M. Javal, député, qui invite l'assemblée à nommer son bureau.

Le bureau est ainsi constitué :

Président. — M. Paul Bourély, député de l'Ardèche ;

Vice-présidents. — MM. Foucher, député d'Indre-et-Loire ; Brard, député du Morbihan ; Delaunay (Indre-et-Loire) ; Pouillart (Aisne) ; Général Godart (Meurthe-et-Moselle).

Secrétaires. — MM. Bressot, (Hérault) ; Israël (Aube) ; Queroy (Ille-et-Vilaine) ; Georges Teissier (Loire) ; J. Cahen (Seine) ; Bakanovoski (Seine) ; Cabannes (Haute-Garonne) ;

M. Paul Bourély, *député, président.*

Citoyens,

En ouvrant cette séance, laissez-moi d'abord vous dire pourquoi l'honneur qui m'est fait de la présider me touche profondément : c'est que celui qui vous parle est un ancêtre, si j'ose ainsi dire, du Comité Exécutif ; car c'est bien, n'est-ce pas, être un ancêtre que d'avoir été parmi les premiers fondateurs de l'organisation actuelle de notre Parti ?

Il y a dix-huit ans, en effet, quelques jeunes hommes politiques, dont j'avais l'honneur d'être, aux côtés de Klotz, de René Renoult, d'Alfred Massé, jetèrent les bases du Comité central d'action républicaine, devenu ensuite le Comité de la rue Tiquetonne et enfin le Comité de la rue de Valois.

Ce Comité fut fondé sous le patronage des chefs éminents de notre Parti. Je rappelle, en saluant leur mémoire, les noms de ceux dont la mort a creusé un vide profond dans nos rangs : Charles Floquet, René Goblet, Henri Brisson. (*Applaudissements.*)

Notre but, disaient nos premières circulaires, était de donner aux forces démocratiques la cohésion sans laquelle un Parti politique ne peut poursuivre utilement la réalisation de ses espérances, de ses aspirations et de ses volontés.

Et nous nous étions donné pour mission de combattre le cléricalisme, d'exercer une action constante en faveur du développement des institutions républicaines et pour le triomphe des réformes politiques et sociales réclamées par la démocratie.

Depuis lors, la République a traversé des phases pénibles, connu des crises douloureuses, subi de redoutables assauts ; et pourtant, si nous jetions un coup d'œil rapide sur le programme que le Parti radical et radical-socialiste se traçait dès cette époque et si nous en relevions les articles aujourd'hui réalisés, nous aurions en même temps répondu de façon victorieuse à ceux qui proclament la faillite de notre Parti.

Citoyens, qui aurait cru, lorsque nous demandions avec quelque hardiesse une loi sur les associations « pour préparer, disions-nous, le règlement définitif des rapports entre les Eglises et l'Etat », que, moins de dix ans après, ces deux grandes réformes seraient faites et que nous aurions supprimé l'ambassade auprès du Vatican et abrogé le Concordat ?

Même, dans le manifeste que nous lancions à la veille des élections de 1898, nous parlions de « maintenir énergiquement l'égalité consacrée par la loi militaire » sans oser espérer encore que nous verrions, dès 1905, promulguer la loi de deux ans.

Nous réclamions des lois d'assurance et de prévoyance contre la vieillesse, et nous pouvons aujourd'hui, malgré ses lacunes, nous honorer grandement d'avoir fait aboutir la loi générale des retraites ouvrières et paysannes. (Applaudissements.)

L'impôt sur les successions n'était encore voté que par la Chambre, mais le Sénat dut bientôt céder à la pression populaire, comme il est en train de le faire pour la réforme fiscale qui semble sortir enfin des arcanes de sa Commission. (Applaudissements.)

Citoyens, je ne veux pas m'étendre davantage ; notre ordre du jour est trop chargé pour que je m'attarde en un long discours ; mais en rappelant les origines du Comité qui préside aux destinées de notre Parti, j'ai voulu montrer que l'œuvre considérable accomplie depuis cette époque était en somme le meilleur gage que le Parti radical et radical-socialiste pouvait donner au pays républicain de l'action réformatrice qu'il s'est assignée dans son programme et qu'il est résolu à poursuivre jusqu'au bout. (*Vifs applaudissements.*)

Le Président. — La parole est à M. Fernand Lefranc, rapporteur de la Commission du règlement.

RAPPORT DE LA COMMISION
DU RÈGLEMENT

M. F. Lefranc. — Au nom de la Commission du règlement, qui m'a fait le double honneur de m'appeler à sa présidence et de me confier le rapport, j'ai à vous présenter plusieurs modifications au règlement général du Parti.

Adhésion des parlementaires.

Addition à l'article 6 qui règle les conditions requises des parlementaires pour leur adhésion au Parti. Aux termes de cet article 6, les sénateurs et députés qui se réclament du Parti en sont membres de droit, sous réserve de signer le programme du Parti, d'acquitter la cotisation prévue par l'article 71 et d'appartenir à un groupe permanent d'action politique affilié au Parti.

Or, malgré tous les efforts qui ont été faits, surtout depuis deux années, et en particulier par M. le président Combes, un certain nombre de parlementaires ne réalisent pas encore d'une manière complète les obligations de l'article 6.

S'il en est qui n'ont pas encore signé leur adhésion au Parti mais qui finiront sans doute par s'y décider, il en est d'autres qui, adhérents au Parti par l'organe de certains groupes des départements, ne se sont pas fait inscrire sur les contrôles du Comité Exécutif. C'est une situation qu'il importe de régler d'une manière définitive, car il peut paraître singulier qu'à nos Congrès puisse se présenter tel membre de la Chambre ou du Sénat muni d'une délégation d'un Comité local et qui, néanmoins, ne serait pas en règle avec les prescriptions de l'article 6 que je viens de rappeler, notamment au point de vue de sa cotisation.

Votre Commission a été unanime à penser qu'il

était nécessaire d'ajouter, à l'article 6, un paragraphe ainsi conçu :

« Les Fédérations et Comités ne peuvent inscrire ou maintenir sur leurs contrôles des sénateurs et des députés non adhérents au Comité Exécutif. »

Mais comme il importe de procéder avec mesure, elle vous soumet la décision que voici :

Le Congrès radical et radical-socialiste de Tours, renouvelant la motion votée à l'unanimité par le Congrès de Nantes, décide :

Le Bureau du Comité Exécutif adressera, le mois prochain, aux Fédérations et Comités de chaque département une circulaire leur faisant connaître les noms des sénateurs et députés adhérents au Parti et leur rappelant les prescriptions du règlement qui interdisent de désigner comme candidat du Parti un parlementaire non adhérent.

En outre, cette circulaire :

1º Invitera les Fédérations et Comités, qui comptent parmi leurs membres des sénateurs et des députés radicaux et radicaux-socialistes non adhérents, à leur demander expressément d'adhérer au Parti ;

2º Les informera que, dans la première semaine de février 1913, le Bulletin officiel du Parti publiera la liste des sénateurs et députés adhérents au Parti, arrêtée au 31 janvier 1913, et qu'ils devront alors rayer de la liste de leurs membres les sénateurs et députés non adhérents.

Le Président. — Personne ne demande la parole ? Je mets ces conclusions aux voix. (*Adopté à l'unanimité.*)

Droit d'appel.

M. Lefranc. — Le complément naturel de la décision que vous venez de prendre est de modifier légèrement le dernier paragraphe de l'article 8 qui prévoit un droit d'appel pour les groupes et les autorise à présenter une demande reconventionnelle devant le Comité Exécutif. Le paragraphe serait donc ainsi conçu :

Au cas où une demande d'adhésion, émanant d'un Comité républicain radical et radical-socialiste ou *d'un élu, sénateur, député, conseiller général ou conseiller d'arrondissement*, serait repoussée par une Fédération départementale, un droit d'appel contre cette décision leur est ouvert devant le Comité Exécutif qui instruira la réclamation et pourra prouver l'affiliation à la Fédération.

Je crois que, là-dessus, il ne peut pas y avoir entre nous de difficulté.

LE PRÉSIDENT. — Il n'y a pas d'opposition ? (*Adopté à l'unanimité.*)

M. LEFRANC. — Je vais un peu vite, car la voix me fait défaut et je crois que le rapporteur de la Commission des réformes sociales n'a pas terminé la présentation de son rapport. Je n'entre pas dans de grands développements, mais il va de soi que je suis à la disposition de l'assemblée pour tous éclaircissements qu'elle pourrait souhaiter.

Ordre du jour des Congrès.

L'article 15 dit qu'un règlement spécial détermine, chaque année, les conditions de fonctionnement du Congrès. Depuis deux ans vous avez décidé de limiter le nombre des questions soumises à l'examen des Congrès, afin de leur assurer un débat approfondi.

Il serait nécessaire de l'indiquer au règlement, en disant que « le Comité Exécutif établit l'ordre du jour du Congrès et son règlement ». (*Assentiment général.*)

M. ROUSSEAU. — Je ne veux fournir qu'une simple indication. Il faudrait que soient envoyés au moins un mois à l'avance les rapports, surtout quand ceux-ci traitent une question capitale.

M. MAY. — C'est ce que j'ai demandé hier soir.

M. LEFRANC. — Le Comité Exécutif s'efforcera de vous donner satisfaction sur ce point.

Les séances du Comité Exécutif.

J'arrive à une question qui doit vous intéresser d'une façon particulière. L'article 21 du règlement dit que le Comité Exécutif se réunit de plein droit au siège social le deuxième mercredi de chaque mois. Or, l'année dernière, à Nîmes, j'ai eu le plaisir de voir adopter à l'unanimité certains principes qu'au nom du bureau du Comité Exécutif j'avais indiqués dans le rapport que j'avais présenté en son nom.

Je disais notamment — qu'on m'excuse de me citer moi-même :

« Il conviendrait de rechercher les moyens d'associer plus directement et plus régulièrement les organes départementaux aux travaux du Comité

Exécutif. Est-il nécessaire que le Comité Exécutif se réunisse chaque mois ? L'expérience a prouvé que les séances mensuelles n'attirent ou ne retiennent qu'un nombre assez restreint de délégués, peut-être parce que l'attrait de ces séances laisse fortement à désirer. Il n'est pas aisé de renouveler constamment l'ordre du jour, à moins de faire du Comité Exécutif une façon de Cercle d'études politiques, économiques et sociales. Mais est-ce bien là son objet et son but ? Ne vaudrait-il pas mieux que le Comité Exécutif, sauf circonstances exceptionnelles, ne tînt que des séances trimestrielles, consacrées plus particulièrement à l'étude des questions intéressant la vie même du Parti, son organisation, sa propagande, sa tactique et la politique générale à défendre dans le pays ? En ce cas, le Comité Exécutif se réunirait le samedi par exemple, l'après-midi et le soir.

« Des dispositions seraient à prendre pour faciliter le voyage à Paris d'un ou deux délégués, mandatés expressément à cette occasion par leurs Fédérations respectives ? »

Eh bien ! citoyens, les raisons, les raisons succinctes, que j'avais indiquées dans ce rapport que vous avez approuvé, ont plus de force encore après l'expérience de l'année qui vient de s'écouler. Nous savons maintenant, à n'en pouvoir douter, que les séances mensuelles imposeraient à la plupart de vos délégués au Comité Exécutif, s'ils devaient les suivre assidûment, des charges lourdes et difficiles à supporter.

Non seulement il est malaisé de donner à ces séances un aliment toujours intéressant, mais nous avons constaté, cette année, que, malgré les efforts faits dans ce sens, les séances vraiment utiles ont été rares et certaines n'ont réuni qu'un nombre réellement insuffisant de délégués.

Assurément, les décisions du Comité Exécutif ne sont pas sans appel. Un article du règlement prévoit la possibilité pour le bureau de faire revenir devant une autre assemblée, spécialement convoquée, des résolutions qui auraient été prises dans une séance comprenant moins de 150 présents ; mais il ne paraît pas d'un bon exemple de donner le spectacle de ces désaccords.

La Commission du règlement a pensé qu'on obvierait à ces inconvénients en ne convoquant le

Comité Exécutif qu'à des réunions trimestrielles, sous réserve d'autres convocations si les circonstances l'exigeaient.

Quant aux difficultés d'ordre matériel et pécuniaire auxquelles j'ai fait allusion dans mon rapport de Nîmes, elles ont également préoccupé le Bureau et la Commission.

Rien ne serait plus désirable que de voir tous les délégués au Comité Exécutif assister à ces séances ; mais c'est là un idéal qu'on ne peut espérer atteindre. Les Comités et les délégués, malgré leur bonne volonté, sont dans l'impossibilité de s'imposer de tels frais, à l'exemple de ce qui se fait, une fois par an au moins, dans une grande association très voisine de la nôtre. Mais il y a quelque chose à trouver dans ce sens. A défaut de tous les délégués, on pourrait arriver, semble-t-il, à assurer la présence, aux réunions du Comité Exécutif, d'un ou deux représentants des Fédérations de chaque département. Nous allons étudier la question pour la soumettre à l'avis des Comités et leurs suggestions seraient les bienvenues. Il est, en effet, de toute nécessité que les séances du Comité Exécutif soient suivies et que prennent part à ses délibérations des délégués de tous les départements. Ses décisions en auront plus de force. L'action du Parti en sera plus vivante et plus homogène. (*Applaudissements.*)

UN DÉLÉGUÉ. — Une des causes du défaut d'assiduité de beaucoup de délégués de province aux séances du Comité Exécutif, où se trouvent presque toujours les mêmes, c'est que les réunions se tiennent aux mêmes jours. Il faudrait choisir un autre jour, le dimanche, par exemple, ou bien établir un roulement les autres jours de la semaine. Un certain nombre d'entre nous en province sont tenus par des occupations professionnelles le même jour de la semaine. Avec la combinaison que je propose, vous verriez les assistants se renouveler à chaque séance. Si vous ne faites qu'une séance unique par trimestre, faites qu'elle soit assez ample et qu'elle retienne les délégués au moins une demi-journée à Paris. Permettez, en un mot, aux délégués de province de pouvoir assister à vos séances sans perdre trop de temps.

M. MAY. — Je me rappelle avoir été à Paris pour

des questions très intéressantes. J'arrive à Paris, on commence à discuter la question et on lève la séance sans qu'elle ait été discutée à fond.

M. DUMOLLARD. — Les réunions devraient avoir lieu à 3 heures de l'après-midi, car les provinciaux pourraient repartir le soir même et perdre une journée de moins.

LE PRÉSIDENT. — Toutes les observations que vous venez de présenter sont recueillies par le bureau, qui aura à les examiner et s'efforcera de prendre une décision conforme aux vœux de la majorité du Congrès. On me soumettait une idée intéressante. Si les réunions avaient lieu le samedi et que les délégués de province pussent rester à Paris le dimanche, ils pourraient se retrouver en un déjeuner commun, ce qui rendrait le contact entre eux plus permanent et plus cordial. Je suggère à mon tour cette idée au bureau du Comité Exécutif.

M. LEFRANC donne lecture des modifications proposées à l'article 21 :

Le Comité Exécutif se réunit en séance plénière de plein droit dans les délais d'un mois après le Congrès.

Cette séance est consacrée à la validation des pouvoirs des délégués au Comité Exécutif, à l'élection de la commission de discipline ainsi qu'à la fixation des questions qui seront discutées par le Comité Exécutif pendant l'exercice et portées devant le prochain Congrès. Les fédérations, comités et élus adhérents seront immédiatement saisis de ces questions et invités à exprimer leur opinion dans le plus bref délai possible. Les rapports présentés au Congrès devront être déposés au bureau du Comité Exécutif avant le 1er septembre.

Le Comité Exécutif se réunit en outre, au moins une fois tous les trois mois, en séance plénière, sur convocation de son président. L'ordre du jour de chacune de ces séances est porté, quinze jours à l'avance, à la connaissance des membres du Comité Exécutif.

Ces trois paragraphes remplacent l'ancien premier paragraphe de l'article 21, qui était ainsi conçu : « Le Comité Exécutif se réunit de plein droit, au siège social, le deuxième mercredi de chaque mois. » Le reste de l'article subsiste.

LE PRÉSIDENT. — Personne ne demande la parole sur les conclusions de la Commission du règlement ? Je les mets aux voix. (Adopté à l'unanimité.)

Commissions et Rapports.

M. LEFRANC. — Je fais remarquer que le deuxième paragraphe qui vient d'être voté répond à l'observation d'un de nos collègues qui demandait qu'on fît tout le possible pour qu'avant le Congrès nos camarades pussent toujours avoir le temps de lire les rapports concernant les questions à examiner.

Il a paru nécessaire de créer des Commissions correspondant à chacune des questions portées à l'ordre du jour du Congrès suivant, afin d'en assurer à la fois une étude rapide de la part de ces Commissions et par les Fédérations, de manière, autant qu'il sera possible d'y parvenir, que les rapports soient prêts avant les vacances et distribués en temps normal.

M. ROUSSEAU. — Une simple observation : Ces Commissions permanentes de travail, qui n'engagent en rien la responsabilité politique du Parti, seront excellentes, à condition que les membres compétents puissent se réunir et suivre les travaux qui les concernent à la Chambre et au Sénat. Pour les habitations à bon marché, par exemple, je voudrais que la Commission fût tellement attentive à ce qui se fait, que ce serait en fin de compte le Parti radical qui serait l'âme de l'application constante de cette réforme.

LE PRÉSIDENT. — Ces observations sont très intéressantes. Je suis convaincu que les différentes Commissions du Comité Exécutif en tiendront le plus grand compte : car il y aurait un très grand profit à suivre de très près les travaux parlementaires pour que le travail des Commissions de notre Parti soit parallèle au travail du Parlement. Je crois que Lefranc a pensé au même ordre d'amélioration dans la méthode de travail du Comité Exécutif.

Les cotisations.

M. LEFRANC. — J'arrive à une question d'un ordre peut-être encore plus délicat. Il s'agit des cotisations des groupements adhérents au Comité Exécutif. L'année dernière, le Congrès de Nîmes a décidé d'abaisser le prix de la cotisation de 13 à 8 francs, abonnement au bulletin compris. Cette décision, présentée par la Commission du règlement du Congrès, s'inspirait du passage suivant de mon rapport fait au nom du bureau, et que je crois devoir rappeler, pour la clarté de la démonstration :

« Dans la séance du 14 juin 1911, connaissance a été donnée au Comité Exécutif de la liste des Comités inscrits rue de Valois. Des renseignements recueillis, il appert que les Comités assistants dans les départements sont beaucoup plus nombreux. Il y aurait un intérêt évident à établir un contact plus direct et permanent entre ces Comités et l'organisme central du Parti. Une motion a été déposée au Congrès de Rouen, tendant à ce que tous les Comités de France soient tenus de s'affilier au Comité Exécutif en même temps qu'aux Fédérations locales : le principe en a été affirmé, le 14 juin, par le Comité Exécutif. Il ne semble pas, en effet, que cette innovation puisse porter atteinte aux droits et prérogatives des Fédérations. Resterait à voir si la cotisation annuelle de 10 francs, augmentée de l'abonnement de 3 francs au Bulletin, ne constituerait pas une gêne pour nombre de ces Comités, qui cotisent déjà à leurs Fédérations. Peut-être, pour cette raison, y aurait-il lieu de réduire à 5, 6 ou 8 francs au maximum le versement à faire au Comité Exécutif, cotisation et abonnement compris ? L'accroissement du nombre des Comités inscrits compenserait la diminution des recettes. Le budget du Parti n'en serait pas lésé, au contraire, et l'unité du Parti s'en trouverait renforcée. »

La Commission du règlement et le Congrès de Nîmes sont entrés dans ces vues, et la cotisation a été, je l'ai dit, abaissée à 8 francs. Mais cette décision a abouti, il faut le reconnaître, à un mécompte, dû sans doute à ce qu'on n'a pas fait un effort suffisant pour augmenter le nombre des Comités adhérents et cotisants.

Le résultat, que j'ai le devoir de vous faire connaître, a été que, dans l'année 1912, nous avons eu un déficit de 4.000 francs. La somme est considérable et, à la veille d'engager la bataille électorale dans des conditions plus difficiles que jamais sans doute, il faudrait augmenter et non réduire les ressources du Parti. Alors, voici ce que je viens vous demander au nom de la Commission du règlement :

D'abord, c'est de maintenir le principe de la décision de Nîmes. Nous devons poursuivre la recherche des moyens nous permettant de diminuer la cotisation, peut-être même au-dessous du taux actuel, mais il y a là toute une étude à faire. Il importe que nous recueillions les avis motivés de toutes les Fédérations sur cette question des cotisations.

On nous dira, par exemple, que telle Fédération est très bien organisée dans un département, et dans ce cas, l'observation que je faisais tout à l'heure au sujet de l'unité de méthode a moins de portée, mais vous n'ignorez pas que nous sommes loin d'avoir des fédérations départementales parfaitement organisées dans tous les départements. Il s'en faut de plus de moitié que nous ayons atteint ce résultat. Jusqu'au jour où tous les départements seront organisés suivant les règles que prévoit le règlement général, il faut que le Comité Exécutif puisse suppléer aux lacunes existantes et faire sentir partout son action nécessaire.

Nous vous demandons donc de décider que le Comité Exécutif devra, dans le courant de cet exercice, poursuivre, d'accord avec les fédérations, l'étude d'un système nouveau des cotisations.

Plusieurs moyens ont déjà été envisagés : nous avons actuellement une cotisation fixe. Une fédération départementale paye 8 francs comme une fédération d'arrondissement ou de circonscription, voire comme un simple Comité de commune. Eh bien ! pour un Parti qui recherche la justice fiscale, ne devrait-on pas chercher à établir une plus juste répartition des charges ? Il semblerait équitable d'instituer une échelle de cotisations pour les divers ordres de fédérations, sans que la somme de 20 francs puisse être dépassée.

Il y a un autre moyen qu'on a indiqué l'année dernière et qui paraissait avoir souri à un grand nombre de camarades : celui en vertu duquel la cotisation serait de 50 centimes pour un Comité primaire qui n'aurait pas 50 membres et s'augmenterait de 50 centimes par 50 membres. C'est à étudier de très près pour empêcher des erreurs qui auraient des conséquences graves. Je me borne pour le moment à ces indications, que je vous donne seulement pour vous montrer le sens dans lequel nous agirions, et je vous demande, sous réserve de l'étude à faire d'accord avec les fédérations, et afin d'éviter un nouveau déficit de quatre mille francs,

de décider que, pour cette année, l'ancien taux sera
repris. Si vous l'acceptez, c'est une quittance de
13 francs qui sera présentée pour 1912-1913 : cela,
à titre de dernière expérience. En 1914, on aura
modifié le système. (Cris : Aux voix ! aux voix !)

LE PRÉSIDENT. — Il n'y a pas d'opposition ?
(Adopté à l'unanimité.)

La carte du Parti.

M. LEFRANC. — Il est tout à fait dans notre rôle
de donner au Parti le plus de ressources possible.
Le Comité Exécutif, vous le savez, emploie ces ressources aussi complètement que possible à la propagande et à l'organisation ; c'est sa préoccupation
primordiale et vous l'approuvez sûrement.

Or, depuis plusieurs années, un certain nombre
de nos camarades ont pensé qu'il serait utile de
créer ce qu'on appelle la carte du Parti.

Tous les partis ont créé cette carte. Ils s'en trouvent très bien. Pour un citoyen qui adhère au Parti
avec toute sa pensée, avec tout le désir d'y apporter
son maximum d'action, cette carte est comme son
certificat de radicalisme. Elle existe dans les Comités, mais les Comités ont une carte différente et
une réglementation différente. Nous voudrions
qu'en plus il y ait la carte du Parti délivrée par le
Comité Exécutif portant par exemple, comme titre
général, « le Comité Exécutif », et, au-dessous, l'indication du Comité local. La deuxième page de la
carte porterait les indications de personnes. La
troisième page comporterait des cadres pour le
règlement des cotisations et enfin la quatrième page,
soit une vignette, soit quelques articles du règlement.

Nous voudrions que cette carte fût créée rapidement. Nous voyons là un moyen de trouver des ressources ; mais, dans notre esprit, le Comité Exécutif
n'en bénéficierait pas seul. Supposons que le prix
de cette carte soit de 50 centimes : il pourrait y
avoir 25 centimes pour le Parti et 25 centimes pour
le Comité correspondant. Cette carte pourrait n'être
pas obligatoire, du moins au début. Tous les
citoyens qui consentiraient à s'imposer cette petite
dépense supplémentaire sauraient donc qu'ils ont
donné 25 centimes à leur Comité et 25 centimes au
Parti. Si nous examinons les avantages que pour-

raient tirer les finances du Parti d'une création aussi simple que celle-là, nous arrivons à une constatation d'un réel intérêt.

L'examen de nos contrôles nous apprend que le nombre des adhérents connus nominalement aux Comités de département n'est pas moindre de 80,000, il est même beaucoup plus considérable en réalité, mais nous nous sommes tenus à un minimum. Par suite, si tous les inscrits prenaient une carte, c'est une somme de 40,000 francs (20,000 francs pour les Comités et 20,000 francs pour la propagande) que nous encaisserions. Un tel supplément de ressources ne serait certes pas méprisable. Et ne croyez pas que le chiffre de 80,000 soit excessif ; car il résulte du commencement d'enquête auquel Reynard a procédé, suivant les prescriptions du Congrès de Nîmes, qu'à l'heure actuelle, il doit y avoir en France au moins 1,200 Comités vivants et non inscrits au Parti.

Donc, sans être trop optimiste, on peut prévoir que l'abaissement éventuel des cotisations devrait amener l'incorporation au Parti d'un nombre considérable de Comités et que la création de la carte à laquelle nous songeons serait éminemment fructueuse. Il y a là un effort à faire pour établir un lien de plus entre tous les organes locaux et départementaux et le Comité Central. Tout ce qui pourra être fait en ce sens devra l'être par votre concours. Avec les éléments nouveaux que vous apporterez et grâce à nos vaillants propagandistes, nous pourrons faire une excellente besogne d'union et d'action en vue des élections. (*Applaudissements.*)

M. MAY. — On est tellement fatigué qu'on n'entend près très bien, je ne sais pas si j'ai bien compris. M. Lefranc a demandé la création d'une carte qui ne soit pas obligatoire. C'est contre cela que je m'élève. La carte du Parti a déjà existé, me semble-t-il. On la faisait payer un franc. Je ne sais pas pourquoi on l'a supprimée ; peut-être était-ce parce qu'elle se plaçait difficilement. Je crains une même déconvenue avec la proposition d'aujourd'hui. Si vous créez une carte non obligatoire, personne n'en prendra.

M. LIVET. — Nous estimons que c'est la carte obligatoire qu'il faut instituer. Un Parti n'est réellement organisé que lorsqu'il connaît ses militants, non pas les militants de la dernière heure, au moment des élections, mais ceux de toute l'année. Nous avons tous constaté que nous avons de très puissants Comités à la veille des élections et, le reste de l'année, ces Comités chôment. Pourquoi ? Parce qu'il n'existe pas de moyen de reconnaître les militants de tout le temps. La carte fédérale du Parti socialiste est le signe de ralliement du bon militant. Chez nous, la carte doit être obligatoire et si un de nous se déplace, soit pour aller dans une autre ville, soit voyageant en province, sa carte de militant l'accompagne et lui sert d'entrée dans les groupes. Vous savez aussi bien que moi qu'un militant exclu dans une région peut être réintégré dans une autre. Nous ne le voulons pas, et c'est pour cela que nous demandons la création de la carte obligatoire.

M. LABROUE. — Nous sommes tout à fait partisans de la carte obligatoire, que nous demandions déjà dans nos Comités de province. Nous sommes d'accord avec le rapporteur et avec M. Livet. Nous demandons même plus que la carte radicale obligatoire, nous demandons la carte radicale obligatoire et gratuite. Vous voulez fixer à 50 centimes le prix de cette carte ; eh bien ! nous qui avons souvent, dans nos Comités de province, des cotisations infimes, comment voulez-vous que nous fassions payer une carte à un prix aussi élevé ? (Mouvements divers.)

Remarquez que nous avons toute une hiérarchie de comités. Nos Comités communaux sont groupés en un Comité cantonal. Ils doivent fournir de l'argent au Comité cantonal. On prélève donc sur la cotisation 1 franc ou 50 centimes. Puis ces Comités cantonaux sont groupés en Fédérations d'arrondissement et, pour entretenir la Fédération d'arrondissement, on prélève 25 centimes. Enfin, les Fédérations d'arrondissement sont groupées en Fédérations départementales avec une cotisation particulière de 10 centimes par membre. Après ces allégements successifs, il ne reste plus grand'chose au Comité.

Donc, en tenant compte de ces prélèvements successifs et de la cotisation initiale qui, fatalement, est parfois très faible, je demande au Comité Exécutif (et cela ne coûtera pas beaucoup) de fournir la carte radicale obligatoire et gratuite. (*Très bien, applaudissements.*)

Le Président. — Quelqu'un demande-t-il la parole ?

M. Lefranc. — L'observation a sa justesse et il faut en tenir compte. D'ailleurs, les quelques observations que j'ai présentées et les hésitations mêmes qui se sont manifestées sur la question plus simple encore du montant des cotisations, indiquent bien qu'il y a lieu de prendre garde de trop demander aux militants de nos hameaux et de nos cantons. Nous savons très bien que les fédérations et les comités ont déjà quelque peine à percevoir leurs cotisations, si minimes qu'elles soient. Si nous devons attacher à la carte du Parti un certain prix, nous ne pouvons pas nous dissimuler qu'il convient d'apporter en cette matière la plus grande prudence. C'est pourquoi, mon cher Livet, la Commission n'a pas cru pouvoir demander plus tout de suite ; nous ne pouvons pas tout d'un coup déclarer en quelque sorte qu'on ne pourrait plus être membre du Parti radical si on ne s'imposait pas, du fait de la carte, une cotisation supplémentaire. Néanmoins, les raisons fournies en faveur de l'obligation sont si fortes que nous ne demandons pas mieux que d'y souscrire.

Pour conclure, je crois qu'il serait sage de décider seulement aujourd'hui qu'il y aura désormais une carte du Parti et que les fédérations et comités devront indiquer, lorsqu'ils seront consultés, s'ils entendent que cette carte soit facultative ou obligatoire, payante ou gratuite. Au prochain Congrès, nous pourrons présenter un rapport, après nous être assurés que nous proposons une solution conforme à l'ensemble des vœux qui auront été exprimés par la majorité de nos groupements. (*Applaudissements.*)

Un Délégué. — Je me rallie à la proposition de l'orateur ; mais il faut bien vous persuader que vous, messieurs des villes, vous n'avez pas ces cotisations qu'on signalait tout à l'heure. Nous avons, nous, jusqu'à cinq cotisations particulières qui viennent grever le budget de chaque individu. Le recouvrement se trouve être toujours difficile, parce que nos ouvriers ne gagnent pas autant que ceux de Paris. S'il faut encore demander à chaque adhèrent une somme de 50 centimes pour avoir cette carte, nous n'aurons plus les adhésions que nous désirons. Nous aurons toujours les voix, mais nous risquerons de voir nos groupements réduits à l'état de squelettes. Je suis donc partisan de l'obligation pour la carte et je suis partisan aussi de sa gratuité, car nous apportons non seulement notre cotisation morale, mais aussi notre cotisation financière dans le parti. On doit en tenir compte et, pour les campagnes, je vous demande la gratuité. (*Applaudissements.*)

UN AUTRE DÉLÉGUÉ. — J'appuie la proposition de gratuité de la carte. Nous avons des cotisations assez élevées dans nos campagnes. Dans le Midi, les cotisations sont très faibles et 50 centimes de complément doubleraient presque la cotisation. Nous avons déjà trop de peine à avoir dans nos Comités des ouvriers, il ne faudrait pas éloigner de nous, pour une simple question financière, la classe ouvrière, qui nous échappe pour plus d'une raison, dont celle-là.

Sans donner la carte d'une façon absolument gratuite, le Comité Exécutif pourrait faire payer seulement le prix du papier. Par exemple, un Comité a 50 membres adhérents, eh bien ! il demande au Comité Exécutif 50 cartes, et alors ces cartes pourraient n'être payées que quelques centimes, le prix que le Comité Exécutif fixerait, et ces quelques centimes viendraient en diminution des cotisations. La carte en elle-même devrait être gratuite et obligatoire.

LE PRÉSIDENT. — Je pense que les opinions sur la carte ont été suffisamment exprimées et que nous pouvons passer au vote. Je mets d'abord aux voix la proposition du rapporteur, qui est celle-ci : Décider le principe de la carte et, sur les questions de l'obligation et de la gratuité ou non, procéder à une enquête auprès des fédérations. Ensuite, décider conformément aux résultats que l'enquête aura donnés. (*Très bien !*)

UN DÉLÉGUÉ. — Je crois que vous pouvez trancher la question tout de suite.

LE PRÉSIDENT. — La variété des opinions émises et les remarques qui viennent d'être faites justifient la demande du rapporteur. Je demande donc au Congrès d'approuver le rapport très étudié que lui a présenté M. Lefranc. (*Adopté à l'unanimité.*)

LE PRÉSIDENT. — Je donne la parole à M. Bokanowski, pour développer le rapport de la Commission des Réformes Sociales.

LES RÉFORMES SOCIALES

(*Suite.*)

M. BOKANOWSKI. — Citoyens, le débat a été épuisé hier sur la question des habitations à bon marché. Il restait cependant à rédiger un vœu sur la proposition d'un de nos collègues de la Commission et de plusieurs membres du Congrès. Ce vœu, qui aura certainement l'approbation du Congrès, est ainsi rédigé :

(*Lecture.*)

LE PRÉSIDENT. — Ce texte est le résultat des observations présentées hier devant le Congrès et sur lequel celui-ci a paru unanime, je le mets néanmoins aux voix.

M. BOKANOWSKI. — Accessoirement à la question des habitations ouvrières, mais avec un lien évident de connexité, nous avons reçu d'un de nos collègues un vœu qui tend à décharger les maires de l'obligation de faire appliquer la loi de 1902 sur la santé publique et d'en remettre le soin à des agents de l'administration. Vous sentez la portée de ce vœu. Il est précédé d'attendus que je ne peux lire à l'heure qu'il est. Ce collègue nous a rappelé que, dans les petites communes, le maire, qui est chargé de faire respecter les lois d'hygiène, était à la fois le maire responsable de la salubrité dans sa ville, et aussi l'élu des propriétaires. Il est souvent gêné pour faire appliquer la loi de 1902.

Il désire, pour ces raisons, très suffisantes, que le maire soit déchargé de cette obligation, et il demande que ce soient des agents de l'administration qui fassent aux propriétaires les observations nécessaires. La Commission, à l'unanimité, a accepté ce vœu.

M. ROUSSEAU. — Ce vœu est excellent en principe, mais ce renvoi à des agents de l'administration, sans nommer ceux-ci, ne signifie pas grand'chose. D'autre part, sur l'hygiène et l'assainissement des voies, on a voté en juillet une loi d'une précision absolue. On en votera d'autres et on entrera dans la voie des réalisations sociales très précises. Ce vœu est trop vague, je demande que ce principe soit pris en considération mais que le vœu soit renvoyé à la Commission permanente et compétente du Comité Exécutif, où, là, des spécialités suivraient de très près toutes les améliorations qu'on pourrait apporter aux lois, décrets et règlements. Il y aurait ainsi une collaboration constante. Il y a bien autre chose à préciser dans la loi de 1902. J'ai étudié cette question depuis longtemps, j'en parle en qualité de secrétaire de la Société d'hygiène du Morbihan. Si le vœu est bon en principe, il ne dit pas comment faire mieux.

M. Bokanowski. — La Commission est allée au-devant de votre désir, puisque nous demandons au Congrès de sanctionner d'une façon très générale le principe et de s'en remettre à des agents quali-fiés : voulez-vous qu'on ajoute le mot « qualifié » ? Cela permettra à la Commission de préciser à quels agents nous donnerons cette mission.

Un Délégué. — Les fonctionnaires n'ont pas be-soin d'avoir peur pour appliquer la loi, car ils ont derrière eux le Conseil de préfecture et le Conseil d'État. J'ai vu le Conseil de Préfecture du dépar-tement de la Seine qui m'a annulé un arrêté pris pourtant d'accord avec le Préfet concernant la loi de 1902. Vous voyez, messieurs, que les maires n'ont pas besoin de se tourmenter sur la loi de 1902 tant qu'elle ne sera pas abrogée et qu'il y aura derrière les employés salariés un gouvernement pour détruire ce qui aura été fait. (Très bien.)

Le Président. — Je mets le texte de la Commis-sion aux voix. Il sera tenu compte des observations présentées.

Un Délégué. — Je demande que mes obser-vations soient insérées.

Le Président. — Elles seront insérées au compte rendu. Je mets aux voix les propositions de la Commission. (Adopté à l'unanimité.)

M. Bokanowski. — Le rapporteur doit vous pro-poser maintenant une série de quatre vœux sur les

assurances sociales contre les risques sociaux et humains. Je me bornerai à quelques mots d'explication accompagnant la lecture de ces vœux :
(*Lecture du premier vœu.*)

Le Congrès émet le vœu :

Que le parlement vote sans tarder l'extension du bénéfice de la loi sur les accidents agricoles et à ceux des gens de maison, domestiques et serviteurs de toute sorte ;

Que le ministre du Travail fasse accepter rapidement par les Chambres les simplifications au fonctionnement de la loi des retraites proposées par le projet gouvernemental du 24 Juin 1912 et fasse préciser nettement dans la loi le principe de l'obligation et sa sanction ;

Quelques-uns de nos collègues ont reculé devant l'assimilation de la maladie professionnelle à l'accident du travail. Ils ont pensé qu'on entrait là dans un monde nouveau, trop vaste, trop ample à leur gré. L'un d'eux suggérait de faire entrer cette motion du risque de maladie professionnelle dans l'assurance-invalidité et maladie.

Il a paru à la majorité de la Commission que le Congrès ne tiendrait pas, pour cette année, à se prononcer sur une motion qui accepterait définitivement l'extension du risque professionnel aux maladies professionnelles.

Nous nous sommes bornés à vous demander l'application de la loi de 1898 aux accidentés agricoles, aux gens de maison, aux domestiques de toute sorte. Nous avons pensé que sur ce point l'unanimité du Congrès serait facile à obtenir. C'est sous le bénéfice de ces diverses observations que nous vous demandons de voter ce premier vœu.

M. SALMON. — Je regrette d'avoir peut-être mal lu le rapport de M. Bokanowski. Nous sommes d'accord sur ce point que les maladies professionnelles doivent être garanties. La loi sur les accidents du travail est sans doute la meilleure loi sociale faite par la République. Vous savez combien l'industrie et la consommation payent pour l'application de cette loi. Malheureusement, les assurances en profitent pour nous faire payer des primes de plus en plus fortes. Il est certain que si les risques professionnels doivent être garantis, il y a certains métiers où il n'y a pas de risques professionnels.

Ce qui n'empêchera pas les compagnies d'assurance de toujours finir par en trouver. C'est pour cela que je demande au rapporteur s'il n'est pas possible de séparer la loi sur les risques professionnels et la loi sur les accidents du travail.

Je demande donc la séparation de la loi sur les risques professionnels et de la loi sur les accidents du travail. On aura ainsi chance d'aboutir plus vite.

M. DALIMIER. — La question est tout à fait distincte en ce sens que la loi sur les accidents du travail est votée, il n'y a qu'à y ajouter l'article additionnel demandé tout à l'heure pour son extension. En ce qui concerne les maladies professionnelles, la question est aussi délicate qu'importante et urgente. Un projet de loi déposé sur le bureau de la Chambre est, à l'heure actuelle, rapporté par un de nos collègues, le citoyen Breton. Dans le rapport, les questions sont séparées. Nous avons accepté le vœu qui a été déposé, car nous voulons voir réparer l'oubli qui a été fait de la responsabilité sociale qui découle des maladies des travailleurs qui, à un âge prématuré, sont dans l'impossibilité de gagner leur vie. (*Applaudissements.*)

M. BOKANOWSKI. — Le rapporteur est, personnellement, prêt à se rallier au désir exprimé par M. Dalimier. Il avait pensé, avant de venir devant la Commission, qu'il serait regrettable, alors que nos amis du Parlement ont tous, ou presque tous, fait des efforts pour mettre le risque de maladie professionnelle sous la protection de la loi de 1898, que notre Congrès, au moins par un vœu, n'exprimât le désir de voir les travailleurs, qui peuvent être atteints par une maladie professionnelle caractérisée, secourus au même titre que ceux qui sont exposés aux accidents par traumatisme. Je suis très heureux que, sur la proposition de M. Dalimier, le vœu, tel qu'il est imprimé au rapport que vous avez entre les mains, soit repris dans son intégralité. (*Applaudissements.*)

UN DÉLÉGUÉ. — Comme représentant d'une région particulièrement agricole, je crois que, pour les maladies professionnelles, il faudrait réparer une injustice et leur étendre le bénéfice d'une loi qui est attendue des travailleurs de la terre. D'ailleurs, il est inadmissible que, dans un Congrès comme celui-ci, on ne passe pas plus d'une séance à discuter

une question aussi importante. (*Applaudissements.*)
Hier, nous avons été une cinquantaine à discuter la
question agricole, alors que nous avons à établir
tout un programme agraire. Le paria agricole est
constamment sacrifié non seulement au Parlement,
mais aussi dans les ministères. Nous avons vu cette
question continuellement ajournée. J'insiste auprès
de vous au nom du prolétariat agricole pour que la
loi soit d'abord appliquée aux ouvriers agricols qui
sont de fervents républicains radicaux, mais que,
si vous continuez, vous pousserez au collectivisme.
(*Applaudissements.*)

LE PRÉSIDENT. — Les observations qui viennent
d'être faites et les applaudissements qui les ont ac-
cueillies prouvent les sentiments du Congrès. Déjà
hier nous avons exprimé l'opinion que, dans le Congrès prochain, il soit fait une plus grande place aux
questions agricoles et sociales et qu'il y soit réservée une séance plus longue et plus importante. Je
crois, d'autre part, que le texte présenté par le
rapporteur avec l'addition proposée qui vise d'une
part les maladies professionnelles et d'autre part
les accidents agricoles pourrait être mis aux voix
sous une forme à rédiger dans un sens qui a été
bien compris par tout le monde. Il nous faut aller
vite car nous devons entendre encore la déclaration du Parti. Je mets aux voix cette conclusion
du rapporteur. (*Adopté à l'unanimité.*)

M. BOKANOWSKI. — Le deuxième vœu, que propose la Commission des assurances sociales, est
relatif aux retraites ouvrières. Il est inutile de vous
parler des simplifications que le ministre du Travail
se propose actuellement d'introduire dans les roua-
ges de la loi des retraites. Il suffira que le Congrès
manifeste son désir de voir ces simplifications entrer au plus tôt dans le texte de la loi. Nous demandons en outre qu'une erreur soit réparée, ou plutôt
qu'une précision nécessaire soit apportée.

La loi, par l'interprétation de la Cour Suprême,
est devenue une loi purement facultative, alors que
le Parlement, par l'organe de nos amis, avait d'une
façon formelle décidé que, parmi les principes essentiels qui régiraient la loi des retraites ouvrières,
figurerait l'obligation et le précompte. Sur le principe de l'obligation, la majorité paraissait d'accord
dans les deux Chambres. Cet accord, il est bon de

le faire apparaître dans le texte. Aussi croyons-nous devoir vous proposer le vœu suivant :

Le Congrès émet le vœu :

Que le Ministre du Travail fasse accepter rapidement par les Chambres les simplifications au fonctionnement de la loi des retraites proposées par le projet gouvernemental du 24 juin 1912 et fasse préciser nettement dans la loi le principe de l'obligation et sa sanction ;

M. Rousseau. — L'article à modifier est l'article 23. C'est celui qui a permis d'élever la cotisation. Il faut permettre à l'assuré obligatoire de donner à la caisse qu'il choisit le droit de se substituer à lui pour suivre le patron qui se déroberait à l'obligation. Voilà la simple et courte observation que j'avais à présenter.

Le Président. — Sous le bénéfice de ces observations, je mets aux voix les conclusions. (*Adoptées à l'unanimité.*)

M. Bokanowski. — J'aborde le troisième vœu. Nous entrons ici dans un monde nouveau sur lequel il nous est impossible de discuter, car nous ne pourrions le faire qu'en entrant dans les détails. Les Congrès antérieurs ont été d'ailleurs unanimes. Le Parti radical a maintes fois formulé le désir de voir s'élargir le réseau des assurances sociales et de le voir s'étendre à l'assurance contre l'invalidité pour cause de maladie, et à l'assurance plus délicate, mais non impossible, contre les risques du chômage involontaire. (*Adopté à l'unanimité.*)

Le Congrès émet le vœu :

Que le gouvernement dépose au plus tôt un projet de loi tendant à allouer aux travailleurs, avec le concours des sociétés de secours mutuels, des indemnités d'assurance au cas de longue maladie et d'invalidité prématurée ;

M. Bokanowski. — Voici enfin une dernière motion, qui donnera satisfaction à ceux de nos collègues qui pourraient apporter sur la question des assurances sociales d'utiles observations. Nous vous demandons instamment de vouloir bien, pour le Congrès de 1913, décider que, tout au début de l'ordre du jour, il soit réservé une séance entière pour l'étude de la question des assurances sociales contre

les risques de maladie, d'invalidité et de chômage.
Il n'est pas nécessaire de vous montrer l'utilité
d'une telle résolution. Je pense, avec plusieurs de
nos collègues, qu'il y a lieu d'étudier ces questions
publiquement, avec ostentation, disons le mot, pour
que notre action et notre doctrine sociales soient
mieux connues à l'extérieur. Certes, quand vous
prenez ici des délibérations sur la politique générale, quand vous renouvelez invariablement chaque
année vos interpellations contre les ministres en
exercice, vous faites une œuvre peut-être utile pour
le Parti ; mais ne l'oublions pas, lorsque, sortis de
nos Comités, nous allons faire œuvre de propagande ; lorsque nous nous adressons, non plus aux
militants de la politique mais aux grandes masses,
il faut alors apporter autre chose que des indications sur la politique générale, il faut dire autre
chose que les griefs que nous avons contre tel ou
tel ministre. Nous ne savons pas assez mettre en
lumière, devant le pays, l'attention, l'effort sérieux
que nous apportons à l'étude et à la solution des
questions économiques et sociales. Nous laissons
tirer par des partis voisins tout le bénéfice de nos
initiatives, de nos travaux. Nous laissons faire à
d'autres la récolte des moissons que notre Parti
a ensemencées. Sachons réclamer notre dû et faisons savoir hautement au Congrès de Pau qu'il n'y
a pas pour ce pays de politique sociale pratique et
efficace en dehors de celle du Parti radical et radical-socialiste. (Applaudissements.)

Aussi, nous pensons que le Congrès sera unanime à adopter la motion suivante :

Le Congrès décide de mettre en tête de son ordre du
jour du Congrès de 1913, en lui réservant au moins une
séance entière, la question des assurances sociales contre
les risques de maladie, d'invalidité et de chômage ;

LE PRÉSIDENT. — Il n'y a pas d'observations ?
(Adopté à l'unanimité.)

M. DALIMIER. — J'approuve tout à fait le texte
qui vient d'être voté. Je n'ai pas besoin de dire au
Congrès qu'à côté des questions politiques, que
l'actualité chaque jour présente, il faut que nous
arrivions à faire une part large aux questions d'ordre social qui, d'une façon permanente, sollicitent
l'attention de nos militants et du pays.

A côté de nos grands débats sur la politique générale, il nous faut de grands débats sur la politique économique et sociale de notre pays. Ces débats, nous ne pourrons les avoir complets, sérieux et féconds, que s'ils sont longuement préparés non pas seulement par les Commissions du Comité Exécutif, mais par le travail en collaboration de tous les militants du Parti. (*Applaudissements.*)

Il m'apparaît que ce n'est pas à la veille d'un Congrès qu'il suffit d'envoyer aux militants des rapports sur les questions qui seront discutées. (*Très bien ! très bien !*)

Nous avons ici des hommes qui appartiennent à des régions diverses de la France, nous avons des hommes appartenant à des professions diverses. Tandis que des médecins pourraient travailler à l'avance sur des questions de maladies professionnelles, des hommes de droit pourraient étudier les questions juridiques soumises au Congrès.

C'est pour cela que je veux m'associer au vœu proposé par Bokanowski et demander au Congrès d'indiquer dès aujourd'hui un certain nombre des questions sur lesquelles il faudra que le Congrès de Pau se prononce et sur lesquelles il faudra que nous instituions non pas d'admirables discours, mais que nous prenions des résolutions. Je me permettrai d'en énumérer quelques-unes, je n'ai pas l'intention de les discuter devant vous, il me suffira de les indiquer pour que vous en sentiez toute l'importance : réforme administrative, liberté municipale, enseignement postscolaire obligatoire, intervention de l'Etat pour la défense des intérêts économiques du pays, questions d'outillage national, l'association du capital et du travail dans l'industrie, etc...

Si nous voulons, dans notre Parti, travailler à ces questions dans le courant de cette année, nous arriverons les uns et les autres à établir un grand débat digne d'un grand Parti comme le nôtre. (*Applaudissements.*)

M. Bokanowski. — J'ai un dernier vœu à vous présenter. Il émane de nos amis de Tours, et nous l'avons renvoyé à la Commission du Comité Exécutif :

Le comité de la première circonscription de Tours charge son Président, le citoyen BASSEREAU, de soumettre au Congrès une proposition tendant à la mise à l'étude d'un projet de retraites nationales alimentées par l'impôt, c'est-à-dire la retraite pour tous et par tous.

Nous avons dit à nos collègues qu'il était impossible d'entrer dans le détail de ce projet et, d'accord avec le Comité de cette ville, hospitalière entre toutes, nous avons décidé de renvoyer ce vœu à la Commission. (*Approbations.*)

M. FABIUS DE CHAMPVILLE. — Je vous demande de dire à nos collègues ici présents, pour donner une sanction réelle au vœu de Dalimier, que chaque Comité de France envoie en temps voulu les vœux qu'il voudrait voir étudier.

Nous avons reçu, au cours de cette année, beaucoup de motions. Les vœux sont arrivés la veille du Congrès.

C'est demain que vous devez commencer à nous envoyer vos desiderata, nous les étudierons dans les Commissions compétentes.

M. LIVET. — Je demande que le Comité Exécutif adresse dans le courant de ces premiers mois, à toutes les fédérations départementales et à tous les groupes locaux, les principales questions à l'ordre du jour du prochain Congrès pour que, dans le courant de l'année, ces questions leur servent de travail. (*Très bien !*)

LE PRÉSIDENT. — Je donne la parole à M. J.-L. Dumesnil, qui va nous lire la déclaration du Parti.

DÉCLARATION DU PARTI

M. J.-L. DUMESNIL, *député.*

Citoyens,

Jamais les attaques de nos adversaires ne furent plus injustes et plus violentes contre notre parti ; jamais, en revanche, congrès ne fut plus enthousiaste, plus laborieux et plus vivant que celui qui, la douzième fois, a groupé les militants venus des quatre coins du pays pour exprimer la pensée profonde et la volonté réfléchie de la démocratie française.

Jamais les questions si graves soumises à nos

délibérations n'ont été discutées avec plus de vigueur et de décision.

Le nombre exceptionnel des délégués qui ont pris part à nos travaux, leur assiduité, la passion qu'ils ont parfois apportée aux débats donneront une valeur plus grande aux décisions de ce congrès.

Et c'est le propre de notre parti de libre examen d'avoir ainsi provoqué les expressions diverses d'un même idéal.

Nous avons donc le droit d'être fiers de ce parti, de sa progression, de son effort, et nous pouvons dédaigner la critique intéressée de ceux qui, par rancune de ce qu'il a fait, lui reprochent ce que les circonstances ou le temps ne lui ont pas encore permis d'accomplir. (Applaudissements.)

L'œuvre de demain, vous venez de l'indiquer d'une façon claire et précise, au cours des débats actuels, et vous avez dit à vos mandataires quelles réalisations vous attendez du Parlement.

Le parti populaire, qui est le nôtre, tire sa force et son avenir des racines qu'il enfonce au cœur même de la démocratie ouvrière et paysanne, il doit avant tout se préoccuper de développer l'esprit d'initiative individuelle, d'améliorer le sort des travailleurs, de garantir par la légalité la protection du salarié dont le labeur est une des sources vives de la prospérité nationale. (Applaudissements.)

Aussi nos congrès ont-ils toujours donné la plus large part aux questions économiques et sociales : contrat collectif du travail, retraites ouvrières, assurances contre les accidents, repos hebdomadaire, protection contre le chômage, limitation des heures de travail, instruction des apprentis, répartitions équitables des charges fiscales, lutte contre la tuberculose et l'alcoolisme, ont été l'objet de vos discussions attentives.

La plupart des lois sociales sont nées de notre initiative, elles constituent la doctrine agissante de notre parti, elles resteront son honneur.

Aujourd'hui même, préoccupés avec raison de la difficulté que les familles ouvrières éprouvent à se loger, vous avez particulièrement étudié les moyens de développer rapidement la législation sur les habitations à bon marché.

La politique agricole du parti vient d'être longuement étudiée par vous.

Vous avez depuis longtemps compris la nécessité d'avoir un programme rural, puisque avant aucun autre parti le nôtre a inscrit en tête de sa doctrine les réformes qui achèveront la mise en valeur de cette incomparable fortune qu'est notre agriculture.

Mais ce qui a été déjà fait est insuffisant, une œuvre considérable reste encore à accomplir. Et vous devez d'autant plus avoir le souci de réaliser le programme agraire, que notre parti s'appuie davantage chaque jour sur cette démocratie paysanne dont l'inébranlable fidélité constitue le plus puissant soutien de la République. (Applaudissements.)

Notre parti bataillera pour le paysan contre la féodalité financière des trusts et des accaparements. Il doit exiger du Parlement les mesures légales qui, seules, permettront de juguler la spéculation criminelle actuellement maîtresse du cours des denrées de première nécessité ou des engrais. (Vifs applaudissements.)

Il propagera dans les campagnes ces œuvres si utiles que sont les coopératives agricoles, les syndicats d'achat, les syndicats de producteurs de lait, les caisses de crédit agricole les mutuelles contre la mortalité du bétail et contre l'incendie.

Soucieux enfin de protéger le droit à la vie et au bien-être du travailleur agricole, notre parti ne perdra pas de vue l'obligation que nous avons de lui assurer un salaire suffisant et des conditions d'hygiène qui, trop souvent, sont encore déplorables. (Applaudissements.)

Le pénible et regrettable conflit qui, pour la plus grande joie des éternels ennemis de notre école laïque, vient d'éclater entre le gouvernement et les instituteurs de la République, pose dans toute son acuité et dans toute son ampleur la question du statut des fonctionnaires.

Depuis de trop longues années en effet, le pays, par suite de l'inertie gouvernementale et des lenteurs parlementaires (Applaudissements vifs et prolongés.), attend le vote de la loi qui devrait, en fixant nettement les droits et les devoirs des fonctionnaires, garantir d'autre part leur dignité, leur indépendance civique, leur droit d'association ou de syndicat et leur assurer dans des conditions honorables des moyens d'existence. (Applaudissements.)

Il est intolérable que les agents de nos services publics soient encore à la merci d'un arbitraire tempéré de favoritisme (Vifs applaudissements.) et qu'ils ne puissent accomplir leur devoir envers la nation à l'abri d'un statut légal.

A propos des incidents individuels qui ont amené le gouvernement à prendre à l'égard des membres de notre enseignement primaire des mesures précipitées, le congrès, fidèle à la tradition de libéralisme et d'équité qui est à la base de notre doctrine, regrette que certains maîtres aient été poursuivis sans avoir été entendus. (Applaudissements répétés.) Il regrette aussi que n'aient pas été respectées les décisions antérieures du Parlement, seul qualifié pour les modifier. (Nouveaux applaudissements.)

Le congrès a tenu en outre à affirmer combien les républicains entendent ne pas admettre que surtout à l'école laïque l'idée de patrie puisse être discutée. (Applaudissements unanimes.)

Quant à la situation de notre école laïque et nationale, jamais elle n'a nécessité davantage la vigilance des républicains.

Depuis plusieurs années, un renouveau d'esprit clérical a attisé les haines qui se rallument autour de notre enseignement et de nos maîtres.

La réaction encouragée et fortifiée par une intolérable politique d'apaisement (Longs applaudissements. — Cris : A bas Briand ! — Bravos. — Mouvements prolongés.) et par la non-application des lois contre les congrégations (Très vifs applaudissements.) a recommencé une guerre acharnée contre l'école laïque.

Le sectarisme, le boycottage, la calomnie, la délation, armes habituelles de nos adversaires, ne trouvent devant elles que la faiblesse des pouvoirs publics et l'inattention du Parlement. (Applaudissements.)

Près de trente projets de loi ont été déposés... mais aucun d'eux n'est venu en discussion et pendant ce temps, les instituteurs attendent l'amélioration de traitement qui leur est due, l'école demeure sans défense et livrée aux assauts du cléricalisme, l'organisation de l'enseignement postscolaire, des œuvres accessoires de l'école, des patronages laïques et de l'enseignement professionnel est presque totalement délaissée. (*Très bien ! — Applaudissements.*)

Les bonnes volontés individuelles et spontanées de nos militants demeurent sans aide et sans appui.

Il faut en finir.

Le parti radical et radical-socialiste ne saurait accepter plus longtemps de ses représentants au gouvernement, au Sénat ou à la Chambre de pareilles hésitations. (*Bruyants applaudissements.*)

Dès la rentrée du Parlement, l'œuvre la plus urgente devra être de voter les textes qui, sans réticences, sans obscurité, sans faiblesses inadmissibles et coupables, permettront de défendre efficacement notre école laïque. (*Applaudissements.*)

La question des instituteurs n'est point la seule qui s'impose actuellement à l'attention du parti.

Des faits nombreux démontrent chaque jour que le haut état-major réactionnaire a reconquis dans les bureaux du ministère de la Guerre... (*Longs applaudissements. Bravos ! bravos ! Cris : A bas Millerand ! Applaudissements prolongés.*) une influence néfaste qu'il met en œuvre à tout propos contre les officiers républicains. (*Nouveaux applaudissements.*)

Notre parti, qui n'admet pas la politique dans l'armée, entend cependant défendre vigoureusement contre ceux qui n'ont pas perdu l'espoir de la faire servir à la restauration des régimes déchus les militaires de tout grade dont le loyalisme est vital et hors de doute.

Dans l'ordre de la politique intérieure, un des problèmes qui ont le plus passionnément préoccupé le congrès est celui de la réforme électorale.

Après un débat ardent et loyal, le congrès, par une majorité considérable, a voté l'ordre du jour suivant :

« Le congrès,

« 1° Déclare que la réforme électorale, dont il a toujours été partisan, ne peut et ne doit être réalisée que par la majorité républicaine des deux Chambres ;

« 2° Rappelant que les scrutins majoritaires ont toujours donné une large représentation aux minorités, repousse la représentation proportionnelle et le principe du quotient électoral ;

« 3° Compte sur la sagesse, la fermeté et l'entente du Sénat et de la Chambre pour réaliser une réforme électorale, par un scrutin élargi, sans dérogation au principe majoritaire. » (*Applaudissements sur de nombreux bancs.*)

Le parti tient donc à affirmer que, si en toute bonne foi des divergences de tactique se sont manifestées à propos de la réforme électorale, il a d'abord à cœur de maintenir l'union étroite qui nous groupe tous contre les partis de réaction. (*Applaudissements unanimes.*)

Le congrès fait confiance à ses élus du Sénat et de la Chambre pour ne réaliser qu'une réforme respectueuse des droits inaliénables du suffrage universel et du principe majoritaire qui en est l'essence même. (*Applaudissements.*)

Mais le progrès social d'un grand pays est étroitement lié à son essor économique.

Le développement des voies ferrées, des canaux, des routes, l'amélioration des ports, l'exécution des grands travaux d'utilité publique doivent être poursuivis avec méthode et sans retard.

L'outillage économique de la nation doit être complété pour permettre la mise en valeur du pays et pour augmenter le bien-être individuel par l'accroissement de la richesse publique.

A l'heure où le congrès tient ses assises et où nos militants sont à juste titre soucieux des questions de politique intérieure, il est d'autres préoccupations qui s'imposent à leurs esprits.

Le sort même de la France, la grandeur et la prospérité de notre pays dépendent avant tout du maintien de la paix.

Notre parti, qui a toujours été prêt à faire passer la défense nationale avant toute autre considération, ne peut cependant assister au spectacle douloureux que donnent aujourd'hui les peuples en armes, sans inviter de la façon la plus pressante le gouvernement de la République à ne ménager aucune négociation susceptible d'enrayer le conflit. (*Applaudissements unanimes.*)

L'Europe entière est peut-être en effet à la veille d'une conflagration générale, née d'appétits inavouables et qui serait après la faillite de la diplomatie la faillite même de la civilisation. (*Très bien ! répétés. — Vifs applaudissements.*)

Une fois de plus, ce congrès aura affirmé la doctrine vivante et laborieuse de notre parti.

Il nous a permis de formuler à nouveau les grands principes économiques et sociaux qui l'ont guidé jusqu'ici dans son évolution et qui ont provoqué un ensemble de lois de progrès et de liberté dont nous avons le droit d'être fiers.

Mais les réalisations d'hier doivent être suivies sans retard de l'effort de demain.

L'action d'un grand parti comme le nôtre doit être incessante pour être vraiment féconde. C'est par la lutte sans trêve et sans repos que nous servirons utilement les intérêts du peuple républicain qui a mis sa confiance en notre principe, et nous repoussons énergiquement cet apaisement dont la torpeur engourdirait nos forces. (Applaudissements répétés.)

En politique, le sommeil c'est la mort. (Très bien !)

Plus que jamais nous devons montrer que nous sommes un parti resté jeune, un parti de combats et de conquêtes. (Applaudissements.)

Contre nos adversaires avoués ou masqués, contre ceux mêmes qui, à la faveur de l'équivoque, se glissent dans nos rangs, contre les gouvernements de recul, nous mènerons demain par tout le pays, dans la discipline et dans l'union, la bataille ardente de la probité politique et de la clarté des idées. (Applaudissements unanimes.)

Pour la République sociale, notre parti, qui émane du peuple et qui lutte pour lui, fera triompher l'idéal de justice et de liberté qui flambe au cœur de la démocratie française. (Salves répétées d'applaudissements sur tous les bancs. Le congrès fait une longue et unanime ovation à M. Dumesnil, et fait entendre un triple ban en son honneur.)

M. LE GÉNÉRAL GODART. — Nous soumettons à votre approbation l'ordre du jour suivant :

Le Congrès, approuvant l'éloquente déclaration du parti présentée par le citoyen Dumesnil, député de Seine-et-Marne, en approuve les déclarations énergiques et lui exprime ses élogieuses félicitations. (Applaudissements.)

LE PRÉSIDENT. — Je suis convaincu que l'ordre du jour, dont notre ami le général Godart vient de nous donner lecture, répond aux sentiments unanimes du Congrès qui les a traduits déjà par les applaudissements chaleureux avec lesquels il a accueilli la lecture de la déclaration. Toutefois, je me conforme à la règle et je mets aux voix l'ordre

du jour proposé par le général Godart. Je pense
qu'il ne rencontrera pas d'opposition. (*Applaudissements ; l'ordre du jour est adopté à l'unanimité.*)

M. MULLER. — Vous permettrez, je l'espère, au
vieux républicain, qui, le premier dans vos Congrès,
eut l'honneur de dénoncer la politique dite d'apaisement, d'apporter ici, au nom des vieux républicains
de nos générations, les félicitations les plus cha-
leureuses au citoyen Dumesnil. Dumesnil vient,
avec autant de talent que de courage, d'affirmer que
notre Parti est plus vivant que jamais et que, plus
que jamais, il reste le soldat de la République laïque, démocratique et sociale. (*Très bien ! applaudissements. Le citoyen Muller serre chaleureusement
la main au citoyen Dumesnil. Nouveaux applaudissements.*)

M. GAVAUDAN. — En présence des déclarations
nettes et précises contenues dans la déclaration du
Parti qui blâme, plus énergiquement encore que
je le faisais moi-même hier soir, le ministre de la
Guerre, je retire mon ordre du jour. Je suis heureux de voir ainsi blâmé le ministère réactionnaire
de la Guerre et je suis persuadé que le vote de
cette déclaration aura un retentissement dans le
pays et amènera le réveil dont notre Parti a tant
besoin. (*Très bien ! Vifs applaudissements.*)

LE PRÉSIDENT. — Si personne ne demande plus
la parole, permettez-moi, citoyens, avant de clô-
turer les travaux du Congrès, de vous adresser, au
nom du bureau du Comité Exécutif, les félicitations
les plus vives et les remerciements les plus chaleureux pour la magnifique tenue des travaux du
Congrès.

Par l'ampleur des discussions, par l'importance
des résolutions votées, notre deuxième Congrès
marquera, dans les annales du Parti radical et
radical-socialiste, parmi les plus considérables et
les plus féconds.

Je veux, en votre nom à tous, remercier tout
d'abord nos amis de la Fédération et du Comité de
Tours, qui ont si admirablement organisé ce Congrès et fait à tous les délégués un accueil si cordial
et si fraternel, qu'ils en garderont un inoubliable
souvenir.

Je veux remercier également en votre nom le
maire de Tours, le citoyen Le Tellier et ses col-

lègues du Conseil municipal (*Applaudissements.*) qui, non seulement ont reçu les congressistes à l'hôtel de ville avec la cordialité que vous savez, mais qui ont rendu notre séjour dans leur belle cité des plus agréables et des plus charmants. (*Applaudissements.*)

Je voudrais remercier aussi les dames qui ont assisté aux séances du Congrès et qui nous ont ainsi montré tout le vif intérêt qu'elles portent aux travaux et aux progrès du Parti radical et radical-socialiste.

Je voudrais remercier tout particulièrement nos excellents amis et camarades, les employés et dames employées des P. T. T., auxquels je dois pour ma part un double remerciement en qualité de congressiste et en qualité de journaliste. Je crois être l'interprète de la presse toute entière en leur exprimant nos remerciements très vifs ; nous leur avons imposé une tâche des plus lourdes, jusqu'aux heures les plus tardives, et leur dévouement et leur bonne grâce ne se sont pas démentis un instant. (*Vifs applaudissements.*)

Et maintenant, mes chers amis, je déclare clos le douzième Congrès du Parti radical et radical-socialiste et je vous invite à lever la séance aux cris de : « Vive la République démocratique et sociale ! »

La séance est levée à 11 h. 30.

COMITÉ EXÉCUTIF
(Exercice 1912-13.)

BUREAU DU COMITÉ EXÉCUTIF

Président :

M. EMILE COMBES, sénateur de la Charente-Inférieure, ancien président du Conseil des ministres.

Vice-présidents :

MM. BEPMALE, sénateur de la Haute-Garonne.
BOUFFANDEAU, député de l'Oise.
CHARLES DEBIERRE, sénateur du Nord.
DOUMERGUE, sénateur du Gard.
CH. DUMONT, député du Jura.
HERRIOT, sénateur du Rhône.
PERCHOT, sénateur des Basses-Alpes.
TROUILLOT, sénateur du Jura.
CHABANNE (Seine).
A. CHEVALIER (Manche).
ESTIER (Bouches-du-Rhône).
FEUGA (Haute-Garonne).
LEFRANC (Pas-de-Calais).
LEVY-ULLMAN (Pas-de-Calais).
LUCIEN VICTOR-MEUNIER (Vendée).
MICHEL MILHAUD (Seine).

Secrétaires :

MM. BINET, député de la Creuse.
FÉLIX CHAUTEMPS, député de la Savoie.
DUSEVEL, député de la Somme.
JAVAL, député de l'Yonne.
PEYTRAL, député des Hautes-Alpes.
SCHMIDT, député des Vosges.
TERNOIS, député de la Somme.
VIARD, député de la Haute-Marne.
RICHARD DE BURGUES (Corse).
RICHARD DE BURGUE (Corse).
DAUTHY (Indre).
LAFON (Tarn).
LIÈVRE (Meuse).
LIVET (Ariège).
L. MULLER (Seine-Inférieure).
VOLLAEYS (Nord).

Trésorier :

M. COSNIER, député de l'Indre.

MEMBRES DU COMITÉ EXÉCUTIF

Membres d'honneur :

MM. Léon BOURGEOIS, sénateur, ancien président de la Chambre des députés, ancien président du Conseil des ministres.

Camille PELLETAN, sénateur, ancien ministre de la Marine.

Emile COMBES, sénateur, ancien président du Conseil des ministres.

Général ANDRE, ancien ministre de la Guerre.

VALLÉ, sénateur, ancien ministre de la Justice.

DELPECH, ancien sénateur de l'Ariège.

BLANCHON, conseiller général de la Seine.

DÉLÉGUÉS DÉPARTEMENTAUX

Ain

MM. BOLLET, sénateur.
BOZONET, député.
MESSIMY, député.

Aisne

MM. CECCALDI, député.
COUESNON, député.
HAUET, député.
MAGNIAUDE, député.
POUILLART, président de la Fédération départementale, à Bruyères-et-Montbérault.
BUGNICOURT, publiciste, à Chauny.
LEDUC, à Saint-Quentin.
DESBRUYÈRES, président de la Fédération de l'arrondissement de Soissons.
GROZO, à Saint-Quentin.
REICHENBACH, avocat, à Paris.

Allier

MM. GACON, sénateur.
VILLE, sénateur.
LAMOUREUX, député.
BARDET, à Montluçon.
CADOT, à Moulins.
LEFEBURE, avocat, à Paris.
PÉRONNET, ancien député, à Paris.
Alfred PERRAUT, à Moulins.
Marcel REGNIER, ancien député, à Paris.

Basses-Alpes

MM. HENRI MICHEL, sénateur.
PERCHOT, sénateur.
PÉLISSIER, ancien sénateur, à Paris.
ANGLÈS, publiciste, à Paris.

Hautes-Alpes

MM. PEYTRAL, député.
EUZIÈRES, ancien député, à Gap.
CAILLAT, maire de Gap.

Alpes-Maritimes

MM. DONADEI, député.
SIOLY, président de la Fédération départementale,
à Nice.
DUFRÈNE, publiciste, à Nice.
FOIGNET, avocat, à Nice.
BLANC DU COLLET, conseiller à la cour d'appel,
à Puget-Théniers.

Ardèche

MM. ASTIER, sénateur.
MURAT, sénateur.
VINCENT, sénateur.
BOURÉLY, député.
CUMINAL, conseiller général, à Paris.
GEORGES, adjoint au maire, à Gruiras.
HUITRIC, à Privas.
VIALET, maire, à Vernoux.

Ardennes

MM. GÉRARD, sénateur.
BACOT, à Sedan.
CORNEAU, directeur du *Petit Ardennais*, à Char-
leville.
OLIVET, conseiller général, maire de Mouzon.
WEILL, conseiller municipal, à Sedan.

Ariège

MM. PEDOYA, député.
DELPECH, ancien sénateur, à Paris.
CHARLES, maire, à la Bastide-de-Sérou.
LIVET, publiciste, à Paris.
LAFAGETTE, avocat, à Foix.

Aube

MM. PAUL-MEUNIER, député,
CAILLOT, avocat, à Paris.
DENIZOT, conseiller général, à Saint-Parres-aux-Tertres.
ISRAEL, directeur du *Petit Troyen*, à Troyes.
PASQUAL, à Troyes.

Aude

MM. GAUTHIER, sénateur.
DUJARDIN-BEAUMETZ, sénateur.
Jean DURAND, député.
MALAVIALLE, député.
Albert SARRAUT, député.
SAUZÈDE, député.
Maurice SARRAUT, directeur de la *Dépêche*, à Paris.
Léon CASTEL, conseiller général, maire à Lézignan.
Clément RAYNAUD, avocat, à Carcassonne.
CAFFORT, à Limoux.

Aveyron

MM. Louis BOS, conseiller général, à Decazeville.
SIMAN, professeur, à Rodez.
PRÉVOT, à Paris.

Bouches-du-Rhône

MM. Camille PELLETAN, sénateur.
GIRARD, député.
CHEVILLON, député.
REYBAUD, à Aix.
A. GAVAUDAN, président de la Fédération départementale, à Salon.
Louis PASQUET, conseiller général des Bouches-du-Rhône à Paris.
DUMAINE, à Arles.
ESTIER, avocat, à Marseille.
EPSTEIN, à Marseille.
ISSARTIER, à Marseille.
MICHELIS, à Marseille.
TEYSSONNIER, à Marseille.
CHAPPE, à Arnauch.

Calvados

MM. LECHERPY, député.
BENARD, avocat, à Caen.
BOURDET, publiciste, à Falaise.

BRICOU, à Tournebu.
LEVAVASSEUR, à Ussy.
NOURY,, docteur en médecine, à Caen.
SCELLÉS, notaire, à Tournebu.

Cantal

MM. LINTILHAC, sénateur.
RIGAL, conseiller général, ancien député, à Montsalvy.
TRÉMOULIÈRE, maire d'Omps.
DAUZIER, adjoint au maire, à Aurillac.
Antonin FEL, conseiller général, maire de Maurs.

Charente

MM. RAYNAUD, député.
A. JULLIEN, à Beaumont.
L.-J. BLOCQ, aux Mirandes.
GILSON, docteur en médecine, à Angoulême.
SAULNIER, instituteur, à Yviers.

Charente-Inférieure

MM. Emile COMBES, sénateur.
André HESSE, député.
RIGNOUX, conseiller général, à Surgères.
NICOLLAS, à Marennes.
BRAUD, ancien député, à Rochefort.
VERLIAC, à Rochefort.
TOURNAT, adjoint au maire, à Surgères.
BERTRAND, à Marennes.

Cher

MM. J.-B. MORIN, député.
AUROY, publiciste, à Saint-Amand.
PAJOT, ancien député, à Vaux.
MITTERAND, publiciste, à Bourges.
FOUCHARD, conseiller d'arrondissement, maire d'Henrichemont.

Corrèze

MM. DELLESTABLE, sénateur.
ROUBY, sénateur.
TAVÉ, député.
PATRAUD, à Tulle.
ESTORGES, à Tulle.
MADRANGES, à Vigeois.
Docteur GUEUILLE, maire, à Neuvic.

Corse

MM. GABRIELLI, sénateur.
AJACCIO, avocat, à Bastia.
CECCALDI, publiciste, à Paris.
DE BURGUE, avocat, à Paris.
FABIANI, avocat, à Paris.

Côte-d'Or

MM. CHARLES, député.
LE ROY, à Dijon.
LEVEQUE, à Paris.
F. MICHAUT, à Châtillon-sur-Seine.
RADOUAN, à Dijon.

Côtes-du-Nord

TURMEL, député.

Creuse

MM. DEFUMADE, sénateur.
SIMONET, sénateur.
BINET, député.
TREIGNIER, conseiller d'arrondissement, à Crozant.
GRAND, maire de Guéret.
COULON, à Guéret.
FAISSAC, conseiller général, à Faux-la-Montagne.

Dordogne

MM. DUBOIS, maire de Bourg-du-Bost.
LABROUE, à Bergerac.
MICHEL EDOUARD, conseiller d'arrondissement de Périgueux.
MICHEL MARCEL, conseiller d'arrondissement de Sarlat.
RECHENCQ, à Ribérac.
TROUSSEL, conseiller général de Lanouaille.

Doubs

MM. BORNE, sénateur.
BEAUQUIER, député.
METIN, député.
MARC REVILLE, député.
SCHLUMBERGER, à Besançon.
FÉLIX JULIEN, à Besançon.
MILLOT, à Besançon.
ANDRADE, à Besançon.

Drôme

MM. Charles CHABERT, sénateur.
Maurice FAURE, sénateur.
CHABERT, député.
DUMONT aîné, à Valence.
MABILON, à Paris.
PERDRIX, à Valence.
PEYRE, à Tulette.

Eure

MM. Abel LEFÈVRE, député.
Cyrus LEFÈVRE, à Beaumont-le-Roger.
LEGRAND, à Landepereuse.
CELOS, à Bernay.
PLANQUE, directeur de la *Tribune*, à Bernay.

Eure-et-Loir

MM. Louis BAUDET, sénateur.
JOUANNEAU, avocat, à Paris.
OULIF, publiciste, à Dreux.
Docteur POUPON, conseiller d'arrondissement.
Ad. CHÉRON, à Saint-Maur-les-Fossés (Seine).

Finistère

MM. DUBUISSON, député.
LE BAIL, député.
LE LOUEDEC, député.
PLOUZANÉ, député.
NATALINI, à Brest.
HASCOËT, à Brest.
BERREHAR, à Brest.
FAUCON, à Brest.
LABINEAU, à Brest.
THIÉRY, à Brest.
PENE, à Paris.
MARTIN, à Paris.

Gard

MM. BONNEFOY-SIBOUR, sénateur.
CREMIEUX, sénateur.
DOUMERGUE, sénateur.
BOURGUET, député.
GASCUEL, docteur en médecine, à Alais.
MOURIER, conseiller général, à Vézénobres.
Sully THOMAS, à Nîmes.

Marcel ROGER, à Paris.
GACHON, conseiller général du Gard, à Montpellier.
CAZELLES, conseiller général du Gard, à Paris.

Haute-Garonne

MM. BEPMALE, sénateur.
H. LEYGUE, sénateur.
CRUPPI, député.
BAYLAC, à Toulouse.
BELINGUIER, maire de Villefranche.
BILLOT, maire de Castanet.
CAZASSUS, adjoint au maire de Saint-Gaudens.
FEUGA, conseiller général, à Toulouse.
GASC, maire de Muret.

Gers

MM. SANCET, sénateur.
DESTIEUX-JUNCA, sénateur.
SAINT-CRIC, à Ivry-sur-Seine (Seine).
Jean PHILIP, avocat, à Mauvézin.
BRANET, à Vic-Fezensac.
Auguste FITTE, publiciste, à Auch.

Gironde

MM. COURREGELONGUE, sénateur.
BOURGOING, président de la Fédération départementale, à Bordeaux.
DUPEUX, conseiller général, à Bordeaux.
ROUSSIE, conseiller d'arrondissement, à Bordeaux.
MALET, conseiller d'arrondissement, à Bordeaux.
SENS, conseiller municipal, à Bordeaux.
IRIQUIN, maire de Talence.
LALANNE, à Bordeaux.
BOYMIER, à Saint-Vivien.
CAUDERON, à Bordeaux.
BERNIARD, à Bordeaux.

Hérault

MM. LAFFERRE, député.
PELISSE, député.
CAFFORT, conseiller général, à Olonzac.
CHAZOT, conseiller général de la Seine, à Villejuif (Seine).
GARIEL, directeur du *Petit Méridional*, à Montpellier.

GIBERT, adjoint au maire de Montpellier.
GUILHAUMON, conseiller général, maire de Puis-
serguier.
CADENAT, conseiller général, maire de Béziers.

Ille-et-Vilaine

MM. DOTTIN, à Rennes.
LEROUX, adjoint au maire, à Rennes.
MALAPERT, avocat, à Rennes.
MUZEREAU, à Rennes.
COUPU, à Rennes.
GASNIER-DUPARC, maire de Saint-Malo.
QUEROY, à Paris.
WEIL, avocat, à Paris.

Indre

MM. LEGLOS, sénateur.
Henri COSNIER, député.
DAUTHY, ancien député, à Paris.
TALICHET-CLAIR, à Châteauroux.
Docteur TISSIER, à Paris.
PATUREAU-BARONNET, à Châteauroux,

Indre-et-Loire

MM. PIC-PARIS, sénateur.
René BESNARD, député.
FOUCHER, député.
GASNIER, conseiller municipal, à Langeais.
Camille CHAUTEMPS, adjoint au maire de Tours.
DELAUNAY, conseiller d'arrondissement, à Mont-
bazon.
GOMBARD, à Tours.

Isère

MM. JOUFFROY, sénateur.
Claude RAJON, conseiller général, à Grenoble.
BOUILLET, docteur en médecine, à Paris.
DUMOLARD, conseiller général, à Grenoble.
VALLIER, conseiller général, à Grenoble.
COCAT, avocat, à Grenoble.
BELMONT, à Bourgoin,

Jura

MM. Stephen PICHON, sénateur.
TROUILLOT, sénateur.
E. CHAPUIS, député.
Charles DUMONT, député,

Landes

MM. MILLIES-LACROIX, sénateur.
BOUYSSOU, député.
LOUSTALOT, député.
SARRADE, ingénieur agronome, à Aire-sur-l'Adour.
LARROQUETTE, professeur, à Mont-de-Marsan.
BEAUMONT, avocat, à Saint-Sever.
DUPIS, à Biscarrosse.

Loir-et-Cher

MM. CURE, publiciste, à Oucques.
HUBERT-FILLAY, avocat à Paris.

Loire

MM. ALEX, conseiller municipal, à Charlieu.
AUDUC, à Saint-Etienne.
TEISSIER, à Saint-Etienne.
DOUNY, à Firminy.
P. ROBERT, avocat, à Paris.
VIDON, ancien député, à Bourg-Argental.
BERTRAND, à Saint-Etienne.

Haute-Loire

MM. FAYOLLE, conseiller général, à Frugières-le-Pin.
PAGES-RIBEYRE, conseiller général, Le Puy.
PEYRACHE, à Saint-Didier-la-Seauve.
MARGUIER, rédacteur en chef de l'*Action répu-
blicaine*, Le Puy.

Loire-Inférieure

MM. CHATELLIER, à Héric.
DAVID LEON, directeur administratif du *Populaire*,
à Nantes.
FOUCAULT, à Nantes.
LE BRUN, à Nantes.
LELORD, conseiller général, à Saint-Etienne-de-
Mont-Luc.
HENRI PETIT, à Nantes.
GASTON VEIL, directeur politique du *Populaire*, à
Nantes.
LOUIS VIEL, adjoint au maire, à Nantes.

Loiret

MM. FERNAND RABIER, député.
ALASSEUR, député.
RENÉ WEILL, avocat, à Paris.

Auguste GOUCHAULT, à Orléans.
Auguste DUCLAUZEAU, à Gien.
HOLZINGER, publiciste, à Montargis.

Lot

MM. LOUBET, sénateur.
BÉCAYS, député.
MALVY, député.
DARQUIER, maire de Cahors.
MURAT, maire de Saint-Céré.
MARGIS, conseiller général, maire de Payrac.
TALOU, conseiller général, à Saint-Géry.

Lot-et Garonne

MM. CELS, député.
Eugène BEAUSSEIN, publiciste, à Agen.
Georges DELPECH, conseiller général, à Agen.
André DURAND, avocat, à Agen.
Louis LAGASSE, ancien député, à Paris.
Henri SALLES, notaire, à Seyches.

Lozère

MM. MONESTIER, député.
Fernand ROUX, conseiller général de la Lozère, à
Paris.
Emile JOLY, maire de Mende.

Maine-et-Loire

MM. BAROT, docteur en médecine, maire d'Angers.
PETON, docteur en médecine, maire de Saumur.
ROLAND, publiciste, à Saumur.
MILON, conseiller général, à Saumur.
BOUTIN, maire des Ponts-de-Cé.
DESETRES, conseiller général, à Angers.

Manche

MM. le docteur BOURGOGNE, à Cherbourg.
Albert CHEVALIER, avocat, à Paris.
PERGEAUX, maire de Granville.
Jules JEHENNE, conseiller général, à Saint-Malo-
de-la-Lande.
HESLOUIN, maire d'Hamelin.
RINGARD, à Cherbourg.

Marne

MM. Léon BOURGEOIS, sénateur.
VALLÉ, sénateur.
HAUDOS, député.
MARGAINE, député.
PÉCHADRE, député.
GAILLEMAIN, conseiller général, à Epense.
COULAUD, à Magenta-Dizy.
Docteur CHEVRIER, conseiller municipal, à Reims.
BERNARD, maire de Châlons.
FERIN, à Sermaize-les-Bains.
MARCHANDEAU, rédacteur en chef de l'Eclaireur
de l'Est, à Reims.

Haute-Marne

MM. DARBOT, sénateur.
DESSOYE, député.
VIARD, député.
Victor VIENNOT, maire de Langres.
Ambroise DECLERC, à Langres.
Léon RUTY, à Chaumont.
Albert CLERGET, avocat, à Langres.

Mayenne

MM. CHAULIN-SERVINIÈRE, député.
LINTIER, maire de Mayenne.
BORDEAU, à Mayenne.
Docteur DUPRE, à Laval.
POSTEL, publiciste, à Enghien (S.-et-O.).

Meurthe-et-Moselle

MM. G. CHAPUIS, sénateur.
Le général GODART, président de Fédération dé-
partementale, maire de Lenoncourt.
BERNARDIN, juge de paix, à Pont-à-Mousson.
Bernard CAHEN, à Nancy.
Docteur AIMÉ, à Nancy.
Jean LABATUT, publiciste, à Nancy.
TARTARY, à Valdahon (Doubs).

Meuse

MM. LEFÉBURE, député.
POTERLOT, ancien maire de Stenay.
Eugène MARTINEAU, à Paris.
Charles JOSEPH, à Paris.
Docteur Gaëtan LIEVRE, à Paris.

Morbihan

MM. BRARD, député.
    NAIL, député.
    LE ROUZIC, député.
    MACREZ, à Lorient.
    MAULION, conseiller général, à Mauron.
    ROUSSEAU, instituteur, à Brech.
    LE GLOHAEC, conseiller général, à Saint-Pierre-
      Quiberon.
    BLUM, professeur, à Lyon (Rhône).

N.èvre

MM. D'AUNAY, sénateur.
    MASSÉ, député.
    RENARD, député.
    MAGNIEN, conseiller général de la Nièvre, à
      Paris.
    VIROT, publiciste, à Nevers.
    OESINGER, avocat, à Nevers.
    CHOMET, à Saint-Pierre-le-Moutier.

Nord

MM. BERSEZ, sénateur.
    DEBIERRE, sénateur.
    HAYEZ, sénateur.
    POTIÉ, sénateur.
    TRYSTRAM, sénateur.
    Daniel VINCENT, député.
    DEFONTAINE, député.
    DRON, député.
    GUISLAIN, député.
    PASQUAL, député.
    G. POTIÉ, député.
    MILLOT, avocat, à Valenciennes.
    CUISSET, à Valenciennes.
    BERTIAUX, à Valenciennes.
    BLEMANT, avocat, à Valenciennes.
    DELECROIX, ancien député, maire d'Hem.
    Georges SELLIEZ, à Roubaix.
    GAHIDE, à Roubaix.
    TÊTE, à Hondschoote.
    Jules DUFLOT, à Somain.
    MOURMANT, à Lille.
    HENDRICKS, à Lille.
    BOUREE-THIBAUT, à Lille.
    S. HAYEM, à Lille.
    Georges PETIT, à Lille.
    DEGRAVE, à Lille.
    LEMPIRE, à Roubaix.
    VOLLAEYS, avocat, à Dunkerque.

DUFOUR, à Lille.
CHAS, maire d'Armentières.
CONEM, professeur, à Armentières.

Oise

MM. DUPONT, sénateur.
BOUFFANDEAU, député.
CHOPINET, député.
MARTIN-MAMY, rédacteur en chef de la *République de l'Oise*, à Beauvais.
Louis DESHAYES, conseiller général de l'Oise, à Paris.
RÉMY RENDU, conseiller général de Maignelay.
RENARD, à Ferrières.
FAURE-HÉROUARD, ancien conseiller d'arrondissement, à Montataire.
SCHMIDT, maire de Crèvecœur-le-Grand.

Orne

MM. G. FABIUS DE CHAMPVILLE, publiciste, à Paris.
Docteur JAY, à Condé-sur-Huisne.
A. ANDRÉ, publiciste, à Paris.
GILLOT, à Condé-sur-Huisne.

Pas-de-Calais

MM. LOTH, député.
BERQUET, docteur en médecine, à Calais.
BUTEL, à Boulogne-sur-Mer.
DUPONT, négociant, à Boulogne-sur-Mer.
F. LEFRANC, publiciste, à Paris.
LEMAITRE, directeur du *Boulonnais*, à Boulogne-sur-Mer.
LÉVY-ULLMANN, professeur de faculté, à Paris.
MATHON, à Arras.
PÉRON, à Boulogne-sur-Mer.
PRUVOT-BARTIER, président du conseil d'arrondissement, à Hénin-Liétard.
GEORGES ROBERT, publiciste, à Paris.
ROUSSEL, directeur du *Journal de Lens*, à Lens.
MARANGE, à Béthune.

Puy-de-Dôme

MM. CLÉMENTEL, député.
FABRE, député.
Docteur GACHON, président de la Fédération départementale, à La Bourboule.
MALSANG, à Champeix.

SERRE, à Riom.

GUILLEMIN-BETANT, conseiller général, maire de Thiers.

DUMOTHIER, conseiller municipal, à Clermont-Ferrand.

PINET, docteur en médecine, à Clermont-Ferrand.

Basses-Pyrénées

MM. GARAT, député.

Marie-Georges FERRON, président de la Fédération départementale, à Oloron.

Gustave FERRON, publiciste, à Paris.

Elie PECAUT, docteur en médecine, à Ségalas.

INCHAUPSE, docteur en médecine, à Ascarat.

FROIS, adjoint au maire de Bayonne.

REVILLET, à Paris.

Hautes-Pyrénées

MM. DREYT, député.

FITTE, député.

NOGUES, député.

BOUE, avocat, à Tarbes.

GOIFFON, à Bagnères-de-Bigorre.

J. LACAZE, à Lourdes.

Pyrénées-Orientales

PAMS, sénateur.

MANAUT, député.

MM. DUMAYNE, à Perpignan.

ESTEVE, conseiller général des Pyrénées-Orientales, à Paris.

PIGNET, à Paris.

Joachim VIOLET, à Paris.

Haut-Rhin

MM. Laurent THIERY, sénateur.

Ch. SCHNEIDER, député.

Rhône

MM. BEAUVISAGE, sénateur.

CAZENEUVE, sénateur.

HERRIOT, sénateur.

PONTEILLE, sénateur.

VERMOREL, sénateur.

VICTOR, à Lyon.

GORJUS, à Lyon.
CHAMBAUD DE LA BRUYERE, conseiller général, à Lentilly.
RENARD, à Lyon.
BOUFFIER, à Lyon.
PIC, à Lyon.
RIVIÈRE, à Lyon.
GENIN, à Lyon.
CHAZETTE, à Lyon.
ROUSTAN, à Lyon.

Haute Saône

MM. COUYBA, sénateur.
RAGALLY, député.
RENÉ RENOULT, député.
ROUYER, à Gray.
PÉROZ, à Lure.
CLÉRISSE, à Neuilly-sur-Seine.
FRANÇOIS PETIT, à Autrey.

Saône-et-Loire

MM. GUILLEMAUT, sénateur.
RICHARD, sénateur.
SARRIEN, sénateur.
CHAUSSIER, député.
DESGRANGES, conseiller général, maire de Romenay.
DUBIEF, ancien ministre, à Asnières (Seine).
GAILLARD, adjoint au maire de Chalon.
GERBE, à Charolles.
MYARD, ancien conseiller général, à Charroux (Vienne).
PETITJEAN, conseiller général de Saône-et-Loire, à Fourmies (Nord).
POIRSON, directeur du *Morvan républicain*, à Autun.
VICTOR MUNOT, conseiller municipal, à Chalon-sur-Saône.

Sarthe

MM. LEBERT, sénateur.
BOUTTIÉ, député.
CAILLAUX, député.
ADET, maire de Mamers.
FRESNAY, à Mamers.
NAUDIN, Le Mans.
PELLIER, Le Mans.
GILBERT, Le Mans.
GROULT, Le Mans.

Savoie

MM. Félix CHAUTEMPS, député.
Th. REINACH, député.
GEX, avoué, à Chambéry.
GRISARD, président de la Fédération de l'arrondissement d'Albertville.
Maurice CHESNÉ, avocat, à Paris.

Haute-Savoie

Fernand DAVID, député.
Maurice BOSSONEY, maire de Chamonix.
CHARRIÈRE, maire de Boëge.
Georges DANGON, publiciste, à Paris.
HUNSTEDT, à Annecy.

Seine

MM. A. LEFÈVRE, sénateur.
MASCURAUD, sénateur.
RANSON, sénateur.
STRAUSS, sénateur.
BRUNET, député.
F. BUISSON, député.
CHENAL, député.
Ch. DELONCLE, député.
DESPLAS, député.
LEBOUCQ, député.
PUECH, député.
STEEG, député.
AMOUROUX, à Asnières.
BALANS, à Saint-Maur-les-Fossés.
BILLIET, à Asnières.
BOKANOWSKI, avocat, à Paris.
A. BONET, à Paris.
J.-L. BONNET, président de la Fédération départementale, à Paris.
Ferdinand CAHEN, à Paris.
Jules CAHEN, à Paris.
CHABANNE, à Paris.
CHALIGNÉ, à Paris.
A. CHARPENTIER, publiciste, à Paris.
CHATENET, avocat, à Paris.
CHAUTARD, ancien député, à Paris.
CHÉRADAM, à Paris.
A. CHÉRIOUX, conseiller municipal, à Paris.
Charles COINTE, avocat, à Paris.
E. DESVAUX, conseiller municipal, à Paris.
A. DOMINIQUE, avocat, à Paris.
DOUZET, à Paris.
J. DURAND, avocat, à Paris.
FORESTIER, à Paris.

FORGEOIS, à Paris.
GACON, à Antony.
GIGON, à Paris.
GOULHOT, à Bagnolet.
JÉGU, à Paris.
Docteur LAMY, à Paris.
LEFÈVRE, à Paris.
LUCIEN LE FOYER, ancien député, à Paris.
MANNE, à Ivry-sur-Seine.
MICHEL MILHAUD, à Paris.
OUDARD, à Paris.
OUDIN, à Paris.
PATENNE, ancien conseiller municipal, à Paris.
L. PRÉVOT, à Paris.
RENEUX, à Paris.
ROTIVAL, à Paris.
H. ROUSSELLE, conseiller municipal, à Paris.
H. SALLES, à Montrouge.
Docteur SALMON, ancien conseiller municipal, à
    Paris.
SALMON, à Paris.
VIROT, conseiller municipal, à Paris.

Seine-Inférieure

MM ALLARD, Le Bourg-Dun.
BEAURAIN, à Rouen.
ELIOT, à Rouen.
NIBELLE, conseiller général, à Rouen.
PEYRES, à Rouen.
LELEU, à Rouen.
L. MULLER, publiciste, à Paris.
MAGNIER, à Saint-Etienne-du-Rouvray.
DENIS GUILLOT, avocat, le Havre.
ROTS, le Havre.

Seine-et-Marne

MM. FARNY, sénateur.
GASTON MENIER, sénateur.
RÉGISMANSET, sénateur.
DUMESNIL, député.
PERRISSOUD, député.
LORIMY, député.
DELAROUE, maire de Melun.
COCHOT, conseiller général, maire, à La Ferté-
    Gaucher.
SILLARD, à Moret.
POMMERY, à Meaux.

Seine-et-Oise

MM. AIMOND, sénateur.
AMIARD, député.
DALIMIER, député.
FRANKLIN-BOUILLON, député.
EMILE LAURENT, député.
THALAMAS, député.
VIAN, député.
PERILLIER, avocat, à Paris.
GOUJAT, à Houilles.
G. LEFÈVRE, avocat, à Paris.
REPARAT, à Paris.
GUILLEMETTE, à Saint-Leu-Taverny.
LARUE, à Verneuil-sur-Seine.
HEMMERSCHMIDT, à Villeneuve-Saint-Georges.
RAYNAL, avocat, à Morsang-sur-Orge.
LECAVELE, à Sartrouville.
BAILLION, à Maisons-Laffitte.

Deux-Sèvres

MM. DEMELLIER, député.
CLÉMENT MÉNARD, conseiller général, maire de Thouars.
GASTON HULIN, publiciste, à Poitiers (Vienne).
CIBIEL, maire de Niort.
JULES DESCHAMP, à Niort.

Somme

MM. FIQUET, sénateur.
DUSEVEL, député.
KLOTZ, député.
MAGNIEZ, député.
TERNOIS, député.
THUILIER BURIDARD, président de la Fédération départementale, à Vignacourt.
GEORGES BIENAIMÉ, à Paris.
SAILLY, juge de paix, à Rue.
DUBOIS, à Amiens.
ERNEST CARPENTIER, à Montdidier.

Tarn

MM. ANDRIEU, député.
GUIRAUD, député.
SIMON, député.
LAFON, à Paris.
ROLAND, à Gaillac.
F. COMBES, à Paris.
ALBA LA SOURCE, à Mazamet.

Tarn-et-Garonne

MM. le docteur POTTEVIN, à Paris.
Irené BONNAFOUS, publiciste, à Montauban.

Var

MM. Louis MARTIN, sénateur.
Camille-Jean BARBERIS, à Toulon.
GRUÉ, à Cabasse.
BAYLON, à Toulon.
TIRRIBILLOT, à Paris.

Vaucluse

MM. MAUREAU, sénateur.
Louis TISSIER, député.
GUICHARD, député.
GUIS, à Cavaillon.
Marius DURAND, à Valréas.
Jacques STERN, à Paris.
RICARD, à Pertuis.

Vendée

MM. CHAILLEY, député.
BATIOT, conseiller général, maire de Talmont.
BOISDE, conseiller général, la Roche-sur-Yon.
L.-V. MEUNIER, publiciste, à Bordeaux (Gironde).
MOLINA, à Libourne (Gironde).
MOURRAT, conseiller d'arrondissement, les Sables
   d'Olonne.
POUZET, maire de Nieul-sur-l'Autise.

Vienne

MM. G. POULLE, sénateur.
SURREAUX, sénateur.
DUPONT, député.
André LACROIX, maire de Béruges.
MORAIN, maire de Poitiers.
CHOISY, instituteur, à Targé.
VALLET-DECHERAT, conseiller d'arrondissement,
   à Poitiers.

Haute-Vienne

MM. CHABROUILLARD, rédacteur en chef du *Réveil du
   Centre*, à Limoges.
PATRY, avocat, à Limoges.
SARRE, conseiller général, à Pierrebuffière.
THUILLAT, à Limoges.

Vosges

MM. ABEL FERRY, député.
CAMILLE PICARD, député.
SCHMIDT, député.
VERLOT, député.
GILBERT RENAUD, conseiller général, à Epinal.
DUCEUX, conseiller général, à Saint-Dié.
SIMONET, conseiller général, à Bulgnéville.
VENARD, professeur, à Remiremont.
LARDIER, avocat, à Saint-Dié.
REMOVILLE, à Charmes.

Yonne

MM. BIENVENU-MARTIN, sénateur.
JEAN JAVAL, député.
MILLIAUX, député.
RIBIÈRE, député.
SILVY, conseiller général de l'Yonne, à Paris.
MERISIER, à Sens.
MONGARDET, à Sens.
CRESCENT, à Villeneuve-sur-Yonne.

Alger

MM. BROUSSAIS, député.
MERLET, a Alger.
GROS, avocat, à Paris.
BERTHELOT, à Paris.
TARDRES, à Alger.

Constantine

MM. AUBRY, sénateur.
CUTTOLI, député.
FILLIÈRES, architecte-expert, à Bougie.
FILLIÈRES, architecte-expert, à Bougie.

Oran

MM. TROUIN, député.
FALOT, à Rueil (S.-et-O.).
FROMENT, à Aulnay-sous-Bois (S.-et-O.).
GASSER, maire d'Oran.

La Cochinchine

MM. PARIS, député.
BOUNDAL, à Paris.
MORIN, à la Garenne (Seine).

Inde Française

MM. BLUYSEN, député.
    MAGER, à Paris.
    COULON, à Paris.

La Réunion

MM. GASPARIN, député.
    BOUSSENOT, publiciste, à Paris.
    PAUL VIVIEN, publiciste, à Paris.
    NICOL, à Paris.
    SEVEAU, à Saint-Maur-les-Fossés (Seine).

Sénégal

MM. CARPOT, député.
    BAUZIN, à Paris.
    SCELLIER, à Paris.

TABLE DES MATIÈRES

TABLE DES MATIÈRES